西安交通大学马克思主义学院学术著作出版基金资助出版

逆水行舟

李秀珍 等著

中国和平发展的环境、议题及对策

Sail Against the Current

Striving for China's Peaceful Development

中国社会科学出版社

图书在版编目（CIP）数据

逆水行舟：中国和平发展的环境、议题及对策/李秀珍等著.—北京：中国社会科学出版社，2017.9
ISBN 978 - 7 - 5203 - 0493 - 1

Ⅰ.①逆… Ⅱ.①李… Ⅲ.①发展战略—研究—中国
Ⅳ.①D60

中国版本图书馆 CIP 数据核字（2017）第 126218 号

出 版 人　赵剑英
责任编辑　侯苗苗
特约编辑　明　秀
责任校对　王纪慧
责任印制　王　超

出　　版　中国社会科学出版社
社　　址　北京鼓楼西大街甲 158 号
邮　　编　100720
网　　址　http：//www.csspw.cn
发 行 部　010 - 84083685
门 市 部　010 - 84029450
经　　销　新华书店及其他书店

印　　刷　北京明恒达印务有限公司
装　　订　廊坊市广阳区广增装订厂
版　　次　2017 年 9 月第 1 版
印　　次　2017 年 9 月第 1 次印刷

开　　本　710×1000　1/16
印　　张　17.75
插　　页　2
字　　数　242 千字
定　　价　76.00 元

前　言

自 16 世纪初全球化发轫，一波又一波大潮涌动，主动踏浪者耸立潮头，赚得盆满钵满，志得意满；被动无奈者，遭殖民瓜分之厄运，满是伤痕。本在中古世纪处世界领先地位的中国，进入 16 世纪大航海时代后，一次次被甩开，即便在 1840 年被外人以武力强开国门后，命运依然坎坷颠簸。幸 20 世纪 80 年代后，国人一改往日之貌，积极且热烈地拥抱全球化，国运随之大为改观，甚令世界侧目。然，崛起之路并非坦途，不同时期临不同环境，面不同问题，自然需采不同之对策。

西安交通大学马克思主义学院国际问题研究中心的中青年学者李秀珍、赵斌、金新、朱旭、万翔，怀爱国、忧国、报国之心，从学者之视角，以学术之形式，分别从中国和平发展的环境、面临的议题、采取的对策阐述了他们的真知灼见。

在"环境篇"，结合近年来喜忧交织的热点问题"一带一路"战略和东北亚、东亚安全，万翔和金新提出了他们的观点。万翔的《丝绸之路与西方古代观念中的中国》一文回顾了近代西方学者提出"丝绸之路"概念的历史，以及古代希腊罗马作家透过丝绸之路对遥远的"丝绸之国"中国的认识；指出丝绸之路不仅是中国与周边国家和西方世界交流的重要途径，更是古代中国文明得以保持其先进性和独立性的必要条件；通过对丝绸之路历史文化发展的分析，认为"一带一路"倡议的实施终将使中国重现富强与繁荣，是21 世纪中国崛起的重要战略。从地缘政治学的视角看，东北亚及东亚地区对中国的安全至关重要，如何评估中国在东北亚的安全威胁和东亚的海洋安全环境，金新的《中国东北亚安全威胁评估》和《21世纪初中国东亚海洋安全环境》的观点是，虽然近年来东北亚地区安全形势出现一系列新动态，但地区安全结构的基本特性并未发生质变。美国在亚太"再平衡"战略之下继续实施战略重心东移，是中国东北亚安全利益面临的根本挑战。间或升温的中日钓鱼岛争端，对中国东北亚安全利益构成了直接挑战。依旧严峻的朝鲜半岛局势，则是中国东北亚安全利益的间接挑战。而21世纪初的东亚海洋安全环境延续着"冷战"结束以来的霸权秩序模式，当前东亚海域的单极霸权具有非完全性，中、俄、朝大陆势力与美、日、韩的海洋势力的隐形对抗和美、中、俄间的大国战略互动，制衡着美国的海上霸权。在霸权秩序模式之下，东亚海洋安全秩序的有序程度并不高，秩序状态大致处于低度有序层次。进入21世纪第二个十年以来，东亚海洋安全领域摩擦、冲突与对抗频发，海洋安全形势出现显著的趋紧迹象。

谈及中国发展的周边环境，东南亚地区不能不提，金新的《东盟区域安全治理：模式、历程与前景》以安全治理的理论范式关注了东盟的区域安全治理问题。东盟区域安全治理模式是一个多层次、多主体的结构，包含内外两个部分的机制框架，具有安全保障和冲突管理两大功能。东盟区域安全治理经历了三个阶段的发展。国家利益的冲突、战略互信的缺失和区域制度的不足成为其当前面临的主要挑战。建构"东盟安全共同体"是东盟区域安全治理的未来走向。对东盟区域安全治理的运行，中国须制定合理的因应之策。

近年来国际社会的一个重大的热点问题就是气候政治，在这一新的话题领域，作为新兴大国之一的中国掌握了怎样的话语权？取得了哪些成就？又有哪些需要改进的地方？在"议题篇"，一直对此问题怀有浓厚兴趣，且取得了一定成绩的青年学者赵斌在西安交通大学国际问题研究中心是最有发言权的。他的《自反性与气候政治：一种批判理论的诠释》认为现代性的成就与破坏性共同反映在气候政治当中，表现为自反性气候政治，并昭示着现代性本身的深刻危机；人的自反性在气候政治认知中建构了三种典型的社会观念情境：乐观主义、现实主义、悲观主义；自反性气候政治及其未来愿景，既批判现实又指涉未知未来，体现了批判理论的解放立场。《大国国际形象与气候政治参与：一项研究议程》提出，国际形象对于国际政治中的大国而言是一个不容忽视却又难以界定的重要因素，它包含了一定时期内为他者所认知的国际相对地位、身份、威望、声誉、荣誉等。在国际关系理论史上，对国际形象的界定较为模糊，甚至一度曲解，国际形象的建构其实是一个渐进和复杂的过程。大国参与气候政治的行为与其国际形象存在相关关系，正向积极参与全球气候政治进程，可能使大国的国际形象得以重塑，对于新兴大国而言，亦有助于为自身崛起而进一步创造软条件。《新兴大国气候政治群体化的形成机制——集体身份理论视角》指出，近年来，新兴大国在全球气候治理中的国际政治影响力空前提升，并凸显出群体化特征。新兴大国气候政治群体化及其形成机制，既是理论难点又具有现实意义。文章从新兴大国的概念辨析入手，以集体身份理论为视角，分析全球气候政治系统进程中的新兴大国身份。从"G77 + 中国""BASIC"到"BRICS 平台下的气候合作"，并逐渐以"BASIC"为主导，形成了新兴大国自群体；以减缓、适应、资金和技术为具体的议题导向，框定了新兴大国群体尤其是BASIC 拟形成中的准集体身份边界。新兴大国气候政治群体化之形成，其许可要素在于巴西、俄罗斯、印度、中国和南非等国的气候政治参与。赵斌在《新兴大国气候政治的变化机制——以中国和印度为比较案例》中进一步表明了他自己的观点，全球气候治理需要国际政治中的大国参与；中国和印度作为新兴大国，通过双层互动而逐渐产生气候政治变化以回应系统内外环境压力；新兴大国气候政治变化的反馈效应亦再造/强化了其集体身份，使新一轮国际—国内政治的双层互动获得势能，从而维持整个政治系统生活的动态运行。

　　面对中国和平发展进程中林林总总的问题，中国的对策是什么？在"对策篇"，李秀珍首先面对一个性质上是中国内政但又有太多国际因素掺杂其中的台湾问题，此议题对于中国而言意义重大。《"台湾主体意识"构建过程及对策研究》指出，20世纪70年代以来，"台湾主体意识"逐渐成为台湾社会的主流意识，其核心内容有二：一是"中华民国"是主权独立的"国家"；二是台湾前途要由2300万台湾人民决定。"台湾主体意识"的发展有两种可能性：一是让它恶性发展，形成台湾与中国大陆敌对的局面，那对于两岸人民来说，将是严重的灾难；二是尊重差异、包容差异，正确地面对差异、处理差异，通过交流交往，增进共识、增进互信，在共同建构两岸关系和平发展的进程中，朝着"认同台湾"与"认同中国"互相连接的方向发展，这应当是两岸人民共同的愿景。为回应"环境篇"的东北亚及东亚安全问题，金新在《东北亚区域安全机制建构与中国策略》中提出，推进东北亚区域安全机制建设，已成为地区各国的现实需要和政策共识。东北亚区域安全机制，以维护地区和平稳定、保障各国共同安全和规范各国对外行为为主要目标。包容平等、合作共赢、综合治理和协商一致，应成为东北亚区域安全机制的基本原则。集体安全模式、军事联盟模式和多边合作模式，是东北亚区域安全机制的几种备选模式。但唯有多边安全合作机制，是东北亚区域安全机制最为合理的模式选择。东北亚区域安全机制构想的具体落实，需要遵循以经促政、循序渐进的路线。依托六方会谈框架，提高制度化水平，亦是其可行路径。在东北亚区域安全机制建构中，中国应当成为坚定的支持者和积极的参与者。金新在《中国东亚海洋安全战略刍议》中提出，近年来中国东亚海洋战略环境出现恶化迹象，中国有必要制定合理可行的东亚海洋安全战略，以实现本国海洋安全利益的有效护持。中国的东亚海洋安全战略应首先厘清战略目标间的轻重缓急，规划战略目标的先后次序，明确海洋政治安全、军事安全、经济安全、社会安全和环境安全五个维度的近期目标与中长期目标。这一战略应坚持"有限海权"的战略原则与"积极防御"的战略方针。实施该战略的具体政策路径包括：加强海军现代化建设，适度推进海权力量发展；在海洋争端中采取差异化政策；加强对海洋领土的有效管控和主权宣示；提高中国海洋资源开发能力，加强对南海油气资源的实质性开发；处理好同域外强国特别是美国的关系；从敏感度较低的非传统安全领域着手，推进国际海洋安全合作；积极推动海洋安全制度构建。

东南亚是中国推进"一带一路"战略的重点地区之一，处理好中国—东盟的安全治理是战略推进的重要前提。金新的《中国—东盟安全治理：模式、困境与出路》指出，中国与东盟在安全互动进程中初步形成了自身的安全治理模式，该模式的主要特征：一是治理主体层面国家中心性强，二是治理机制层面制度化程度弱。当前由于中国—东盟关系中的阻碍因素，以及治理体系自身的缺陷，安全治理模式的有效运行面临着双重困境：治理主体间利益的冲突和互信的缺失，导致了安全治理的行动困境；治理体系的低制度化，导致了安全治理的效能困境。南海安全治理便是这种双重治理困境的一个典型案例。在今后的中国—东盟安全治理实践中，化解治理行动困境的出路在于通过中国—东盟命运共同体的构建，实现治理主体间关系的良性发展；化解治理效能困境的出路在于通过地区安全架构的建设，提升制度化程度，实现治理体系的结构性变革。

全球治理是这些年学界探讨的一个理论热点，赵斌取全球治理中的一个点"气候治理"——《群体化：新兴大国参与全球气候治理的路径选择》，认为气候变化已成为国际问题中的热点与难点，且由于其长期性、不确定性和公共问题属性，因而成为典型的政治议题。全球气候问题呼唤全球气候治理，以巴西、南非、印度和中国为代表的新兴大国，形成了"抱团打拼"态势，群体化参与全球气候治理。这种路径选择，源自结构和进程层次。全球气候制度结构是一种松散耦合的机制复合体，对参与主体缺乏有效的规约，变革成本较高，存在多层治理和复杂决策的困境；新兴大国的主体进程，则表现为协调作用突出、基础四国松散联合主导、多群体间相互重叠，因而群体化参与全球气候政治实践平台。而朱旭取多边主义的视野——《新多边主义视野下的全球治理与中国的战略选择》，指出全球治理的紧迫现实呼吁新的多边主义，新多边主义是在多边主义基础上发展起来的，是全球公民社会进行国际合作的产物。新多边主义对全球治理的重构正在通过世界无数社会团体的努力，缓慢和艰难地向前发展。全球治理改革仍然处于探索中。作为后来者，中国对待全球治理改革的态度、政策和实践，在一定程度上影响甚至决定着全球治理的未来。已经走上全球治理改革者道路的中国已没有退路，唯有继续扮演改革者的角色，方能获得全球治理改革的实质进展，推动全球治理朝着更加公平正义、合理有效的方向发展。

　　五位学者作为当今中国国际问题研究队伍中的成员，身处中国快速发展之美好时代，也适逢中国国际问题研究之黄金时期，能立足中国，环视全球，同时又能以世界之视野，反观中国，就中国和平发展之环境、议题及对策，贡献一己之见，甚为荣幸！

李秀珍

2017 年 3 月

目　录

上篇　环境篇

中篇　议题篇

下篇　对策篇

上篇　环境篇

丝绸之路与西方古代观念中的中国

万　翔

摘要： 本文在"一带一路"倡议提出的战略大背景下，回顾近代西方学者提出"丝绸之路"概念的历史，以及古代希腊罗马作家透过丝绸之路对遥远的"丝绸之国"——中国的认识；指出丝绸之路不仅是中国与周边国家和西方世界交流的重要途径，更是古代中国文明得以保持其先进性和独立性的必要条件；通过对丝绸之路历史文化发展的分析，认为"一带一路"倡议的实施终将使中国重现富强与繁荣，是 21 世纪中国崛起的重要战略。

关键词： 丝绸之路；赛里斯；"一带一路"倡议；文明发展与大国崛起

古丝绸之路不仅是商路与交通路线，也是知识、思想与观念在广袤的欧亚大陆上传播的途径。对于中国文明进程而言，丝绸之路以及由之所承载的中西文化交流，发挥了至关重要的作用。

一　丝绸之路
——中华文明保持独立性和先进性的必要条件

随着近年来考古学、人类学等学科相关研究的发展，国际史学界逐渐形成了统一的认识，即兴起于墨西哥高原与中美洲雨林的古代中美洲文明和发源于秘鲁、玻利维亚高地的古代安第斯文明，与传统的四大文明古国①共同构成了人类历史上最古老的六大古文明。在这六大古文明当中，古代印度河文明最先于公元前1500年左右为来自中亚的印欧人建立的吠陀文明所取代，古代两河文明②则在1000年以后被波斯帝国征服，又过了500年，已经希腊化的古埃及成为罗马帝国版图的一部分。从公元前1世纪开始，中国就成了欧亚非三大洲硕果仅存的古文明，与两大美洲古文明并存的局面一直持续到近代。

中国文明的延续相当程度上得益于与众不同的凝聚力和家国天下的文化传统。相比之下，古代两河流域文明的诸多城邦之间，无论在经济上、政治上抑或文化观念上都是充满着强烈竞争的。而在古埃及，书吏阶层对彼岸的关注甚至要超过生活本身——宏大的金字塔和神庙，精细制作的木乃伊，石棺上的铭文和《亡灵书》就是例证。建立在两河文明和埃及文明观念滋养之上的西方文明，从一开始就兼具这两大古文明的竞争性与彼岸性的特征。翻开西方历史的书卷，映入眼帘的是无休止的扩张、殖民与兼并战争，以及对浪漫远行、灵魂得救、征服自然的向往。而一直受到来自西北方的征服者影响的印度次大陆，则在其文化中体现了分层的特征。原始的语言与风俗习惯上的压迫，转化为种姓制度下不同种姓间的紧张。宗教势力在次大陆的根深蒂固，特别是婆罗门阶层对社会规范的控制，最终导致了佛教和耆那教这样的具有非暴力反抗精神的思想体系的诞生。在外来民族不断从西北方向涌入印度次大陆，给印度带来战争摧残和民族斗争苦难的同时，新的思想也不断注入，促进印度社会思想的深刻变革。然而在印度，最根深蒂固的种姓制度没有改变，政治上的地方自治没有改变，宗教的多元化和宽容也没有改变。

---

① 四大文明古国，即中国、古巴比伦、古埃及和古印度。
② 两河文明即约公元前3000年发源于底格里斯河和幼发拉底河中下游的美索不达米亚平原的古文明，早期的代表是古巴比伦文明，晚期则是亚述文明。

　　与印度相比，除了保持西方与中国唯一通道的丝绸之路外，中国并未受到来自西方世界的任何实质性影响，更不必说对文明的改变和对民族的威胁了。整个古代，挑战中国文明的唯一"他者"来自北方——无论是苍凉的大漠、辽阔的草原还是东北地区的森林和山岭，与中原地区汉民族密切来往的北方民族，既为中华文明补充了新鲜血液，也受到汉文化的影响而形成了自己的独特文化。因此，中华文明得以一直在欧亚大陆的东端独立发展，又以丝绸之路的东西交通，保持着在文化、技术上与西方和亚洲各邻邦的同步。

　　而古代美洲两大文明却因为与东半球的长期隔绝，以及两大文明之间的彼此隔绝，在漫长的发展历程之后，随着近代早期西班牙的殖民征服而急遽瓦解，最终完全被欧洲殖民者建立的文明所取代。玛雅人曾拥有非凡的科学成就，印加人有复杂的政治制度，阿兹特克帝国的繁荣超过整个西欧。但在钢刀、铁骑、十字架和病菌的侵袭之下，美洲的原住民以及他们的政治、经济和文化一起被西方征服者快速消灭了，数千年的文明独立发展，在十几年间戛然而止。

　　以地理决定论的思想来解释文明变迁的历史固然是片面的，但不可忽视的是，中华文明以及以中华文明为主要思想文化渊源的东亚文化圈，正是由于丝绸之路的存在，才得以在东半球各大文明之中，在古代和近代始终保持其文明的独立性和先进性。中华文明之所以能保持独立性，既得益于其相对隔绝的地理环境，又在于中国能够通过促进人员、商品和观念交流的丝绸之路，与西方保持千丝万缕的联系，从而在与西方诸国相区别的文明自觉之基础上，保持中华文明的特性和统一性。中华文明之所以能保持先进性，则在于中华民族通过得天独厚的地理条件和独树一帜的精神传统，在与丝绸之路沿线诸国的密切交流中萃取来自异国的优秀思想观念和满足中华文明需要的物质文化，从而以东方巨龙的姿态屹立于世界民族之林数千年。从这个意义上说，丝绸之路并非狭隘的地理概念，而是一直居于世界最发达、最富饶之列的古代中国，在世界范围内保持领先地位的必要因素。

相反，正是在西方殖民者入侵远东，从海陆两端切断丝绸之路，并将西方的政治经济秩序强加于东方后的五百年间，中华文明经历了从先进走向没落，又在彷徨中重拾丝绸之路时代的精神，最终通过实业自强、思想解放、人民武装斗争和马克思主义中国化的过程，迈上民富国强、和平崛起的中国特色社会主义道路的历史转折。今天，习近平总书记和党中央提出与世界各国共建"丝绸之路经济带"和"21世纪海上丝绸之路"的重大倡议，这是我国首次将丝绸之路建设提高到国家发展战略的高度。如果说古丝绸之路是汉唐中国国际战略的自发产物，"一带一路"倡议就绝不仅限于单纯的国际关系决策和区域经济发展规划，而是新中国应对多极化世界挑战的战略自觉，是整个中华文明21世纪和平崛起的重要推动力。

本文以"一带一路"战略的提出为背景，从文明发展的角度回顾丝绸之路研究的形成和其研究内容当中为中国学者所不熟悉，却是西方研究丝绸之路问题基础的部分——古代西方文献中的丝绸之路与中国。正如最早提出"丝绸之路"这一概念的德国地理学家、教育家费迪南·冯·李希霍芬① (Ferdinand von Richthofen, 1833—1905年) 所说的："正是丝绸之路带给我们（即西方人——笔者注）关于中国的知识。"自古以来，丝绸之路就是西方了解中国的唯一渠道。"一带一路"倡议的提出，终将促进东西方之间理解和信任的加深，使世界各国与中国形成命运共同体，互利共赢，走向更美好的明天。

---

① 李希霍芬早年从事欧洲区域地质调查，旅行过东亚、南亚、北美等地。多次到中国考察地质和地理。曾任波恩大学、莱比锡大学和柏林大学教授，柏林大学校长。提出地理学是研究地球表面的科学。首次系统地论述了地表形成过程，对地貌进行形成过程分类，研究了土壤形成因素及其类型。他于1868—1872年在中国从事地理考察活动，为中国的地理学和地质学发展奠定了基础。

二 丝绸之路研究的缘起
——西方学者的"再发现"

李希霍芬、斯文·赫定（Sven Hedin，1865—1952 年）与赫尔曼（Albert Herrmann，1886—1945 年）等人，是 19 世纪后半期和 20 世纪初"丝绸之路"这一概念的提出和倡议者。这一概念的产生，离不开当时的时代背景。

概括起来，关于丝绸之路的研究之所以能够产生，有两个主要的原因：一是欧洲各国，特别是德国和瑞典的科学考察传统；二是 19 世纪和 20 世纪初欧洲汉学的发展。欧洲各国科学考察的传统，源自启蒙运动时代以来欧洲逐渐流行的旅行文化。在近代以前，旅行往往伴随着商业目的——以丝绸之路为代表的长距离贸易，使商旅活跃于西欧、拜占庭帝国、欧亚草原、伊斯兰世界、南亚和东亚六大文明区域之间，促进了观念和文化在各个文明区域之间的交流。进入地理大发现的时代，殖民者在寻找带来丰厚利润的贸易机会之余，也深受马可波罗、伊本·白图泰等中世纪旅行家的影响，在东方经商、作战、殖民和传教的同时，撰写关于世界各地的旅行记录。

而大规模旅行则始于 17 世纪中叶英国社会开始流行的"壮游"（Grand Tour）。发源于 16 世纪丹麦的游学文化传统，在三十年战争（1618—1648 年）① 以后发展成为资产阶级革命后崛起的英国新贵族青年前往欧洲大陆度过的重要人生经历。英国富裕家庭的青年往往由家庭教师陪同，在欧陆获取最新的科学知识，并了解欧洲各地的风俗习惯，结交上流社会的人士。

---

① 三十年战争（1618—1648 年）是欧洲历史上的一次全面大规模战争，是欧洲各国争夺利益、树立霸权的矛盾以及宗教纠纷激化的产物，战争使包括丹麦在内的欧洲大陆各国人口锐减，经济衰退，而免受战争之苦的英国则迅速在战后发展起来。

英国青年的壮游文化激发了欧洲大陆国家贵族青年的旅行热情。而在富于思辨传统的德国和瑞典，青年学者的旅行逐渐与科学研究相结合，最终形成了科学考察的传统。瑞典著名的生物学家林奈（Carolus Linnaeus，1707—1778 年）通过在欧洲大陆的旅行和考察，创立了生物的系统分类学。在林奈填补了生物学分类法的空白之后，德国科学家，百科全书式的伟大学者亚历山大·冯·洪堡（Alexander von Humboldt，1769—1859 年）在欧洲、南北美洲和俄国的科学考察过程中，对生物的生长环境进行了全方位的研究，为德国的地理学、地质学、矿物学、物候学、气象学、物理学等多个领域确立了学术规范。

继承洪堡科学考察传统的李希霍芬，于 1868—1872 年共七次在中国旅行，著有《中国：本人之考察经历及基于此的研究》一书。在书中，李希霍芬指出了古代中国连接西方的四条主要交通路线：从新疆通往中亚和阿富汗的商路、从西藏到尼泊尔和印度的商路、从云南通往印度东北部阿萨姆地区的商路，以及海上商路。广义上说，这四条商路可以统称为丝绸之路。而李希霍芬所定义的狭义的丝绸之路，指的是古希腊地理学家托勒密所记载的希腊商人梅斯代理人从阿富汗的巴克特拉前往中国的丝绸贸易路线。这一定义基本对应前述四条路线中的第一条。

关于丝绸之路开通的时间，李希霍芬认为，张骞在公元前 117 年的出使为丝绸之路的开辟提供了条件，而张骞逝世后，公元前 114 年（汉武帝元鼎三年），张骞的副使到达位于伊朗高原的安息帝国，可算是丝绸之路的正式开通。此后的诸多世纪间，丝绸之路一直扮演着使西方获得关于中国知识的观念之路的角色。

在李希霍芬之后，德国地理学家赫尔曼和瑞典探险家斯文·赫定分别以文献研究和实地科学考察的方式，考证了丝绸之路的确切路线。而关于丝绸之路贸易对于中国的影响，则是 19 世纪以来欧洲汉学家研究的主题之一。

法国学者德经（Joseph de Guignes，1721—1800 年）和德国学

者克拉普洛特（Julius Klaproth，1783—1835 年）是最早从西方与中国交往角度探讨中国古代贸易路线的学者。而英国学者裕尔（Henry Yule，1820—1889 年）于 1866 年所著的《东域纪程录丛》（*Cathay and the Way Thither*）一书中，将西方与中国的交往历史作了全面的回顾。李希霍芬之所以能提出"丝绸之路"这一概念，主要的历史素材来自这三位学者的论述。

李希霍芬等西方学者之所以用"丝绸之路"这一名称代指古代中国与西方的交往路线，不仅由于丝绸是中国与西方进行大宗贸易的主要商品，更重要的原因是在古代希腊罗马文献记载中，中华民族是一个因丝绸贸易而为西方所知，在希腊罗马文献中被称为"赛里斯人"（Seres）的民族。"赛里斯"的词源正是中国在罗马帝国最为人所知的商品——丝绸。

三 "丝绸之国"
——古代西方作家笔下的中国

"丝绸之路"概念的背后，是西方人对若隐若现的遥远中国的印象。若非接受了来自中国的丝绸作为服装的材料，罗马帝国的贵族阶层就无法在服饰上使自己与平民相区别。

罗马人穿着丝绸服饰的传统来自比他们更早在地中海世界崛起的希腊人。希玛纯（Himation）长袍是希腊人从古风时代（公元前8—前6 世纪）起就一直穿着的服饰。亚历山大东征以后，帕留姆长袍在希腊人建立的亚洲希腊化国家成为流行服饰，就连当时流行于印度次大陆西北部的犍陀罗佛教造像，也以身着希腊式长袍的服饰来表现佛陀袈裟的外层——"僧伽梨"（Samghāti）。

在罗马共和国早期（公元 5 世纪起），罗马贵族和平民无论男女都穿着一种以羊毛织成的，叫作托加（Toga）的繁复而宽松的长袍。但随着罗马在地中海世界的扩张，希腊学者穿着的希玛纯长袍，开始为罗马平民所效仿，最终在公元前 2 世纪取代了托加长袍，以帕留姆（Pallium）之名成为罗马男性的主要服饰。在这一时期，罗马共和国进入晚期，社会不平等现象加剧，贵族力图在服饰上与平民有所区别。罗马的下层平民穿着的帕留姆长袍仍是羊毛或麻质，中上层平民有的穿着从印度进口的棉质服装，而随着丝绸之路的开通，罗马的贵族开始以丝绸作为其帕留姆长袍的质料，还往往带有刺绣、金线和花边装饰。

公元前 2 世纪起，罗马女性所穿着的服饰也发生了变化。她们不再穿托加长袍，而是以两件服饰搭配着装。在与帕留姆类似的斯托拉（Stola）长袍之上，罗马妇女围着名为帕拉（Palla）的大披肩，将头发包裹于其中，只露出面部。与男式服装一样，帕拉和斯托拉的质料反映了女性的社会地位。丝绸，尤其是带有各种纹饰的丝质服装，是罗马贵妇人的标志性装扮。

罗马人把丝绸称为"赛里斯织物"（Sericum）。这一名称与"赛里斯人"同源。虽然从语法的角度，是"赛里斯人"这一词汇派生出了"赛里斯织物"的名称，但通过对古典时代文献材料的整理和对语言学证据的推敲，主流汉学家认为，"赛里斯人"来源于汉语的"丝"字。这一点由克拉普洛特首先提出，并为法国汉学家伯希和（Paul Pelliot，1878—1945 年）所充分论述。

虽然早在公元前 5 世纪希腊作家克泰西亚斯（Ctesias of Cnidus）充满离奇想象的作品当中，就出现了身高 5 米、寿命达 200 岁的赛里斯人的名字，但赛里斯人和作为"丝绸之国"的赛里斯国（Serica）成为西方作家笔下的主角，还是在罗马帝国的"黄金时代"和"白银时代"（公元前 1 世纪—2 世纪），这一时期亦正是丝绸之路贸易的高峰期。可以说，没有发达的丝绸贸易，就没有"丝绸之国"的整体形象。

罗马帝国的"黄金时代"和"白银时代"，主要是以其文学发展的盛况而得名的。在罗马共和国末期，政治家西塞罗（Cicero，公元前 106—前 43 年）和恺撒（Caesar，公元前 102—前 44 年）的散文开创了罗马文学"黄金时代"的先声。但"黄金时代"的极盛期，还是伴随着公元前 31 年屋大维（Octavius，公元前 63—14 年）统治罗马，以及公元前 27 年罗马帝制的建立而开始的。活跃在屋大维统治时期的三大诗人维吉尔（Virgil，公元前 70—前 19 年）、贺拉斯（Horace，公元前 65—前 8 年）和奥维德（Ovid，公元前 43—公元 18 年）的诗歌悠扬婉转，蜚声于世，是罗马帝国黄金时代文学的标志。也正是在这一时期，丝绸贸易开始达到空前的发达程度，以至于三大诗人的作品中都出现了赛里斯人的身影。

在黄金时代罗马诗人的笔下，赛里斯人首先被描绘成珍稀纺织品提供者的形象：维吉尔不禁发问"赛里斯人是如何从树叶上采下纤细的羊毛的呢？"贺拉斯提到了"赛里斯人的坐垫"；奥维德则述及"赛里斯人的面纱"。同时代的诗人普罗佩提乌斯（Propertius，公元前 50—前 15 年）直接使用"赛里斯织物"（Serica）来命名丝绸。四位用拉丁语写作的诗人笔下都出现了赛里斯人的纺织品，绝非巧合，而是体现出了新兴的罗马帝国对丝织品的巨大需求。

贺拉斯和普罗佩提乌斯的作品中，赛里斯人还以其弓箭的锋利和战车的技术先进而著名。在帝国建立之后，罗马人已熟知世界各地的民族。罗马在东方的主要对手是波斯的帕提亚人。贺拉斯祝愿屋大维能够战胜帕提亚人，从而使赛里斯人和印度人都成为罗马的附庸，足见罗马征服整个世界的雄心。虽然路途的遥远和天然地理屏障的阻隔使罗马与中国终究未能直接接触，但早在罗马帝国建立之时，丝绸之国的鲜活形象就已呈现于罗马上层社会的观念之中。

"黄金时代"之后，罗马帝国的"白银时代"则是帝国建立后社会秩序和道德规范重新确立的时代。"白银时代"的罗马作家关注社会现实，在作品中常常加以道德说教的阐发。著名的哲学家和剧作家塞涅卡（Seneca the Younger，公元前 4—65 年）和学者普林尼（Pliny the Elder，公元 23—79 年）是这一时期罗马文学的典型代表。

在这一时期，丝绸服装已经成为罗马帝国贵族区别于普通公民的标志。塞涅卡在作品中惊呼"如果不同赛里斯人贸易，我们还能穿衣服吗?!"而据普林尼的估算，由于贵族中流行的奢侈风尚，每年有一亿枚罗马金币随着丝绸之路贸易流入赛里斯国、印度和阿拉伯半岛。在百科全书式的著作《自然史》中，普林尼煞有介事地声称："赛里斯人向树木喷水，冲刷下树叶上的白色绒毛，然后再由妻室来完成纺线和织布这两道工序。正是因为在遥远的地区有人完成了如此复杂的劳动，罗马的贵妇人才能穿上透明的衣衫而徜徉于大庭广众之中。"由此可见当时罗马人对中国丝绸制作方法的无知。正是这种无知加剧了丝绸贸易带来的国际收支不平衡——中国的丝绸和印度的金银珠宝、阿拉伯半岛的香料一起，成为罗马帝国盛世之下巨大奢侈品市场上最流行的商品。象征身份和地位的丝绸，是所有奢侈品中对罗马上层社会文化的改变最具影响力的。早在塞涅卡的父亲老塞涅卡（Seneca the Elder，约公元前54—38年）的时代，丝绸带来的罗马服饰风气的改变，就已使这位怀念共和国时期俭朴美德的道德家难以接受："我真的无法想象，如果丝绸衣服不能遮蔽身体，它还能不能叫衣服。少女们穿着纤薄的丝织品，以至于谁都能透过衣衫看到她们的身体。外人甚至陌生人都能随便看到少妇的身体，她们的丈夫也就能看到那么多……"他忧心忡忡的描述，在皇帝卡利古拉（Caligula，公元37—41年在位）与尼禄（Nero，公元54—68年在位）当政的时代成为现实。罗马共和国时代的美德被上层社会和宫廷的放荡与无序完全抹杀，老塞涅卡之子小塞涅卡最终被自己的学生——皇帝尼禄赐死。

在尼禄之后不久的"五贤帝"时代（公元96—180年），罗马帝国进入全盛时期，领土扩张到最大。此时，帝国东部的希腊商人将贸易一直拓展到中国的边境。在著名天文学家和地理学家托勒密（Ptolemy，约公元90—168年）的《地理学》（*Geography*）中，记载有一支希腊商队从位于今天阿富汗的巴克特拉（Bactra）前往赛里斯国进行丝绸贸易的故事，发生的时间在公元100年前后。根据托勒密的记载，希腊商队在经过中亚的兴都库什山区之后，来到了一处名为"石塔"的商站，这里便是赛里斯国的边界。从石塔到赛里斯国首都的路途长达七个月之久。经过近代学者的考察，"石塔"的遗迹就是今天中国新疆维吾尔自治区塔什库尔干塔吉克自治县的"石头城"遗址，而从这个位于中国西部边陲的小镇到达中原的长安、洛阳，的确需要七个月左右的行程。值得一提的是，正是罗马帝国公民、希腊学者托勒密的记载，证明了新疆自从公元 1 世纪末罗马帝国的时代起，就是以长安、洛阳一带中原地区为核心区域的赛里斯国——中国的领土。他的这一记载，无疑具有重要的现实政治意义。

而根据《后汉书·西域传》的记载，在汉桓帝延熹九年（公元166 年）"大秦王安敦遣使自日南徼外，献象牙、犀角、玳瑁，始乃一通"。这里所指的大秦，就是罗马帝国，而其国王安敦，应当是马可·奥勒留皇帝（Marcus Aurelius Antonius，公元 161—180 年在位）。西方学者遍寻罗马帝国时代的记载，却未发现任何遣使中国的记录，因此推断此次"来使"是海上丝绸之路贸易的中间商所冒称。但在此之后不久出版的罗马帝国作家保萨尼亚斯（Pausanias，约公元 110—180 年）以希腊语写作的《希腊行纪》（*Hellados Periegesis*）中，作者颇为自信地声称，赛里斯人的织物并非如维吉尔、普林尼等人所述的那般，直接从树叶上"梳理"下来，而是通过一种名叫"赛儿"（Ser）的小虫吞吃植物纤维，直到饱胀而死，赛里斯人从小虫的尸体中获得的。不难猜测，上述接近丝绸生产事实的情况，正是通过发达的丝绸之路贸易——也许就是罗马帝国在延熹九年的遣使所获取的信息，在保萨尼亚斯充满想象的加工之下，介绍到了希腊罗马世界。

然而也许是读者数量有限，也许是保萨尼亚斯的记载听上去太过离奇，他的说法并未被大众普遍认可。主要西方作家对丝绸生产的记载与维吉尔和普林尼的"权威"论点并无二致。丝绸贸易在罗马帝国走向衰落的 3 世纪以后依然发达。虽然帝国西半部在 5 世纪初完全被来自北方的"蛮族"征服，但东部的拜占庭帝国依然保持对丝绸的巨大需求。皇帝查士丁尼一世（Justinian，公元527—565年在位）即位后进行了卓有成效的改革，拜占庭帝国达到全盛时期。为了摆脱丝绸贸易完全被其东方邻国——敌对的萨珊波斯（Sassanian Persia，公元224—651年）所垄断的不利局面，查士丁尼一世委托了解养蚕业和丝织技术的东方基督教僧侣沿丝绸之路东行，在中国西域地区取得蚕卵，并将其带回拜占庭帝国。公元553—554年返回的僧侣在竹筒之中藏着蚕卵回到帝国首都君士坦丁堡，从此养蚕业和丝织业开始在西方流行起来。由于拜占庭丝织业的迅速发展，丝绸不再是丝绸之路贸易中最主要的商品，而"赛里斯"的名字也逐渐从西方作家的记载中淡出了。"丝绸之国"的回忆，只存在于欧洲人于地理大发现的时代再次来到中国之后，学者们引经据典的文献当中。

四 仰望与正视
——古代西方人眼中的中国人

古典西方作家对"赛里斯人"的记载，是以"高大"和"长寿"开始的。虽然希腊人有把周边各民族称为未开化的"野蛮人"（Barbaroi）的传统，在对待传说中的遥远民族时，却往往会以传奇般的幻想"神化"之。赛里斯人就是希腊人记载中典型的神化了的民族。

与常常喜欢记载远方传奇事件的希腊人不同，在罗马作家的笔下，即使是再离奇的故事，也有着看似理性的缘由。老普林尼在《自然史》中对赛里斯人形象的描写，可算是西方最早的形象记录了。他记述道，"锡兰（今斯里兰卡——笔者注）的使节曾见过赛里斯人，并与他们保持着贸易关系。使团团长的父亲曾经到过赛里斯国。赛里斯人欢迎旅客们，他们的身材超过常人，长着红头发，蓝眼睛，声音粗犷，不轻易与外人交谈"。关于赛里斯人的贸易方式，普林尼说，"商品堆放在赛里斯人一侧的河岸上，如果商人感到价格和物品合适的话，就带走货物、留下货款"。无论是赛里斯人的外形，还是静默贸易的方式，都不是古代中国人形象的反映——锡兰使节无疑是到达了汉王朝统治下的西域地区，那里的许多古代绿洲国家的人民，有着与欧洲人相同的面容，并且身材高大。普林尼的记载基于当时的实际情况，颇为真实可信，其说法有丰富的文献资料与考古学、人类学材料为证。

公元 2 世纪末以后，罗马帝国从极盛期迅速走向衰落。这时，以基督教为代表的各种宣扬彼岸世界与灵魂救赎的思想，成为罗马国内希腊语和拉丁语文学的主要内容。当时的宗教作家，如巴尔德萨纳（Bardesanes，公元 154—222 年）、奥利金（Origen，公元 185—251 年）和索林（Solinus，3 世纪上半叶）都在其布道文中提及赛里斯人。其中最有代表性的是巴尔德萨纳及其学生对赛里斯人的描述。他们总结道："赛里斯人的法律严禁杀人、卖淫、盗窃和崇拜偶像。在这一幅员辽阔的国度中，人们既看不到寺庙，也看不到妓女和通奸的妇女；既没有杀人犯，也没有凶杀受害者。在赛里斯人中，对祖宗之法的畏惧比对人们在其之下降生的星辰的畏惧还要强烈……然而人们在他们之中还是发现了富人和穷人，病人和身强力壮者，统治者和附庸，因为一切都是统治者的权力机构所主宰的。"

在这段简短的描述当中，我们看到了汉代中国给西方宗教作家留下的十分具体的印象。由于佛教尚未成为中国人普遍的信仰，中国人并没有建立寺庙、崇拜偶像的习惯。国家政权和法律的权威深入人心，普天之下一片歌舞升平的景象。这段话语中流露着对于中国文化的景慕之情。然而中国社会的分层也被罗马帝国的宗教作家看在眼里。在他们看来，这恰恰是令人畏惧的"祖宗之法"和强大的中央集权制度带来的。即使是以今天的眼光来看，宗教作家的这段描述都是极为精确的。

自从罗马帝国衰落以后，西方作家对遥远的"赛里斯"即中国的描述，一直停留在这一时期的印象中。由于中国陷入魏晋南北朝时代的变乱，逐渐失去了对西域的直接控制，丝绸之路贸易受到很大影响。直到隋唐帝国建立起来之后，丝绸之路上才恢复了往日商旅接踵而至的局面。中世纪欧洲关于中国的新知识，便在此时期出现了。一位名叫泰奥菲拉克图斯·西莫卡塔（Theophylactus Simocatta，7 世纪上半叶）的拜占庭作家，记录了名为"桃花石"（Taugast）的国度的信息：

> 桃花石是一座著名的城市，居民非常勇敢，人丁兴旺。他们身材高大，超过世界上任何民族。桃花石人的首领被称为"天子"。这个民族崇拜偶像，法律公正，生活中充满智慧。习俗禁止男子佩戴金首饰，虽然他们拥有大量金银。桃花石以一条江为界。从前，这条江分开了隔岸相望的两大民族，一个穿着黑衣服，一个穿着红衣服。到毛里斯皇帝在位的时候（582—602 年），穿黑衣的越过了大江，向穿红衣的发动了战争，最终取胜并建立了自己的霸业。

熟悉中国历史的读者不难发现，西莫卡塔所讲的战争是隋灭陈之战（589 年），而根据中国五行家学派的"五德终始说"，北方的隋朝是水德，服饰尚黑，而南方的陈为火德，服饰尚红，与西莫卡塔的说法吻合。根据上面的记载，隋唐时代的中国人依然给人以"身材高大"的印象，而法律公正、充满智慧的说法，则仿佛是对罗马帝国晚期宗教作家记载的回溯。西莫卡塔的两处细节描写，桃花石人的"崇拜偶像"和"习俗禁止男子佩戴金首饰"，分别符合佛教化之后中国的信仰状况和中国男性并不习惯佩戴首饰的事实。根据近现代学者的研究，"桃花石"之名很可能源自北魏的鲜卑拓跋氏名称的音译，此后建立的北朝诸国和隋唐帝国，都深受汉化了的鲜卑文化的影响。如果说西方人在古典时代还对赛里斯人有所仰望的话，西莫卡塔的记载已经充分说明了当时西方对中国的了解有多么深入。

唐代丝绸之路贸易繁荣的同时，西亚地区随之诞生了伊斯兰文明。伊斯兰世界在一个多世纪内，扩张到包括中亚、西亚、欧洲南部和北非的广大地区，切断了西欧与东方的联系。在唐代以后的丝绸之路历史上，进入黑暗中世纪的西欧逐渐退出了与东方的贸易。直到 13 世纪蒙古帝国的建立，以及征服大半个欧亚大陆之后，以马可·波罗为代表的旅行家才再次领略到中国这个古老国度的风采。由彼时以至地理大发现的时代，西方逐渐意识到，中国是一个如此富裕、发达和文明的国度。

1776 年，美国《独立宣言》签署的同一年，苏格兰经济学家亚当·斯密在伦敦出版了著名的《国富论》（*Wealth of Nations*）。在这部经济学史上最经典的著作中，作者这样描述中国："中国长期是最富的国家之一，是世界上土地最肥沃、耕种最好、人民最勤劳和人口最多的国家之一，可是它似乎长期处于停滞状态。今日旅行家关于中国耕作、勤劳及人口稠密状况的报告，与 500 年前观察该国的马可·波罗的记述比较几乎没有什么区别。中国或许早在马可·波罗的时代以前就已经达到了它的法律和制度所容许的充分富裕程度。"

正如斯密所看到的表象一样，中国的富裕、文明与停滞形成了鲜明的对照。从郑和下西洋（1405—1433 年）以后，明清两代长期处于"闭关锁国"状态，丝绸之路时代的辉煌不复存在。16 世纪以来的五个多世纪中，中国从黑暗的、屈辱的历史中渐渐走出，通过新文化运动与"五四"时代的思想解放，最终选择了马克思列宁主义、毛泽东思想，在八年抗日战争中重拾胜利的自信，在新中国成立后长期面临西方封锁的局面下探索适合国情的发展道路，最终走上了建设中国特色社会主义的小康之路。从本文回溯的西方印象来看，古代中国是一个充满传奇与生机的社会。丝绸之路不仅是将中国的形象传播给世界的途径，更是促成中国实现文明与富裕的文明之道。在丝绸之路关闭的明清时期，中国从昌盛走向没落，从发展走向停滞；而在改革开放的 30 多年里，中国重新打开了通往富强、文明和发展的对外交往路线，并在改革深化的"新常态"下将"丝绸之路经济带"与"21世纪海上丝绸之路"提升到国家发展战略的高度。"一带一路"倡议终将使世界侧目，使西方再度产生认识中国之伟大与繁荣的新观念。

参考文献

［1］［法］戈岱司：《希腊拉丁作家远东古文献辑录》，耿昇译，中华书局1987年版。

［2］邢义田：《汉代中国与罗马帝国关系的再检讨》，《学术集林》1998年第12期。

［3］张绪山：《西摩卡塔所记中国历史风俗事物考》，《传统中国研究集刊》（第一辑），上海三联书店2005年版。

［4］［英］亚当·斯密：《国富论》，谢祖钧、孟晋、盛之译，中南大学出版社2008年版。

［5］Ferdinand von Richthofen, *China: Ergebnisse Eigner Reisen und Darauf Gegründeter Studien*, Vol. 1, Berlin: Dietrich Reimer, 1877.

［6］Paul Pelliot, *Notes on Marco Polo*, Vol. 1, Paris: Imperie Nationale, 1959.

［7］Virgil, *Georgics*, Book II, 121, Loeb Classical Library 63, 1916.

［8］Horace, *Epodes*, VIII, 15 – 16, Loeb Classical Library 33, 1937.

［9］Ovid, *Amores*, I, 14, 5 – 6, Loeb Classical Library 41, 1947.

［10］Propertius, *Elegies*, I, 14, 22; IV, 8, 23, Loeb Classical Library 18, 1990.

［11］Horace, *Odes*, I, 12, 53 – 57; I, 29, 7 – 10, Loeb Classical Library 33, 1937.

［12］Seneca the Younger, *Epistulae Morales ad Lucilium*, 15, Loeb Classical Library 76, 1917.

［13］Pliny the Elder, *Naturalis Historia*, VI, 54, 84, 88, Loeb Classical Library 370 – 372, 1938.

[14] Seneca the Elder, *Controversiae*, Ⅱ, 7, Loeb Classical Library 463, 1974.

[15] Pausanias, *Hellados Periegesis*, Ⅵ, 26, 6 – 8, Loeb Classical Library 272, 1918.

[16] Procopius, *De Bello Gothico*, Ⅵ, 17, Loeb Classical Library 217, 1914.

[17] Samuel Lieberman, "Who Were Pliny's Blue – Eyed Chinese?", *Classical Philology*, Vol. 52, 1957. Victor H. Mair, "Genes, Geography, and Głottochronology: The Tarim Basin during Late Prehistory and History", *Proceedings of the Sixteenth Annual UCLA Indo – European Conference*, Los Angeles: UCLA, 2004.

中国东北亚安全威胁评估

金 新

摘要： 近年来东北亚地区安全形势出现一系列新动态，但地区安全结构的基本特性并未发生质变。美国在亚太"再平衡"战略之下继续实施战略重心东移，是中国东北亚安全利益面临的根本挑战。间或升温的中日钓鱼岛争端，对中国东北亚安全利益构成了直接挑战。依旧严峻的朝鲜半岛局势，则是中国东北亚安全利益的间接挑战。面对复杂而严峻的现实威胁和挑战，今后中国东北亚安全利益的维护与实现，亟须制定有效可行的战略方案。具体对策可分为三个方面：坚持和平发展道路，秉持积极防御方针；广泛参与多边合作，积极增进共同安全；构建地区安全机制，创设有效制度保障。

关键词： 中国；东北亚；安全利益；安全环境

东北亚地区对中国国家安全利益极其重要，也是当前国际社会安全形势最为严峻的地区之一。东北亚是美、俄、中、日四大国战略利益交汇与碰撞的地带，是诸多战略矛盾相互作用的地区，错综复杂的利益关系与动态演化的权力结构，使得东北亚地区形成了复杂而独特的安全秩序。近年来，东北亚地区安全形势出现了一系列新动向。地区形势新动向对中国安全利益的影响亟须系统梳理与深入研究。本文试从安全利益的外在环境、现实挑战与对策建议三个方面，对当前中国东北亚安全利益做一浅析。

一 中国东北亚安全利益外在环境：变化与恒常

中国东北亚安全利益，内生于东北亚地区安全环境之中。特殊的地缘政治背景使得东北亚地区形成了复杂而独特的安全环境。近年来，东北亚地区安全形势出现了一系列新动态，探讨当前中国东北亚安全利益，须厘清中国在东北亚地区面临的安全环境变化。同时，东北亚安全环境也存在稳定和恒常的一面，地区安全结构的基本特性并未发生质变，对其亦应有明晰的认知。

（一）变化的环境：东北亚安全形势当前动态

第一，美国在亚太"再平衡"战略之下继续实施战略重心东移，对中国周边安全构成了极大的威胁。2012 年 1 月，美国公布了题为《可持续的美国全球领导：21 世纪国防战略重点》的新军事战略报告，提出在亚太地区进一步巩固现有联盟，扩大与新兴国家的合作，加强在亚太地区的军事存在。[①] 6 月，美国国防部长帕内塔正式提出"亚太再平衡战略"。"'再平衡'战略的目标是以一种积极方式将美国插入并由此主导亚太地区的'游戏'，让美国在亚洲发挥不可或缺的领导作用。"[②] "再平衡"战略成为美国"重返亚太"战略的新版本，它通过强化美国在亚太的军事部署，实现美国对亚太地区的霸权护持。在此战略理念之下，美国在精减国防预算并从欧洲和中东进行战略收缩的同时，不断加强在亚太地区包括东北亚的战略部署，强化与日本、韩国等亚洲盟友的联盟关系。美国战略

---

① "Sustaining U. S. Global Leadership: Priorities for 21st Century Defense", January 2012, U. S. Department of Defense（http://www. defense. gov/news/Defense_ Strategic_ Guidance. pdf）.

② 陈雅莉：《美国的"再平衡"战略：现实评估和中国的应对》，《世界经济与政治》2012 年第 11 期。

重心的东移业已并仍将对中国国家安全利益造成严重的负面影响。

第二，东北亚海洋领土争端间或升温，地区安全形势屡趋紧张。首先，钓鱼岛之争升温导致中日关系日趋紧张。近年来，日本在钓鱼岛问题上一再挑起事端，2012 年 4 月，东京都知事石原慎太郎宣布将"购买"钓鱼岛；7 月，日本首相野田佳彦表示日本政府将正式启动钓鱼岛"国有化"的程序；9 月，日本政府正式对钓鱼岛及其附属的南小岛和北小岛实施"国有化"。此后，中国公务船只和飞机多次赴钓鱼岛巡航，宣示领土主权，以应对日本对钓鱼岛的高调侵占。其次，独岛之争升级亦导致韩日矛盾有所激化。2012 年 8 月，韩国总统李明博登上日韩存在争议的独岛（日称竹岛）宣示主权，随后日本政府决定中断同韩国政府的所有对话，并向韩国提交有关两国向国际法院提出独岛主权诉讼的提案。领土争端使得日韩安全合作进程放缓，双边关系淡化。最后，俄日岛屿争端亦一度升温。2010 年 11 月和 2012 年 7 月，梅德韦杰夫两次登上俄日之间存在争议的南千岛群岛（日称北方四岛）视察。2016 年 5 月，普京明确表示在南千岛群岛问题上，俄罗斯不会与日本做任何交易。俄罗斯还多次强化了在南千岛群岛的军事部署。

第三，朝鲜半岛局势变数不断，对东北亚整体安全形势造成了消极影响。2013 年以来，朝鲜已连续进行了三次核试验，其中于 2016 年 1 月进行了首次氢弹试爆。美国则着力帮助韩国加强导弹能力建设，增加了导弹射程，可覆盖朝鲜全境，这严重加剧了朝鲜半岛的军事对抗形势。2016 年 7 月，美国和韩国不顾中国明确反对，宣布将在韩国部署"萨德"反导系统。美韩方面还曾放出风声要在韩国重新部署战术核武器，这可能使长期以来推动半岛无核化的努力付之一炬。[①] 朝鲜半岛局势的紧张，强化了东北亚地区安全困境，增加了朝核问题解决的难度，不利于各国安全利益的维护与实现。

① Wang Fan & Ling Shengli, "Building a Peaceful Environment", *China Daily* (http://www.chinadaily.com.cn/world/2012 - 12/25/content_ 16054506. htm).

（二）恒常的环境：东北亚安全结构基本特性

虽然东北亚地区安全形势每年均有新变化，但地区安全结构的基本特征是演化缓慢、较为恒定的。从现实主义理论的权力政治视角考察，安全结构的理想模型主要有霸权安全模式和均势安全模式两种。但当前东北亚的地区安全结构既非完全的单极霸权，更非真正的多级均势，霸权稳定式的安全秩序和均势和平式的安全秩序在东北亚都未能实现。这种理想模型之外的不稳定结构使得地区安全的维护和中国安全利益的实现困难重重。

一方面，东北亚安全结构并非完整的霸权结构。"冷战"后的全球安全结构是以美国主导的单极霸权为特征的，但地区秩序并非全球性国际秩序在地区范围的完全映射，"在全球范围内的优势并不意味着美国在地区政治中拥有霸权，地区结构可能与全球结构并不一致。"① 当前美国在东北亚地区并未取得完全的地区霸权，它虽居于优势地位，但并不能完全掌控地区事务。东北亚地区美、日、韩海洋势力与中、俄、朝大陆势力的隐性对立和美、中、日、俄四大国的战略互动，使霸权稳定模式在东北亚并不能完全实现。美国虽构建并主导了东北亚海权联盟体系，但对东北亚大陆的掌控能力十分有限，势力仅及于朝鲜半岛南半部。处于美国联盟体系之外的中国和俄罗斯，通过发展"战略协作伙伴关系"，实现了共同利益基础上的潜在战略联合，有效遏阻了美国单极霸权向东北亚大陆的扩张。

另一方面，东北亚安全结构并非均衡的均势结构。中、俄、朝大陆势力与美、日、韩海洋势力在潜在对立中形成了一种隐性的均势格局，但这种格局并非完全的均势结构。美国作为当前国际体系中唯一的超级大国，其全球霸权在东北亚地区自然有相应的延伸和辐射。美国的软硬实力相对于地区内各国仍具绝对优势，其不容忽

① Robert S. Ross, "The Geography of the Peace: East Asia in the Twenty – first Century", *International Security*, Vol. 23. No. 4, 1999.

视的前沿军事部署和无可匹敌的盟友资源，使其在几乎所有重要的
东北亚地区事务中都扮演着关键角色。当前的地区安全，更多的是
依靠美国这样的外部力量而非本土力量。[①] 同时东北亚错综复杂、
相互交错和牵制的各种双边关系和三角关系，使得东北亚安全体系
中难以形成地区内国家共同制衡区域外霸权力量的地区性均势。

东北亚地区安全秩序结构维度与进程维度的双重不稳定性，使
中国的东北亚安全利益陷入了难以消解的地区性安全困境之中。首
先，东北亚是中、美、日、俄四大国利益的交汇点，大国间战略利
益的结构性冲突决定了它们在各自安全战略定位与选择上的冲突
性。其次，东北亚地区缺少区域合作和地区安全的有效的和常设性
的制度性安排，分散的权力结构使既有的利益冲突难以得到有效协
调和控制。最后，东北亚地区各国间，长期受意识形态对立或历史
恩怨的影响，彼此猜疑和恐惧，普遍将对方认定为潜在威胁。中
美、中日、中韩、朝韩、日韩、日俄、美俄等多对双边关系中普遍
缺乏战略互信，加剧了东北亚地区安全态势的对抗性和地区安全合
作的滞后性。东北亚安全困境导致了地区安全的不确定性（甚至无
法排除爆发大规模战争的可能性），使中国在东北亚地区处于不安
全的环境之中。中国的东北亚安全利益，正是生成于这样一种外部
安全环境之中，并且只能在这样一种现实环境中加以维护。

二　中国东北亚安全利益现实
挑战：态势与走向

东北亚外部安全环境作用于中国地区安全利益，便形成了中国
东北亚安全利益所面临的现实威胁与挑战。正确判断和评估当前中

---

① ［日］浦野起央：《21 世纪亚洲的选择》，中国社会科学出版社 2003 年版，第 10
页。

国在东北亚面临的安全挑战，厘清影响中国东北亚安全利益维护与实现的现实危险源，对于中国地区安全战略的制定和实施具有基础性意义。这里从安全利益的根本挑战、直接挑战和间接挑战三个维度，探讨当前中国东北亚安全利益现实挑战的态势及其走向。

（一）安全利益的根本挑战：美国战略重心继续东移

安全状态的核心标准在于客观威胁的消除，中国在东北亚地区未能消除战略上的现实威胁。美国在东北亚的前沿部署及其主导双边联盟体系，对中国的国家安全构成了严峻挑战。特别是美国在东北亚部署战区导弹防御系统（TMD），并将中国台湾纳入防御范围，更是对中国安全构成了严峻的威胁。美国战略重心东移，加大了美国对华的地缘战略压力，挤压了中国的地缘战略空间。美国通过其所控制的海洋国家和地区，包括中国台湾地区，结成"岛屿锁链"，对中国形成了地缘空间上的封锁和遏制，这种外部地缘环境，对中国的崛起是不利的。美国战略重心东移对中国东北亚安全利益造成了严重的负面影响，从根本上威胁了中国的国家安全。

随着中国以及亚太地区的崛起，美国着手调整全球战略，将战略重心向亚太地区转移。而东北亚地区则首当其冲，亚太军事部署主要集中于此。"9·11事件"及美国战略重点向反恐的转移一度打断了美国的战略东移计划，[1] 但奥巴马执政以来，"重返亚太"成为美国全球战略的重要组成部分。奥巴马政府将中国视为国家安全的潜在威胁，认为从长期来看，中国作为一个地区大国的兴起将以多种方式影响美国安全。[2] 奥巴马政府曾明确提出要"关注中国的军事现代化，并做好准备，以确保美国及其地区和全球性盟友的利益

---

① Jim Garamone, " Panetta Describes U. S. Shift in Asia – Pacific", *Washington File*, June 5, 2012.

② "Sustaining U. S. Global Leadership: Priorities for 21st Century Defense", January 2012, U. S. Department of Defense (http: //www. defense. gov/news /Defense_ Strategic_ Guidance. pdf) .

不会受到负面影响"①。奥巴马政府在裁减驻欧洲和中东地区美军，进行全球战略收缩的同时，却不断加强在亚太地区包括东北亚的前沿部署，继续强化东北亚军事同盟，以美日、美韩安保条约为基础，维持遏制中国的军事链条。还在中国领海附近频繁举行大规模军事演习，保持对中国的战略防范与遏制。同时经济上大力推进跨太平洋伙伴关系协定（TPP），拉紧同中国周边邻国的战略关系。

就未来走向而言，美国战略重心东移的趋势将会继续多年，其对中国东北亚安全利益构成的挑战将有增无减。中国崛起的进程难以遏制，美国霸权护持的战略亦不会改变。美国不会允许东北亚国家中出现一个对该地区事务起支配作用的主导性大国，因为这将对它的优势地位与国家安全利益构成威胁。因此美国力图维持东北亚离岸平衡，防范任何一方力量坐大。利用盟国、控制盟国、推行霸权主义，一直是美国的既定方针。在亚太"再平衡"战略之下，美国通过操纵和控制双边联盟体系，取得了遏制中俄、威慑朝鲜、控制日韩、维持地区均势等多重战略效果。

（二）安全利益的直接挑战：中日钓鱼岛争端持续升温

妥善解决与周边国家存在的领土和海洋权益争议，维护国家领土完整，进而消除地区不安全因素，是中国东北亚安全利益的重要内涵。在东北亚地区，中国同日本之间难以解决的领土争端，影响了中国领土完整的维护和实现，也损害了中国以至整个东北亚区域的安全。日本同中国在钓鱼岛群岛主权和东海大陆架划界问题上分歧严重。中日海洋岛礁和海域划分问题上的矛盾，以及日本在此种问题上的顽固立场，对中国捍卫海洋国土完整构成了不利之势。日本调整军事战略，不断增加军费，全面扩充军事实力，走军事强国之路。由于日本与中国在领土问题上存在严重分歧，这种军事大国战略将对中国安全构成潜在威胁。中日钓鱼岛争端持续升温，直接

---

① "National Security Strategy", May 2010, The White House（http：//www. white-house. gov/sites/default/ files/rss_ viewer/national_ security_ strategy. pdf）.

威胁着中国的领土完整和国家安全。

日本一方面加强对钓鱼岛的实际占有和有效管理，否认领土争议的存在，拒绝同中国通过外交途径解决钓鱼岛争端；另一方面，借助美国力量威慑中国，谋求对中国维护主权领土完整的意图与行为的战略遏止。日本打破中日之间在钓鱼岛问题上"搁置争议"的共识，对钓鱼岛及其两个附属岛屿实施"国有化"，严重侵犯中国领土主权，使钓鱼岛问题迅速升温。随着中国公务船只、飞机在钓鱼岛巡航的常态化，中日钓鱼岛争端仍在持续发酵。领土争端对国家安全构成了直接而严重的威胁，其导致的摩擦很容易酿成直接军事冲突。虽然武装冲突不符合中日两国的现实利益，钓鱼岛争端导致双方爆发大规模战争的可能性亦不大，但不能排除中日之间会出现低烈度、小规模的军事冲突。

就未来走向而言，中日钓鱼岛之争在可预见的时间内很难得到彻底的、一劳永逸的解决，而是很可能出现两国摩擦的常态化。一方面，2012 年自民党上台后，日本政坛的右倾化趋势更加明显，右翼势力的影响将进一步扩大，其强硬的对华政策主张若更多地付诸实践，必将导致钓鱼岛争端的继续升温，加剧中日之间的紧张关系，恶化东北亚地区局势。另一方面，随着中国的进一步崛起，包括日本在内的周边国家将更加担忧中国，"担心中国强大起来后将'取回'争议岛礁和海域，因而危机感和紧迫感空前增强，主动'争权、扩权'意识抬头"。① 因而日本在钓鱼岛问题上很可能持更加强硬的立场和采取更具进攻性的行动。中日钓鱼岛争端将成为中日关系的死结，长期挑战中国东北亚安全利益。

（三）安全利益的间接挑战：朝鲜半岛局势依旧严峻

朝鲜半岛安全局势的稳定，对中国安全具有重要意义。"维护周边地区的稳定是中国预防性的战略利益。因为周边地区的政治不

---

① 张学刚：《中国边海形势与政策选择》，《现代国际关系》2012 年第 8 期。

稳定，或是发生军事冲突，有导致城门失火殃及池鱼的后果。"[①] 当前东北亚地区特别是朝鲜半岛军备控制成效甚微，在核军控领域，已然陷入困境。大规模杀伤性武器特别是核武器在周边地区的扩散，将破坏东北亚安全态势稳定和地区军事力量格局的平衡，甚至使中国安全面临地区性核军备竞赛的威胁。构建和平稳定的周边安全环境，有效地防止核扩散，避免卷入区域军备竞赛和地区性武装冲突，也是中国东北亚安全利益的重要内容。当前朝鲜半岛安全态势依然严峻，对中国安全而言不容乐观。朝鲜半岛安全局势的紧张，对中国东北亚安全利益构成了间接但严峻的挑战。

2012 年 4 月和 12 月，朝鲜进行了两次卫星试射，2013 年 2 月，朝鲜进行了第三次核试验，2016 年 1 月和 9 月，朝鲜又进行了第四次和第五次核试验，朝鲜半岛局势一再紧张。美、日、韩除力推安理会谴责与制裁外，更注重加强自我防御能力。[②] 美国借此强化了在东北亚的介入，连续与韩、日等盟国举行联合军演，并宣布将在韩国部署"萨德"系统，使得地区安全态势更趋严峻。虽然当前中国在东北亚地区不存在直接的军事入侵威胁，但朝鲜半岛问题的存在，导致中国安全系数并不高，地区性冲突的威胁并未消除，甚至存在被迫卷入战争的风险。

就未来走向而言，朝鲜半岛局势一时难以得到根本解决，仍将是影响地区安全秩序与中国安全利益的一个突出问题。在朝核问题上，可以预见朝鲜仍将以发展核武器为手段谋求自身安全保障，以非对称威慑和危机边缘策略迫使美国谈判，以实现其关系正常化的政治目标和获取国际援助的经济目标。因为对朝鲜而言，以拥核谋求关注和谈判，以弃核承诺换取安全保证和国际援助，是为数不多的有效战略手段。朝核问题长期化已成为现实，除非东北亚安全结构出现有利于朝鲜的整体性变化，否则在自身利益诉求完全实现之

---

① 阎学通：《中国国家利益分析》，天津人民出版社 1996 年版，第 163 页。

② Wang Fan and Ling Shengli, "Building a Peaceful Environment", *China Daily*（http://www.chinadaily.com.cn/world/2012 - 12/25/content_ 16054506.htm）.

前彻底弃核无异于朝鲜放弃最后的筹码。朝鲜半岛问题若得不到妥善解决，对东北亚地区安全将产生深刻的负面影响，甚至有导致地区核竞赛的风险。

三　中国东北亚安全利益有效护持：对策与建议

面对复杂的现实威胁和挑战，今后中国东北亚安全利益的维护与实现亟须制定有效可行的战略方案。和平发展与积极防御，是维护中国东北亚安全利益的有效战略。多边合作与共同安全，是中国东北亚安全利益护持的现实需要。东北亚地区安全机制建设，对中国地区安全利益亦深具积极意义。

（一）坚持和平发展道路，秉持积极防御方针

安全利益的维护与实现，需要良好的外部环境。和平稳定的地区环境和友好互信的周边关系，是中国东北亚安全利益的内在要求。因此，坚持和平发展的基本道路，对中国而言具有重要的现实意义。面对紧张态势与稳定趋势并存的东北亚，中国应继续坚持"互信、互利、平等、协作"的新安全观，坚持"以邻为伴、与邻为善"的外交方针和"睦邻、安邻、富邻"周边政策，以自身的和平发展来增强东北亚区域和平稳定的基础，以本国的睦邻外交来营造平等互信、合作共赢的周边环境。中国应将自身的安全与繁荣同地区的和平与发展联系起来，建设和确保东北亚全区域的持久和平、稳定与繁荣。

积极防御是中国国防政策的基本方针，也是维护东北亚安全利益的有效军事战略。中国在东北亚军事安全领域应坚持积极防御战略，在发展自身军事力量的同时，坚持防御、自卫和后发制人的原

则，积极发展不结盟、不对抗、不针对第三方的军事合作关系。①同时，维护东北亚安全利益，不仅需要以实力求和平，通过有效的国防战略和可靠的军事实力后盾来保障国土安全，还需要通过积极的安全行为努力避免区域纷争或冲突，稳定周边安全环境，缓和东北亚地区安全形势。中国不可一味妥协克制、消极容忍，而应在涉及中国主权领土的热点问题上保持刚柔并济。

（二）广泛参与多边合作，积极增进共同安全

在地区内存在结构性安全困境的背景下，采取对抗性的博弈策略，只能导致东北亚安全局势的恶化和国家安全威胁的加剧，不符合中国现实的安全利益，故多边合作成为维护国家安全利益的理想选择。多边合作可使中国与东北亚邻国通过广泛互动增进了解与信任、消除猜疑与敌意、减少争端和纠纷。它"促使军事同盟框架和多边安全对话框架并存于东亚，形成二元安全结构"②，从而弱化地区安全困境，增进中国的安全和东北亚地区的稳定。多边合作对于中国东北亚安全利益的维护与实现具有重要作用。在政治安全利益方面，它通过多边合作的推进和发展，增信释疑，化解矛盾，同时对抵制霸权国家单边主义政策及其强化双边同盟体系的战略举措具有一定的积极作用；在军事安全利益方面，它通过多边安全合作机制的建构和运行，妥善推进朝核问题的解决和有效军控机制的建立，防止地区性对抗和冲突。

安全问题的地区化趋势，使得包括中国在内的任何国家都无法脱离地区安全去谋求本国安全。只有将两者结合为一体，整体考虑、统筹谋划，谋求东北亚地区的共同安全，才能真正维护和实现中国的东北亚安全利益。在这一理念的基础上，共同安全战略成为维护国家安全利益的可行选择。中国应积极参与和推进区域一体化进程，推动东北亚由安全复合体向安全共同体逐步演进，为中国的

---

① 李大光：《中国的东北亚安全政策》（http：//arm. cpst. net. cn/gfjy/2009_ 09/253496934. html）。

② 门洪华：《中国崛起与东亚安全秩序的变革》，《国际观察》2008 年第 2 期。

长远安全和东北亚地区的持久稳定奠定基础。共同安全对于中国东北亚安全利益的维护与实现具有积极作用。在政治安全利益方面，它通过地区认同的建构和交往密度的增强，改变各安全主体的利益认知，缓解东北亚邻国同中国之间的对立与争端；在军事安全利益方面，它使美国对中国的遏制与围堵战略在东北亚逐渐失去政治基础，缓解中国在该地区面临的军事压力。

（三）构建地区安全机制，创设有效制度保障

东北亚地区缺少区域合作和地区安全的、有效的和常设性的制度性安排，分散的权力结构使既有的利益冲突难以得到有效协调和控制。[①] 推进区域安全合作，构建地区安全机制，成为东北亚各国不可回避的现实需要。在东北亚地区安全机制建设中，中国应当成为坚定的支持者和积极的参与者。东北亚地区安全机制的建设符合中国的现实利益与现行政策。东北亚的和平与安全能够为中国自身发展提供一个稳定的周边环境。同时以合作共赢为原则的东北亚地区安全机制，也符合中国一贯的对外政策主张。积极参与东北亚地区安全机制建构，有利于中国国家安全利益的实现。

东北亚区域安全机制建构离不开中国的积极参与。中国应以一个负责任大国的姿态，在区域安全机制建构中充分发挥积极的作用。首先需要消除东北亚国家对"中国威胁"的担忧，建构国家间信任。地区安全合作离不开东北亚各国的战略互信。中国如果不能消除他国对自身的疑虑，将很难有效地推动东北亚地区安全机制建设。中国应在应对地区安全问题与提供地区公共物品方面，发挥积极的作用，树立负责任的形象，以实际行动消除东北亚邻国对中国的疑虑，消除误解、增进互信。

在信任建构的基础上，中国可以与地区各国共同推动东北亚地区安全机制的建设。现阶段中国的努力方向，一方面，应加强东北

---

① 黄凤志、金新：《中国东北亚安全利益的多维审视》，《东北亚论坛》2011 年第 2 期。

亚经济合作，推动自由贸易区建设和地区一体化发展，以经济促进政治，推动地区合作机制的功能性外溢；另一方面，应通过外交斡旋说服相关各方重返六方会谈的协商进程之中，推动六方会谈机制的重启和有效运行，进而在各方合作与共识的基础上，提升六方会谈机制的制度化程度。在中国和其他各国的共识与努力之下，东北亚地区安全机制将不断完善，从而为推动地区安全合作和实现东北亚各国共同安全创造制度条件。

四 结 论

近年来，东北亚地区安全形势稍显紧张，中国东北亚安全利益面临着各种来自区域层次的现实威胁与挑战。随着中国自身的进一步崛起，周边国家对中国的疑虑与防范将有所增强，中国东北亚周边安全将继续面临严峻挑战。这需要中国坚持和平发展道路不动摇，在国际交往与区域合作中不断增信释疑，逐步化解东北亚外交困境。对话合作、求同存异、协商一致是中国安全利益护持的有效战略原则；增强区域内国家间的安全合作，发展多边外交，构建东北亚多边安全合作机制是中国安全利益护持的可行战略措施。

参考文献

[1] ［日］浦野起央：《21 世纪亚洲的选择》，中国社会科学出版社 2003 年版。

[2] 阎学通：《中国国家利益分析》，天津人民出版社 1996 年版。

[3] 张学刚：《中国边海形势与政策选择》，《现代国际关系》2012 年第 8 期。

[4] 门洪华：《中国崛起与东亚安全秩序的变革》，《国际观察》2008 年第 2 期。

[5] 陈雅莉：《美国的"再平衡"战略：现实评估和中国的应对》，

《世界经济与政治》2012 年第 11 期。

[6] "Sustaining U. S. Global Leadership：Priorities for 21st Century De-
fense", January 2012, U. S. Department of Defense（http：//
www. defense. gov /news/Defense_ Strategic_ Guidance. pdf）.

[7] Robert S. Ross, "The Geography of the Peace：East Asia in the
Twenty – first Century", *International Security*, Vol. 23, No. 4,
1999.

[8] Jim Garamone, "Panetta Describes U. S. Shift in Asia – Pacific",
Washington File, June 5, 2012.

[9] "National Security Strategy", May 2010, The White House（ht-
tp：//www. whitehouse. gov/sites/default/ files/rss_ viewer/nation-
al_ security_ strategy. pdf）.

21世纪初中国东亚海洋安全环境

金　新

摘要：从安全秩序视角审视，21世纪初的中国的东亚海洋安全环境延续着"冷战"结束以来的霸权秩序模式，但当前东亚海域的单极霸权具有非完全性，中、俄、朝大陆势力与美、日、韩的海洋势力的隐形对抗和美、中、俄间的大国战略互动，制衡着美国的海上霸权。在霸权秩序模式之下，东亚海洋安全秩序的有序程度并不高，秩序状态大致处于低度有序层次。进入21世纪第二个十年以来，东亚海洋安全领域摩擦、冲突与对抗频发，海洋安全形势出现显著的趋紧迹象。

关键词：东亚；海洋安全秩序；海洋领土争端

21世纪初的中国的东亚海洋安全环境，延续了"冷战"结束以来的基本形态。从安全秩序视角审视，一方面，东亚海洋安全秩序仍属美国单极主导的霸权秩序；另一方面，东亚海洋安全秩序有序程度并不高，大致处于低度有序状态。随着东亚国际体系的转型，区域海洋安全秩序也出现了新的动向。进入21世纪第二个十年以来，东亚地区海洋安全形势趋于紧张，海上冲突频发。域内海上争端出现高频率、高烈度趋势。这里试从秩序的具体模式、现实状态以及发展趋势三个维度，探析当前东亚海洋安全秩序的内在机理与演化规律。

一 单极霸权: 东亚海洋安全秩序模式解析

(一) 秩序的单极特性: 东亚海洋安全中的美国霸权

21 世纪初, 东亚海洋安全秩序延续着后冷战时代的霸权秩序模式。美国作为当前国际体系中唯一的超级大国, 其全球范围的单极霸权在东亚海洋安全领域有着对应的映射与延伸。美国凭借着自身雄厚的海上军事实力, 在对东亚制海权的掌握上占据显著优势, "对东亚地区广大的海域几乎实现了完全的掌控"[①]。加之其强大的前沿军事存在和巩固的双边联盟体系, 美国成功构筑了东亚区域的海上霸权。而东亚国家间利益交错、错综复杂的双边与多边关系, 使得东亚海洋安全领域很难形成域内国家共同制衡美国霸权的均势结构。美国以霸权护持为宗旨的海权战略的有效实施, 进一步固化了东亚海域的霸权安全秩序。美国的东亚海上霸权, 是通过两大支柱实现的: 一是海军前沿部署体系, 二是双边海权联盟体系。

1. 海军前沿部署体系

美国掌控东亚海域的直接工具, 是自 "冷战" 时期便长期驻扎西太平洋作为前沿部署的海军第 7 舰队。第 7 舰队是美国六大舰队中实力最强的一支, 也是美国在本土之外部署的规模最大的海军舰队。其满员编制达 6 万人, 其中包括 3.8 万海军和 2.2 万海军陆战队。第 7 舰队司令部设在日本横须贺港, 在东亚的主要驻地除横须贺外, 还包括日本的佐世保、冲绳以及韩国的釜山、浦项、镇海等多个港口。该舰队拥有军舰约 50—60 艘, 其中有 19 艘作战舰只目前常驻东亚与西太平洋地区, 包括尼米兹级核动力航母 "乔治·华盛顿" 号, 此外还有战机 350 架。[②] 第 7 舰队每年都要在辖区内与

---

① 倪峰: 《论东亚地区的政治、安全结构》, 《美国研究》2001 年第 3 期。

② 第七舰队更多信息, 可参见 Commander, U. S. 7th Fleet (http: //www. navy. mil/local/c7f/); The U. S. Navy (http: //www. navy. mil/index. asp)。

亚太多国举行大小军事演习上百次，且平时约有 1/2 兵力在西太平洋海域常规巡逻。除第 7 舰队在东亚的本身前沿部署外，美国强大的军队投送能力使其能够迅速从驻扎在本土和海外各地的海军力量——特别是第 3 舰队中抽调大批兵力，在必要时（如发生战事时）补充和支援第 7 舰队。前沿军事存在和力量投送能力的结合，奠定了美国在东亚海域对其他国家的显著实力优势。

美国海军力量在东亚—西太平洋地区的战略部署，在空间格局上呈现出前沿部署的三角结构和整体布局的三层体系。前沿部署的三角结构，是指美国海军"东北亚（日本）—关岛—东南亚（新加坡）"的驻军格局。其中东北亚的日本横须贺海军基地和关岛海军基地是美国西太平洋海权最主要的战略依托。东南亚的新加坡宜樟海军基地虽然并非美国海军的常驻基地，但美军在该港的使用权成为美国在东南亚军事存在的基础，对东亚海权格局具有重要影响。整体布局的三层体系，是指美国海军力量以太平洋三大岛链为基础的空间层次分布。第一层次是美国海军在西太平洋最前沿的部署，即沿阿留申群岛经日本（包括冲绳）至东南亚的基地群；第二层次是美国海军连接前沿与后方的中间过渡地带，即以马里亚纳群岛为中心南至澳大利亚和新西兰的基地群；第三层次是美国海军在西太平洋的战略后方，即夏威夷群岛基地群。美国在东亚和西太平洋的这些基地和军事存在联系在一起，"构成了一张完整、严密的军事网络，它控制了这一地区几乎所有的海上战略要点、交通要道"[①]。强大的前沿部署体系，成为美国东亚海上霸权地位的基础。

2. 双边海权联盟体系

东亚海洋安全中的美国霸权，不仅基于美国自身的海上力量优势，还与美国主导的双边海权联盟体系息息相关。从地缘政治学视角审视，在东亚大陆势力与海洋势力的博弈中，美国作为最大的海洋国家，同日本、菲律宾等海洋国家和韩国、泰国等大陆边缘地带

---

① 倪峰：《霸权稳定模式与东亚地区政治安全秩序》，《当代亚太》2002 年第 7 期。

国家建立起了巩固的双边联盟。在这些双边联盟关系中，美国均居于主导地位。这些以美国为中心的辐轴式双边联盟群落，构成了与中、俄等大陆国家相竞争的海洋势力联盟体系。这一双边海权联盟体系的存在，不仅使广袤的西太平洋成为美国的缓冲地带，还使美国在东亚获得了稳定的势力范围。美国主导的双边海权联盟体系，成为美国在东亚同陆权势力相博弈的基础。

这一形成于"冷战"时期的联盟体系，在 21 世纪初继续得以强化和发展。美国将这些联盟关系视为东亚乃至全球安全战略的重要依托。在 2002 年的《国家安全战略报告》中美国曾明确表明，为了实施其战略，必须尽可能组织广泛的联盟并有效发挥美国在其中的主导作用。① 2010 年的《国家安全战略报告》也认为"与日本、韩国、澳大利亚、菲律宾以及泰国的盟友关系是亚洲安全的基础"，并表示"将继续深化和发展这些同盟关系以反映地区的活力和 21 世纪的战略趋势"②。美国主导的双边海权联盟体系的形成和发展，正是美国联盟战略运行的具体体现。

作为双边海权联盟体系的补充，美国还积极推进同东亚非盟友国家的军事合作，拓展在东亚海域周边的伙伴关系。特别是通过一系列年度海洋安全演习机制，美国将众多东南亚中小国家吸纳到美国主导的军事合作框架之中。如从 1995 年起每年的"战备与训练合作"（Cooperation Afloat Readiness and Training）海洋安全演习和 2002 年起每年的"东南亚反恐合作"（Southeast Asia Cooperation Against Terrorism）海洋安全演习，不仅有菲律宾、泰国等盟国参加，还吸收了印度尼西亚、马来西亚、文莱等东南亚非盟友国家。③

---

① "The National Security Strategy", September 2002, The White House（http：//georgewbush – whitehouse. archives. gov/nsc/nss/2002/nss3. html）.

② "The National Security Strategy", May 2010, The White House（http：//www. whitehouse. gov/ sites/default/ files/rss_ viewer/national_ security_ strategy. pdf）.

③ "CNO's Vision of '1, 000 – Ship Navy' Tested by CARAT Exercise", US Navy（http：//www. navy. mil/ search/display. asp? story_ id = 30253）；两项演习的年度资料参见 http：//www. clwp. navy. mil/carat. htm.

2004 年美国还一度提出以防止亚太区域跨国海洋安全威胁为主要目标的"区域海洋安全倡议"，以谋求构建美国主导的所谓"自愿联盟"①。虽后来未能如愿运行，但美国构建其全面主导的东亚海洋安全体系的努力可见一斑。

（二）霸权的非完全性：东亚海洋安全中的均势因素

尽管美国在东亚海域占据了霸权地位，但当前东亚海洋安全秩序中的单极霸权实际上具有非完全性。东亚海洋安全秩序，是一种包含着均势因素的不彻底的霸权秩序。美国虽具有一定的主导能力和显著的优势地位，但东亚大国战略关系的结构性矛盾使其尚不能全面操控东亚海洋安全事务。在美国主导的东亚海权联盟体系之外，是其控制力鞭长莫及的大陆地缘政治板块。正如美国学者罗伯特·罗斯（Robert S. Ross）所指出的，"力量随距离逐渐递减的规律侵蚀了强国在遥远地区的能力，而这有利于均衡"②。中、俄、朝大陆势力与美、日、韩的海洋势力的隐形对抗和美、中、俄间的大国战略互动，使美国的区域霸权大打折扣。中、俄两大大陆强国，通过构建"战略协作伙伴关系"实现了基于共同利益的潜在战略联合。两大大陆强国海洋军事力量的发展，制衡着美国在东亚海域的单极霸权。

崛起中的中国是东亚地区举足轻重的力量。中国海军现有 23.5 万官兵，下辖北海、东海和南海三个舰队。在舰艇方面，中国海军拥有"亚洲最强大的主战舰艇、潜艇和两栖战舰"，包括 79 艘主要的水上战舰，至少 55 艘潜艇，55 艘大中型两栖战舰和约 85 艘装载

---

① 莫大华：《美国亚太区域海洋安全合作的"自愿联盟"——"防止扩散安全倡议""区域海洋安全倡议"与"全球海洋伙伴倡议"之比较分析》，《国际关系学报》2010 年第 1 期。

② Robert S. Ross, "The Geography of the Peace: East Asia in the Twenty - first Century", *International Security*, Vol. 23. No. 4, Spring 1999.

导弹的小型舰艇。① 第一艘航空母舰"辽宁舰"也已于 2012 年正式进入海军序列。随着军事现代化进程的迅速发展，中国海军总体能力不断提高，已"初步形成以第二代装备为主体、第三代装备为骨干的武器装备体系"②。许多解放军海军水面舰艇都配备有先进的防空系统和现代化反舰巡航导弹。随着综合作战力量现代化水平的提高，中国海军的战略威慑与反击能力正在逐步增强。

俄罗斯在东亚海域的主要海上军事力量是其太平洋舰队。太平洋舰队是俄罗斯海军第二大舰队（仅次于北方舰队），总兵力约 6 万人。舰队以滨海边疆区的符拉迪沃斯托克和勘察加半岛的彼得罗巴甫洛夫斯克为主要基地。③ 司令部设在符拉迪沃斯托克市。④ 目前，俄罗斯太平洋舰队拥有"导弹核潜艇 18 艘、核攻击潜艇 17 艘、常规动力潜艇 14 艘、导弹巡洋舰 4 艘、导弹驱逐舰 10 艘、导弹护卫舰 40 艘、其他各型舰艇近 400 艘、海军航空兵飞机 170 多架"⑤。舰队旗舰为光荣级巡洋舰"瓦良格"号，主要水面作战舰艇包括"无畏"级驱逐舰、"现代"级驱逐舰和"克里瓦克"级护卫舰等，主要作战潜艇包括"阿库拉"级核动力攻击型核潜艇、"基洛"级常规动力攻击型潜艇等。太平洋舰队是维护俄罗斯东亚安全利益的重要工具，它以应对美国、日本等国海上威胁为主要作战使命，保护着俄罗斯的东部海疆，制约着美国的东亚海上霸权。

美国及其盟友在海洋方向上对大陆国家形成地缘政治压力，而

---

① Ronald O'Rourke, "China Naval Modernization: Implications for U. S. Navy Capabilities—Background and Issues for Congress", CRS Report for Congress, October 17, 2012 (http://www. fas. org/sgp/crs/row/RL33153. pdf).

② 《2008 年中国的国防》，2009 年 1 月，国务院新闻办公室（http://www. scio. gov. cn/ zfbps/gfbps/2009/Document/847522/847522_ 2. htm）。

③ 其中战略导弹核潜艇主要部署在彼得罗巴甫洛夫斯克基地，因为那里可不经过任何海峡通道直接进入太平洋。

④ 《新闻背景：俄罗斯太平洋舰队》，2012 年 4 月，新华网（http://news. xinhuanet. com/world/2012-04/21/ c_ 111820809. htm）。

⑤ 《功勋舰队——俄罗斯太平洋舰队》，2012 年 4 月，中华人民共和国国防部（http://www. mod. gov. cn/reports/201204/zejy/2012-04/20/content_ 4360286. htm）。

中、俄两大大陆国家通过建立"战略协作伙伴关系"和采取"军事领域信任措施"，以缓解共同面临的这种压力。① 中俄两大国的伙伴关系，成为制衡美国东亚海洋霸权的中流砥柱。海洋势力与大陆势力在东亚海域的潜在对立，使海洋安全的霸权秩序之内形成了一种隐含的均势格局，从而弱化了美国的单极海上霸权。但由于两大势力海洋战略实力的差距，这种格局并不是真正的均衡结构，单极霸权仍是东亚海洋安全秩序的主要模式特征。但随着时间的推移，美国在东亚海洋安全事务上的主导能力将逐渐减弱。

二　低度有序：东亚海洋安全秩序状态评估

21 世纪初，在霸权安全秩序模式之下，东亚海洋安全秩序的有序程度并不高，秩序状态大致处于低度有序层次。"冷战"时期被两极争霸掩盖了的影响秩序稳定并可能导致海上冲突的一系列矛盾与问题，自 20 世纪 90 年代以来相继凸显。这些影响海洋安全秩序稳定的因素，主要是东亚国家间错综复杂的岛屿主权与海域划界争端。在东北亚，这种海洋领土争端包括中日钓鱼岛之争、日韩竹岛（独岛）之争、日俄"北方四岛"（南千岛群岛）之争、中日东海海域划界与油气田之争、中韩黄海海域划界与苏岩礁之争，以及朝韩黄海"北方分界线"之争等。东南亚的海洋领土争端，则包括涉及六国七方的南海争端，新加坡与马来西亚两国白礁岛、中岩礁和南礁主权之争等。② 东亚海域的这些主权领土纠纷，使海洋安全秩序主体间的关系模式长期处于纷争状态，降低了秩序的有序程度。

---

① 李义虎：《地缘政治学：二分论及其超越》，北京大学出版社 2007 年版，第 213 页。

② 2008 年 5 月 23 日经位于荷兰海牙的国际法院裁决，白礁岛主权归新加坡，中岩礁主权归马来西亚，而南礁主权则归拥有它所处海域主权的一方。"Sovereignty over Pedra Branca/Pulau Batu Puteh, Middle Rocks and South Ledge（Malaysia/Singapore）"，May 2008，International Court of Justice（http：//www. icj – cij. org/docket/files/130/14490. pdf）。

这里试通过梳理 21 世纪第一个十年间东亚海域的主要矛盾冲突，对 21 世纪初的东亚海洋安全秩序状态做一管窥。

东北亚的海洋领土争端主要集中于日本周边海域。21 世纪初，中日、俄日、韩日三对双边关系中的岛屿、海洋纠纷此起彼伏。例如中日钓鱼岛之争便曾多次升温。首先，日本谋求增强对钓鱼岛的实际控制，导致双方矛盾升级。2002 年日本与声称拥有钓鱼岛所有权的国民签订了租借合同，将所谓钓鱼岛"管理权"收归国有。此事被媒体披露后，2003 年 6 月 23 日，中国民间人士组成的"保钓团"抵达钓鱼岛海域举行抗议；8 月 25 日，东京的右翼团体再次登上钓鱼岛。① 非官方的对抗性行动显示出中日矛盾的激化。其次，两国船只在钓鱼岛海域还多次发生摩擦。如 2007 年 2 月 4 日，中国东方红 2 号科考船在钓鱼岛海域遭多艘日本海保厅舰艇围堵；2008 年 12 月 8 日，中国海监船巡航钓鱼岛周边海域时，也遭到日本巡视舰阻挠。最后，日本与中国台湾地区在钓鱼岛海域也间或发生冲突。如 2008 年 6 月 10 日，日本海保厅巡视船与中国台湾海钓船碰撞，导致台湾船只沉没，引发双方激烈纷争；2009 年 9 月 13 日，中国台湾地区和日本 8 艘舰船在钓鱼岛海域发生对峙事件。②

2005 年中日东海油气田争端也是影响海洋安全秩序稳定的典型案例。2004 年 10 月，日本单方面提出所谓"东海中间线"，对中国在东海无争议海域开发的油气田提出抗议。2005 年 7 月 14 日，日本经济产业省宣布批准帝国石油公司在中国东海专属经济区内试开采石油天然气。7 月 15 日，中国外交部亚洲司司长崔天凯约见日本驻华使馆公使，强烈抗议日本对中国主权权益的严重挑衅和侵犯。9 月 9 日，包括 1 艘"现代级"导弹驱逐舰在内的 5 艘中国海军舰艇到"春晓"油气田周边海域巡航。日本这一违反《联合国海洋法

① 《钓鱼岛大事略记》，人民网（http：//world. people. com. cn/GB/8212/191617/46170/index. html）。

② 《台日 8 艘舰船对峙钓鱼岛》，2009 年 9 月，新华网（http：//news. xinhua-net. com/herald/2009 – 09/17/content_ 12067095. htm）。

公约》的行为，最终导致了中日在东海海域冲突的升级。

　　除中日之间的岛屿、海洋争端，日俄、日韩间海洋领土矛盾也多次激化。①日俄"北方四岛"（南千岛群岛）之争。2004 年 9 月 2 日，日本首相小泉纯一郎乘坐海上保安厅巡视船，从海上视察了"北方四岛"，引起俄罗斯的强烈反应。2006 年 8 月 16 日，俄罗斯巡逻艇向接近"北方四岛"争议海域的日本渔船鸣枪示警，导致一名渔民死亡，引发日本抗议。②日韩竹岛（独岛）之争。2006 年 4 月 19 日，日本罔顾韩国方面强烈反对，派船只前往同韩国有争议的独岛附近海域实施勘测。对此韩国表示将采取果断的应对措施，甚至"不惜危及韩日关系"，并在独岛海域部署了 18 艘舰船。① 日韩两国关系急剧恶化，国际危机呈一触即发之势。

　　东南亚的海洋领土争端集中于南海。南海主权争端"主要存在三组矛盾：一是中国与越南、菲律宾、马来西亚和文莱之间的矛盾；二是越南与菲律宾、马来西亚之间的矛盾；三是菲律宾与马来西亚之间的矛盾"②。错综复杂的矛盾关系中，尤以中国与越南、菲律宾之间的矛盾最为突出，对海洋安全秩序的影响最大。越南将海洋疆界划分和海岛主权视为核心利益，③ 在南海岛屿争端中寸土必争。2007 年 6 月，越南出动 30 余艘武装船只，对中国在西沙海域作业渔船实施围堵阻截，一度导致双方形成海上对峙局面。菲律宾不断加强对其所占南海岛礁的实际控制。"2002 年《南海各方行为宣言》后，菲律宾仍然频繁出动舰机赴所占岛礁及附近海域活动。"④ 2009 年 3 月 10 日，菲律宾不顾中国的反对，正式签署通过了"领海基线法"，将黄岩岛和南沙部分岛礁划为本国领土，导致中国的强烈反对和严正抗议。

---

　　① 《日勘测船赴韩日有争议海域韩国部署 18 艘巡逻舰》，2006 年 4 月，新华网（ht-tp：//news. xinhuanet. com/world/2006 – 04/19/content_ 4445121. htm）。
　　② 陈峰君主编：《亚太安全析论》，中国国际广播出版社 2004 年版，第 401 页。
　　③ 于向东：《越南全面海洋战略的形成述略》，《当代亚太》2008 年第 5 期。
　　④ 冯梁主编：《亚太主要国家海洋安全战略研究》，世界知识出版社 2012 年版，第 157 页。

东亚海域国家间深刻的利益矛盾和频发的海上摩擦，使 21 世纪前十年本区域的海洋安全秩序基本处于低度有序状态。一方面，东亚海域相关国家间的主要关系模式以纷争为主。参照罗伯特·基欧汉的理论界定，纷争状态是"各国政府视彼此的政策为达到它们目标的障碍，并认为各自对政策协调上的限制因素都负有责任"①。纷繁复杂的现实利益冲突和尚未消解的历史矛盾积怨，使东亚海域各国难以形成实质性的战略互信，相关国家间均视对方政策为实现本国海洋安全目标的阻碍因素，并将政策协调的困境归咎于对方。相较于和谐与合作的关系模式，国家间关系的纷争状态决定了东亚海洋安全秩序难以具备较高的有序程度。另一方面，东亚海洋安全领域虽然频现冲突与摩擦，但引发战争的可能性较低。无论东北亚还是东南亚的海洋领土争端，其缓和阶段在时间层面均长于升温阶段。即使在争端的升温阶段，国家间冲突也是维持在低烈度的可控状态，政府行动以外交层面的声明和抗议为主，海上摩擦主要发生在海上执法舰艇与民间船只之间，冲突无限制升级乃至由此爆发战争的可能性并不高。

三 形势趋紧：2010 年以来东亚
海洋安全秩序新演化

2010 年以来，东亚海洋安全领域摩擦、冲突与对抗频发，整体安全形势动荡不稳。短短几年时间里，中日、中菲、日俄、日韩等国家间海洋领土争端均多次升温。这一阶段的东亚海上冲突，不但发生频度高，而且对抗烈度强。官方执法船只甚至军舰的直接对抗屡有发生。海上争端与冲突的升级，使东亚海洋安全形势出现显著

---

① ［美］罗伯特·基欧汉：《霸权之后：世界政治经济中的合作与纷争》，苏长河、信强、何曜译，上海人民出版社 2004 年版，第 53 页。

的趋紧迹象。

2010 年，朝鲜和韩国在黄海"北方分界线"附近一再发生矛盾冲突，拉开了东亚海洋安全形势恶化的序幕。3 月 26 日发生"天安"号沉没事件，导致朝韩两国互相谴责，双方关系迅速恶化，两国间贸易、交流与合作都因此中断。11 月 23 日发生延坪岛炮击事件，朝韩双方在延坪岛一带进行炮击互射。这次军事冲突被联合国秘书长潘基文形容为朝鲜战争结束以来最严重的事件之一。① 美国也借此进一步强化美韩联合防御，两国在黄海海域举行了大规模联合军事演习，"乔治·华盛顿"号航母借机进入黄海。除朝韩之间这种领土争议活跃度较低的海上边境摩擦，2010 年以来东亚海域还出现了岛屿争端频繁升级的状况：

首先，中日钓鱼岛之争日益白热化。钓鱼岛主权争端与摩擦出现常态化趋势。② 2010 年 9 月 7 日发生钓鱼岛撞船事件，日本将中国渔船和船长非法扣留，导致中日矛盾升级。2012 年日本"购岛"事件，更是使钓鱼岛主权问题"陷入战后以来最严重的危机"③。日本方面"在钓鱼岛问题上一再挑起事端"，4 月 16 日，东京都知事石原慎太郎宣布将"购买"钓鱼岛；7 月 24 日，日本首相野田佳彦表示日本政府将正式启动钓鱼岛"国有化"的程序；8 月 21 日，美日进行为期 37 天的岛屿作战演习；9 月 10 日，日本政府正式对钓鱼岛及其附属的南小岛和北小岛实施"国有化"④。为应对日本对钓鱼岛的高调侵占，中国海监船只巡航编队多次赴钓鱼岛海域巡航执法，宣示领土主权。2013 年 12 月 26 日，日本首相安倍晋三参拜靖国神社，引发中日关系危机，钓鱼岛事件也随之再次升温。

---

① 《潘基文呼吁朝鲜半岛南北双方保持克制》，2010 年 11 月，联合国网站新闻中心（http：//www. un. org/chin－ese/News/ story. asp？NewsID＝14515）。

② 沈海涛：《钓鱼岛主权争端与中国国家主权利益护持》，载黄凤志主编《东北亚地区政治与安全报告（2012）》，社会科学文献出版社 2012 年版，第 212 页。

③ 朱凤岚：《钓鱼岛主权危机与美日同盟关系》，载张洁主编《中国周边安全形势评估（2013）》，社会科学文献出版社 2013 年版，第 37 页。

④ 金新：《中国东北亚安全挑战新动态述评》，《亚非纵横》2013 年第 2 期。

　　其次，南海岛屿之争冲突频发。其中以中越、中菲之间的争端较为突出。① 中菲两国海上摩擦不断，冲突多次升级。2011 年 3 月 2 日，因油气勘探船只在两国争议海域非法作业时被中国巡逻艇阻止，菲律宾派出两架战斗机与中国船只对峙；② 10 月 18 日，菲律宾军舰与中国渔船在南沙礼乐滩附近海域发生冲突。2012 年 4 月 10 日，菲律宾海军非法抓扣中国渔民，导致中国海监船和菲律宾海军舰艇在黄岩岛的对峙。黄岩岛事件中双方对抗强度高，对峙时间长，成为东亚海洋安全形势恶化的一个典型案例。2013 年 5 月又发生了中菲仁爱礁事件和菲律宾枪杀中国台湾渔民事件。特别是在仁爱礁事件中，中菲均派军舰进入仁爱礁，双方形成直接对峙。美国借机派航母战斗群在南海海域举行"守礁掩护"等项目的演习，对中国进行威慑，加剧了局势紧张。中越之间也多次发生海上冲突与摩擦。如 2011 年 5 月底，中国渔政船与越南油气勘探船发生冲突；2012 年 6 月 9 日，中国渔船与越南武装舰船在争议海域发生摩擦，越南舰船非法驱逐中国船只；2013 年 5 月 29 日，中国的公务船只与越南渔船发生摩擦。而 2012 年越南海军在南海举行实弹演习，更使该海域局势进一步紧张。

　　再次，日俄岛屿争端波澜迭起。日俄两国政府频繁以登岛或视察方式对争议岛屿进行主权宣示，屡次由此引发彼此激烈反应。2010 年 11 月 1 日，俄罗斯总统梅德韦杰夫视察了南千岛群岛（日称北方四岛）中的国后岛，这是俄罗斯国家元首首次视察俄日之间存在争议的岛屿。③ 2011 年 2 月 4 日，俄罗斯国防部长谢尔久科夫访问了择捉岛和国后岛；2 月 19 日，日本内阁官房长官枝野幸男从空中视察了北方四岛；5 月 15 日，俄罗斯副总理伊万诺夫率政府代

①　Rory Medcalf & Raoul Heinrichs, Crisis & Confidence: Major Powers and Maritime Security in Indo – Pacific Asia, *Lowy Institute for International Policy*, June 2011.

②　Joseph Santolan, Tensions escalate over the South China Sea, 转引自曹云华、鞠海龙主编《南海地区形势报告（2011—2012）》, 时事出版社 2012 年版，第 19—20 页。

③　《俄罗斯总统视察俄日争议岛屿》, 2010 年 11 月，新华网（http://news. xinhuanet. com/world/2010 – 11/01/c_ 12724718. htm）。

表团登上择捉岛和国后岛；2012 年 1 月 14 日，日本外相玄叶光一郎从海上视察了齿舞岛；7 月 3 日，梅德韦杰夫再次登上国后岛视察。日俄双方交互式的主权宣示使两国海洋领土纠纷难以保持平静，两国关系一再呈现紧张局面。政治与外交层面的主权利益纠纷不断向安全领域延伸。俄罗斯多次表示将在近两年内强化南千岛群岛的军事部署，并推进其武器装备的现代化。① 2013 年 2 月 7 日，俄罗斯在南千岛群岛举行大规模的军事演习。

最后，日韩竹岛（独岛）之争间或升温。2012 年 8 月 10 日，韩国总统李明博登上独岛宣示主权，引发日本方面强烈抗议，日韩矛盾一度激化。日本政府决定中断同韩国政府的所有对话，并向韩国提交有关两国向国际法院提出独岛主权诉讼的提案。2013 年 2 月 22 日，日本首次有高层官员出席"竹岛日"活动，引发了韩国方面的抗议。7 月 9 日，日本内阁通过了 2013 年《防卫白皮书》，其中包含"'竹岛'是日本固有领土，'竹岛'问题依然没有解决"等内容，再次引发了韩国的强烈反对。独岛争端的一再升温导致韩日关系显著恶化，日韩安全合作进程亦因此放缓。

进入 2014 年以来，东亚海域依然波谲云诡，海洋安全形势仍不容乐观。一方面，海洋领土争端对抗依旧。如在中日钓鱼岛问题上，日本航空自卫队制定预案，声称将对进入钓鱼岛上空的中国军机进行"裹挟迫降"。1 月 7 日和 2 月 21 日，日本航空自卫队战机两次紧急升空，在东海上空应对巡航的中国公务飞机。② 日韩、日俄、中菲等多对岛屿争端也远未平息。1 月 30 日，日本表示欲就竹岛（独岛）领土争议单独向国际法院提起诉讼。2 月 3 日，日本防卫大臣乘军机巡视了北方四岛中的国后岛。另一方面，一些争端当事国继续强化军事准备。如 1 月初，日本防卫省决定用 10 年左右时

---

① 《俄罗斯未来两年将投巨资强化南千岛群岛驻军》，2012 年 10 月，新华网（http://news. xinhuanet. com/mil/2012－10/ 22/c_ 123855595. htm）。

② 《日媒：两架中国飞机接近钓鱼岛　日战机升空应对》，2014 年 2 月，中国新闻网（http://www. chinanews. com/gn/2014/02－22/ 5869735. shtml）。

间整编 7 个师旅团以应对"西南诸岛发生不测事态",意图直指中国钓鱼岛。① 2 月 25 日,菲律宾军方宣布将黄岩岛(菲称"帕纳塔格浅滩")置于其西部军区管辖之下,加强了对中国的所谓"防御"。

这一阶段,虽然东亚海域安全领域多次出现过缓和局面,但均未改变宏观形势恶化的本质与趋势。以南海之争为例,2011 年 7 月 20 日,中国与东盟国家通过了《落实〈南海各方行为宣言〉指导方针》,承诺"共同促进和平稳定和互信以及确保和平"②;10 月 23 日,中越签署了关于解决两国海上问题的基本原则协议,表示将通过谈判和友好协商方式解决两国海上争议。但这些海洋安全领域的缓和因素具有相当程度的有限性。《落实〈南海各方行为宣言〉指导方针》签署后数周,菲律宾便宣布从美国购买巡逻舰部署于南海。9 月 6 日,中越双边合作指导委员会会议就南海问题强调要从中越友好大局出发,共同维护南海稳定,仅时隔一周,越南便支持印度公司进入争议海域开发油气资源。③ 缓和局面的反复,使东亚海域安全形势整体趋紧的态势愈加明显。

参考文献

[1] [美] 罗伯特·基欧汉:《霸权之后:世界政治经济中的合作与纷争》,苏长河、信强、何曜译,上海人民出版社 2004 年版。

[2] 李义虎:《地缘政治学:二分论及其超越》,北京大学出版社 2007 年版。

---

① 《日本防卫省将整编 7 个师旅团应对"西南诸岛不测"》,2014 年 1 月,新华网(http://news.xinhuanet.com/world/2014-01/09/c_125978198.htm)。

② 《中国与东盟国家就落实〈南海各方行为宣言〉指导方针达成一致》,2011 年 8 月,中华人民共和国外交部(http://www.fmprc.gov.cn/mfa_chn/wjbxw_602253/t844329.shtml)。

③ 曹云华、鞠海龙主编:《南海地区形势报告(2011—2012)》,时事出版社 2012 年版,第 15 页。

[3] 陈峰君主编：《亚太安全析论》，中国国际广播出版社 2004年版。

[4] 冯梁主编：《亚太主要国家海洋安全战略研究》，世界知识出版社 2012 年版。

[5] 黄凤志主编：《东北亚地区政治与安全报告（2012）》，社会科学文献出版社 2012 年版。

[6] 张洁主编：《中国周边安全形势评估（2013）》，社会科学文献出版社 2013 年版。

[7] 曹云华、鞠海龙主编：《南海地区形势报告（2011—2012）》，时事出版社 2012 年版。

[8] 倪峰：《论东亚地区的政治、安全结构》，《美国研究》2001 年第 3 期。

[9] 倪峰：《霸权稳定模式与东亚地区政治安全秩序》，《当代亚太》2002 年第 7 期。

[10] 于向东：《越南全面海洋战略的形成述略》，《当代亚太》2008 年第 5 期。

[11] 《2008 年中国的国防》，2009 年 1 月，国务院新闻办公室（http：//www. scio. gov. cn/ zfbps/gfbps/2009/Document/847522/847522_ 2. htm. ）。

[12] 《中国与东盟国家就落实〈南海各方行为宣言〉指导方针达成一致》，2011 年 8 月，中华人民共和国外交部（http：//www. fmprc. gov. cn/mfa_ chn/wjbxw_ 602253/t844329. shtml）。

[13] Rory Medcalf & Raoul Heinrichs, "Crisis and Confidence：Major Powers and Maritime Security in Indo – Pacific Asia", *Lowy Institute for International Policy*, June 2011.

[14] Robert S. Ross, "The Geography of the Peace：East Asia in the Twenty – first Century", *International Security*, Vol. 23, No. 4, Spring 1999.

[15] Ronald O' Rourke, "China Naval Modernization：Implications for

U. S. Navy Capabilities – Background and Issues for Congress",
CRS Report for Congress, October 17, 2012, (http: //www.
fas. org/sgp/crs/row/RL33153. pdf).

[16] "The National Security Strategy", September 2002, The White
House (http: //georgewbush – whitehouse. archives. gov/nsc/
nss/2002/nss3. html).

[17] "National Security Strategy", May 2010, The White House (ht-
tp: //www. whitehouse. gov/ sites/default/ files/rss_ viewer/na-
tional_ security_ strategy. pdf).

东盟区域安全治理：模式、历程与前景

金　新

摘要：安全治理的理论范式为国际关系学区域安全研究提供了新的分析方法。东盟的区域安全治理问题是一个有价值的研究课题。东盟区域安全治理模式是一个多层次、多主体的结构，包含内外两个部分的机制框架，具有安全保障和冲突管理两大功能。东盟区域安全治理经历了三个阶段的发展。国家利益的冲突、战略互信的缺失和区域制度的不足成为其当前面临的主要挑战。建构"东盟安全共同体"，是东盟区域安全治理的未来走向。对东盟区域安全治理的运行，中国须制定合理的因应之策。

关键词：东盟；区域安全治理；安全共同体

随着后冷战时期安全概念的延伸和安全议程的扩展，从"治理"的角度研究安全问题这一新的研究思路日益受到重视，[①] 安全治理的全球与区域实践也在不断发展。"安全治理"是一种在缺少中央权威的情况下通过相互关联的政策决策及其实施所形成的结构和进程，在这一结构和进程中一系列公共与私人行为体能够协调其相互依赖的需求与利益。[②] 在无政府状态的国际社会，包括东盟这

[①] 根据联合国全球治理委员会的定义，治理是指"各种公私机构管理其共同事务活动中诸多方式的总和。它是使相互冲突的或不同的利益得以调和，并采取联合行动的持续过程"。参见 *Commission on Global Governance: Our Global Neighborhood*, Oxford University Press, 1995, p. 23.

[②] Elke Krahmann, "Conceptualizing Security Governance", *Cooperation and Conflict*, Vol. 38, No. 1, 2003.

种区域性国际社会，安全作为各行为体的共同事务，无法通过中央权威的统治和管理来维护，却可以通过各行为体的共同治理来实现。本文试对东盟区域安全治理进行系统考察，分析其治理模式，审视其发展的历程与前景。

一 东盟区域安全治理模式探析

区域安全治理作为国际关系行为体协调处理区域性安全事务的结构与过程，在国际体系各地区性子系统中具有普遍性。但各地区的安全治理实践由于具体社会历史条件的差异而各具特殊性，形成了不同的模式。当前的区域安全治理研究，以欧盟安全治理研究居多，另外还有对北美、拉美、非洲包括东盟等区域安全治理问题的初步探索。[①] 东盟的区域安全治理，已形成了较为完整的治理模式，并在维护地区和平、安全与稳定方面取得了显著成效。目前学界对这一问题的研究尚不充分。[②] 当前东盟的区域安全治理模式，可从结构和功能两个层面加以解析。

（一）东盟区域安全治理模式的结构分析

1. 治理结构的主体要素

区域安全治理是一种多层次、多主体的架构，它囊括了区域层

[①] Mark Webber, et al. , "The Governance of European Security", *Review of International Studies*, Vol. 30, No. 1, 2004; Emil Kirchner, "The Challenge of European Union Security Governance", *Journal of Common Market Studies*, Vol. 44, No. 5, 2006; Andrea Oelsner, "Consensus and Governance in Mercosur: The Evolution of the South American Security Agenda", *Security Dialogue*, Vol. 40, No. 2, 2009; Gavin Cawthra (ed.), *African Security Governance*, Johannesburg: Wits University Press, 2009.

[②] Richard Stubbs, "The ASEAN Alternative? Ideas, Institutions and the Challenge to 'Global' Governance", *Pacific Review*, Vol. 21, No. 4, 2008; Helen Nesadurai, "ASEAN and Regional Governance after The Cold War: From Regional Order to Regional Community?" *Pacific Review*, Vol. 22, No. 1, 2009; 杨昊：《"安全治理"的理论与实践：以东南亚国协安全治理模式的建构与演化为例》，《台湾政治学刊》第九卷第二期，2005 年 12 月，第 153—231 页。

次、次区域层次、国家层次、次国家层次等多个安全层次，以及主权国家、政府间国际组织、非政府间国际组织乃至个体行为者等多种主体要素。安全主体的多元性是区域安全治理的一个重要特征。

东盟的区域安全治理虽然也包含多种非国家行为体的共同参与，但与欧盟那种超越国家中心主义的治理模式不同，它本质上仍是一种国家中心治理模式。与主权观念出现淡化现象的欧洲相比，东南亚多系"二战"后通过民族解放运动由殖民地独立而建立的新兴民族国家，威斯特伐利亚式的主权秩序方兴未艾。发达国家的"权力流散"现象在东南亚尚未有明显趋势，非国家行为体在其国际事务包括安全治理中的地位与作用远逊于欧美。主权国家是东盟区域安全治理的核心主体，具有基础性作用，诸种非国家行为体则居于次要地位，起辅助性作用。

2. 治理结构的机制框架

区域安全治理结构的机制框架，由一系列具有解决区域安全议题功能的制度性安排构成。通过这些制度性安排，各安全主体可以实现对话、协商与合作，从而维护区域安全秩序，消除区域安全威胁。治理结构的机制框架按照主体要素的空间差异可分为内、外两个部分。

（1）内部机制框架

东盟区域安全治理结构的内部机制框架由三个层次构成：

第一层是东盟相关组织机构。与区域安全治理相关的东盟组织机构主要包括东盟首脑会议、东盟外长会议、东盟常务委员会、东盟秘书处等。特别是作为东盟最高决策机构的首脑会议，负责协调"有关东盟成员国利益的重要事务和所有相关问题"①，在区域安全问题上有着最高决策权。此外，东盟经济、财政、能源、环境等部长会议以及一些相关领域由高级官员组成的专门委员会，在非传统

---

① Charter of the Association of Southeast Asian Nations, ASEAN Secretariat（http：//www. aseansec. org/21069. pdf）.

安全领域的区域治理中发挥着重要作用。

第二层是区域内国家多边/双边安全制度。除了区域性组织机构，东盟区域安全治理结构中还包含为了实现特定安全目标而创设的各种正式或非正式的、多边或双边的安全制度。既包括一些全区域性制度安排，如东盟十国共同缔结的《东南亚友好合作条约》，也包括次区域性的多边合作机制，如新加坡、马来西亚、印度尼西亚三国马六甲海峡联合海上巡逻机制，新加坡、马来西亚、印度尼西亚、泰国四国马六甲海峡联合空中巡逻机制，马来西亚、菲律宾、柬埔寨、泰国、印度尼西亚等国的反恐怖主义协定等。此外，东盟各国间的一些双边安全合作机制，如印度尼西亚与马来西亚、印度尼西亚与新加坡、马来西亚与新加坡、越南与菲律宾等多对双边关系中存在的军事安全合作机制，也在东盟区域安全治理中发挥着重要的作用。

第三层是区域内非国家行为体安全参与。安全治理是多元行为主体共同参与的过程。除主权国家间的安全治理制度安排之外，各种非国家行为体在地区安全事务上的政治参与也是东盟区域安全治理结构的重要组成部分。这些参与者包括一些非政府组织甚至个人。典型的如作为非官方机构的东盟战略与国际问题研究所（ASEAN ISIS），它为东盟提供有关安全事务的政策建议，并主导了一系列第二轨道对话机制，[①] 在东盟区域安全治理中发挥着较为突出的作用。又如"生态恢复和地区治理运动"（ERRA）等非政府环保组织，积极参与区域生态环境保护行动，在东盟生态安全治理中做出了不可忽视的贡献。

（2）外部机制框架

东盟区域安全治理结构的外部机制框架由两个层次构成：

第一层是官方机制。区域外国家的参与是东盟区域安全治理的

---

① 沈鑫、冯清云：《东盟第二轨道外交智库——东盟战略与国际问题研究所的缘起、成就与挑战》，《东南亚纵横》2011 年第 5 期。

一个重要组成部分。东盟"充分利用区域外大国在东南亚地区的力量与存在，实现本地区的和平、稳定与发展"①。它与区域外大国建立了广泛的对话伙伴关系，并构建了一系列制度性安排，包括中国、美国、日本、印度、俄罗斯等大国共同加入的《东南亚友好合作条约》，东盟同中日韩"10＋1""10＋3"领导人会议，以及东盟主导的东亚峰会和东盟地区论坛等。在这些机制中，中国积极参与并发挥着重要的作用。此外，还存在一些东盟部分成员国与区域外国家构建的双边或多边安全机制，包括美菲、美泰双边同盟机制，马来西亚、新加坡与英国、澳大利亚、新西兰"五国联防"机制等。

第二层是第二轨道机制。区域外非国家行为体的参与也对东盟区域安全治理具有重要意义。这种参与主要是通过一些第二轨道机制实现的，包括一系列东南亚非国家行为体主导或参与的对地区安全事务有较大影响的非官方会议和论坛，如亚太圆桌会议（APR）、亚太安全合作理事会（CSCAP）、博鳌亚洲论坛（BFA）等。这些第二轨道对话与协商机制由各国专家、学者或以私人身份参与的政府官员构成，是处理东盟安全问题的有效信息沟通渠道。

3. 治理结构的运行原则

（1）对内运行原则："东盟方式"

"东盟方式"是东盟国家在处理内部事务过程中形成的一套基本原则和规范。对于"东盟方式"的具体内涵，学界存在多种不同的概括，总体而言大同小异。如保罗·埃文斯（Paul M. Evans）总结为创造和谐关系、尊重领土主权、不干涉内政、坚持一致同意而非多数同意原则、避免排他性和孤立他国的战略以及渐进性合作等内容；② 约根·哈克（Jürgen Haacke）则概括为主权平等、和平解

---

① 曹云华主编：《东南亚国家联盟：结构、运作与对外关系》，中国经济出版社2011年版，第9页。

② Paul M. Evans, "Cooperative Security and Its Discontents in Asia Pacific: The ASEAN Connection", *American Asian Review*, Summer 2001.

决争端、不干涉、不介入成员间未解决的双边冲突、相互尊重与容忍等原则。[①]"东盟方式"在东盟区域安全治理中为域内各国提供了一套共同遵守的行为规范，使这些国家在安全事务上的协调与合作能够顺利进行。

（2）对外运行原则："大国平衡"

"大国平衡"是东盟区域安全治理的基本对外原则。只有使区域外大国间在东南亚保持权力对比关系上的战略平衡，东盟国家的安全利益才更有保障。在大国平衡战略原则的指引下，东盟国家与区域外大国发展安全关系时，尽可能避免对美、中、日、印等大国中任何一方的"一边倒"，实施以东盟为圆心的等距离外交，保持同各大国的普遍友好关系，"利用大国对权力的追求，使大国势力在东南亚地区达到一种平衡的状态"[②]。"大国平衡"原则使东盟国家在区域安全治理中既能够借助外部力量的参与，又能够防止自身利益受损。不过在这一原则之下，随着中国的不断崛起，拉拢其他区域外大国，特别是促使美国"重返东南亚"，成为东盟国家制衡中国的手段。

（二）东盟区域安全治理模式的功能分析

1. 安全保障功能

"综合安全离不开良好的治理。"[③]为东盟安全主体提供安全保障，消除对区域安全造成负面影响的安全威胁与挑战，是东盟区域安全治理的首要功能。这种安全保障功能，既涵盖了传统安全领域，又涵盖了非传统安全领域。

传统安全保障功能表现为东盟区域安全治理结构通过安全主体

---

① Jürgen Haacke, *ASEAN's Diplomatic and Security Culture*: *Origins*, *Development and Prospects*, London & New York: Routledge Curzon, 2003, p. 1.

② 曹云华：《在大国间周旋——评东盟的大国平衡战略》，《暨南学报》（哲学社会科学版）2003 年第 3 期。

③ Joseph Yu – shek Cheng, "Broadening the Concept of Security in East and Southeast Asia: The Impact of the Asian Financial Crisis and the September 11 Incident", *Journal of Contemporary China*, Vol. 46, No. 15, 2006.

间的协调与合作，防止和消除政治安全和军事安全领域存在的威胁与隐患。如东盟在防止区域核扩散方面进行了长期努力并取得了显著成效，1997 年《东南亚无核区条约》的生效，使东南亚成为有条约保障的无核区。

非传统安全保障功能表现为东盟区域安全治理结构处理和解决经济安全、社会安全、生态安全等领域存在的问题与挑战。特别是对东盟存在的恐怖主义、毒品走私、海盗活动、跨国犯罪、非法移民等多种区域性非传统安全威胁的治理，更是单一的国家行为体所无力实现的。2011 年 12 月和 2012 年 3 月，中国、老挝、缅甸、泰国在湄公河两次开展联合巡逻执法，共同维护和保障湄公河航运安全，即是东盟区域安全治理在非传统安全保障方面的具体实践。

2. 冲突管理功能

冲突管理是东盟区域安全治理的另一重要功能。冲突管理的内涵涵盖冲突预防、冲突避免、冲突遏制、冲突转化、冲突和解和冲突解决等多个方面。[①] 冲突管理囊括了国际冲突的整个周期，包括冲突前的预防、冲突中的处理和冲突后的和平构建。东盟区域安全治理致力于防止危害区域安全秩序的国家间冲突，避免国家间冲突的升级与扩散，减弱国家间冲突对本区域的负面效应。

东盟区域安全治理结构的有效运行，使区域内部冲突得到了有效的预防和控制，避免了域内国家间的大规模武力冲突，最大程度地实现了区域和平与稳定。特别是在治理结构中处于核心地位的东盟组织，在冲突管理方面发挥了主要作用，以致有学者认为东南亚地区未解决的冲突之所以没有升级为战争主要应归因于东盟的存在。[②]

---

① Niklas Swanström, *Regional Cooperation and Conflict Management*: *Lessons from the Pacific Rim*, Department of Peace and Conflict Research, Uppsala University, Report No. 64, 2002, p. 20.

② Kripa Sridharan, *Regional Organisations and Conflict Management*: *Comparing ASEAN and SAARC*, Crisis States Research Centre, Crisis States Working Papers Series No. 2, March 2008, p. 10.

二　东盟区域安全治理历程审视

东盟区域安全治理不是恒定不变的静态模式，而是不断发展演进的动态系统。对于东盟区域安全治理的研究，不仅需要静态的结构与功能分析，还需要动态的进程分析。从历史的角度梳理其演进轨迹，对诠释现实模式与预测未来走向而言是必要且有益的。

（一）东盟区域安全治理的形成阶段

这一阶段始自 1967 年东南亚国家联盟成立，讫于 1976 年东盟第一次首脑会议。1967 年印度尼西亚、菲律宾、新加坡、泰国及马来西亚五国组建东盟，区域安全治理开始萌芽并逐步形成。一方面，出现了一些应对和解决区域安全问题的协调行为。如 1970 年 5 月，东盟五国召开了关于柬埔寨问题的地区会议，日本、韩国、澳大利亚、新西兰、越南等非东盟国家与会，会议就结束印支冲突发出提议；1971 年，"马来西亚、新加坡、印度尼西亚宣布共管马六甲海峡和新加坡海峡，并决定组织合作机构，负责海峡的航行安全问题"①。这些成为东盟区域安全治理的初步实践。

另一方面，东盟的制度化程度逐渐有所提高，外长会议形成固定机制，东盟秘书处等常设机构也相继成立。其他一些制度性安排特别是区域安全规范亦相继出现。1971 年 11 月，东盟五国通过了《东南亚和平自由中立区宣言》，决定使东盟成为"和平、自由、中立区"。1976 年 2 月，东盟第一次首脑会议签署了《东南亚友好合作条约》和《东盟协调一致宣言》（即《巴厘第一协调宣言》），前者成为东盟处理国家间关系的行为准则，后者在政治方面亦强调团结精神与和平途径。这些条约和宣言为东盟区域安全治理创造了制

---

① 广西社会科学院课题组：《东盟成立 40 周年大事记（一）》，《东南亚纵横》2007 年第 7 期。

度条件。在这些制度机制和实践行为的基础上，东盟区域安全治理基本形成。

（二）东盟区域安全治理的初步发展阶段

从 1976 年东盟第一次首脑会议之后，直至 1995 年越南加入东盟之前，东盟区域安全治理得到了初步发展。首先，安全事务的区域协调与协商不断加强。如 1980 年在新加坡召开了东南亚地区安全、发展和稳定会议，1991 年在曼谷召开了东南亚地区安全合作会议等。这一时期安全事务的协调实践取得了初步成效：一方面，它和平解决了成员国间的部分领土与领海争端。如 1977 年东盟第二届首脑会议上，菲律宾宣布放弃对马来西亚沙巴的主权要求，使长期影响区域安全的菲、马领土争端得以终结。另一方面，它使东盟在应对共同威胁时能够开展有效合作。如在 1978 年底越南出兵柬埔寨之后，东盟各国从 1979 年直至 20 世纪 90 年代初多次举行外长特别会议，协调在柬埔寨问题上的立场，一致要求越南从柬埔寨撤军，并在越、泰两国发生冲突时共同谴责越南对泰国的侵略。

其次，涵盖东盟与区域外国家的一些长期的安全协商与合作机制相继形成。1992 年东盟第四次首脑会议为扩大与外界的安全对话，把东盟与对话伙伴国外长会议作为讨论地区安全的固定机制；1994 年东盟地区论坛首次会议在泰国曼谷举行，此后东盟地区论坛成为长期有效运行的多边安全合作机制，在区域安全治理结构中居于重要地位。

最后，这一时期东盟区域安全治理的第二轨道机制得到较大发展。1987 年，亚太圆桌会议成立；1988 年，东盟战略与国际问题研究所成立；1993 年，亚太安全合作理事会成立。这些第二轨道对话与协商机制开始在东盟区域安全治理中发挥其独特作用。

（三）东盟区域安全治理的深入发展阶段

1995 年至今，东盟区域安全治理处于深入发展阶段。这一时期的发展主要表现为区域安全治理结构的地理外溢和功能外溢。① 地理外溢表现为治理结构在空间范围上的扩张。1995 年，长期与东盟处于敌对状态的区域内强国——越南正式加入东盟，1997 年缅甸和老挝加入，1999 年柬埔寨加入，涵盖东南亚十国的"大东盟"由此形成。东盟安全治理结构在空间上得以覆盖东南亚全区域。

功能外溢表现为治理结构在功能领域上的拓展。此前，东盟区域安全治理主要关注传统安全议题，但 1997 年亚洲金融危机和 2001 年"9·11 事件"之后，东盟对非传统安全的重视程度前所未有地提高，非传统安全事务成为东盟区域安全治理的重要领域。2001 年，反恐和防艾首次成为"10 + 3"领导人会晤的重要议题；2003 年，东南亚反恐工作会议在雅加达举行，东盟各国加强了反恐和打击集团犯罪问题上的合作；2005 年，东盟外长会议签署了《建立灾害控制和应急反应协议》；2007 年，各国启动了东盟国家警察数据库系统，以有效打击跨国犯罪；2009 年，首届东盟与中、日、韩武装部队非传统安全论坛召开；2010 年，第 16 届东盟首脑会议签署了《东盟领导人关于联合应对气候变化的声明》。非传统安全治理已成为东盟区域安全治理的重要组成部分。

（四）东盟区域安全治理的当前动向

当前东盟区域安全治理仍处于深入发展阶段。最近两年，东盟区域安全治理取得了一系列新进展。在传统安全治理领域，域内国家在边境争端上的协调取得进展，在边境安全上的合作有所加强。柬埔寨和泰国 2011 年柏威夏寺冲突之后，在两国联合边界委员会机制下展开对话与磋商，并于 2012 年 2 月达成建立新的永久边界检查站、恢复划界进程、搁置争议领土等多项共识。在这之前的 2011 年 12 月，柬埔寨、老挝、越南三国也签署了《关于共同建设一个安全和谐边境线的合作备忘录》，深化和加强三国边境各省份地区的交

---

① 这里借鉴了新功能主义用以分析一体化问题的"外溢"概念，关于"外溢"可参见 Ernst B. Haas, *The Uniting of Europe: Politics, Social, and Economic Forces 1950 – 1957*, Stanford University Press, 1968.

流与合作。在非传统安全治理领域，东盟国家的治理力度也有所加强。2012 年 4 月，第 20 次东盟首脑会议发表了《2015 年实现无毒品的东盟宣言》。

在解决同域外国家的领土争议方面——主要是南中国海问题上，东盟现有区域安全治理模式并未取得良好成效。当前南海争端并未得到切实解决，甚至未能实现有效控制，一度出现严重升温。特别是东盟机制架构为菲律宾、越南等声索国提供了一个重要的可用平台，为这些国家将岛屿主权这一双边问题纳入国际化的多边轨道创造了条件。2012 年的中菲黄岩岛争端中，菲律宾试图"绑架"东盟与中国对抗。虽然这一企图最后未成功，但东盟区域安全治理在解决地区安全问题上的固有缺陷已日益凸显。

三　东盟区域安全治理前景展望

当前东盟在安全治理领域已取得了长足进步，构建成为发展中国家最为成功的区域安全治理体系之一。今后东盟区域安全治理的发展进程仍将持续，但其进一步的发展将在单元层次的现实利益、互动层次的战略互信和地区层次的制度架构等方面面临一系列不可忽视的挑战。不过随着地区安全结构的变化，在可预见的将来，东盟区域安全治理终将进入新的历史阶段。

（一）东盟区域安全治理的现实挑战

首先，国家利益的冲突制约着东盟区域安全治理的运行。主权国家作为理性行为体，以本国利益最大化为根本行为动机。东盟国家之间不仅存在共同利益驱动的协调与合作，也存在利益冲突导致的矛盾与竞争。国家利益的冲突在东盟国家之间普遍存在，包括主权领土争端、经济贸易纠纷、宗教文化矛盾乃至历史遗留问题等。这些利益矛盾可能导致域内国家间关系紧张甚至冲突，进而影响区域安全治理的顺利运行。如柬埔寨和泰国，由于柏威夏寺领土争议，于 2008 年和 2011 年两度爆发边境冲突，导致柬、泰两国双边关系的危机，对东盟区域安全治理造成消极影响。

其次，战略互信的缺失阻碍着东盟区域安全治理的发展。战略互信在区域安全治理中具有重要作用，安全主体间的相互信任是区域协调与合作的重要保障。现阶段东盟国家间的战略互信仍有待提高。东盟在 20 世纪末方实现对全区域的覆盖，此前特别是在"冷战"时期，东盟地区一直处于分裂与对抗状态。越南主导的、包含老挝和柬埔寨在内的印度支那集团同当时的东盟五国曾长期对立，彼此猜疑和恐惧，这种历史形成的互不信任至今未能真正消解。即使是东盟创始五国之间，也存在互不信任的现象。如新、马两国参与五国联防机制，就被印度尼西亚认为是针对印度尼西亚的。[①] 后冷战时期东盟国家的逆裁军趋势，也正是东盟国家信任缺失的必然产物。战略互信的缺失，对东盟区域安全治理的发展产生了不可忽视的负面效应。

最后，区域制度的不足影响着东盟区域安全治理的实施。制度化发展水平包括三个层次：纯粹认知水平的认知共同体；国际机制；国际组织。[②] 东盟区域安全治理结构主要由正式或非正式、多边或双边的国际机制构成。相较欧洲那种国际组织主导的，由欧盟、北约、欧安组织多支柱共同治理的模式，东盟区域安全治理仍处于一种制度化程度较低的状态，安全治理的常设性机构缺失。正如一些学者所指出的，东盟的安全治理是一种"软治理"模式。[③] 此外，东盟地区治理主体类型单一，非国家行为体参与安全治理的有效机制较为缺乏，参与渠道不够畅通。虽然现阶段东盟区域安全

---

① Mochta Kusuma – atmadja, "Prospects of Trilateral Security Cooperation in ASEAN", *The ASEAN Reader*, Singapore：Institute of Southeast Asian Studies, 1993, pp. 415 –416.

② John G. Ruggie, "International Organization 'I Wouldn't Start from Here if I Were you'", in John G. Ruggie（ed.）, *Constructing World Polity*：*Essays on International Institutionalization*, New York：Routledge, 1998, pp. 54 –55.

③ 崔顺姬、余潇枫：《安全治理：非传统安全能力建设的新范式》，《世界经济与政治》2010 年第 1 期。

治理模式处于有效运行之中，但从长远来看，区域制度的不足终将
成为其安全治理实践中的不利因素。

（二）东盟区域安全治理的未来走向

虽然东盟区域安全治理仍面临诸多问题与挑战，但随着地区主
义实践的发展，安全治理体系在东盟仍将有效运行。区域安全治理
模式与地区安全结构相一致，它随着后者的演进而逐步嬗变。后冷
战时期，东南亚地区安全结构已由冲突状态演变为安全机制状态。[①]
当前的东盟区域安全治理，是一种安全机制形态的安全复合体（Se-
curity Complex）中的治理。随着地区安全结构由安全机制状态向安
全共同体（Security Community）状态的过渡，东盟区域安全治理在
可预见的未来将进入新的发展阶段。

2003 年 10 月，东盟第九次首脑会议签署了《巴厘第二协调宣
言》，提出了建构"东盟安全共同体"的战略规划。随着东盟安全
共同体的建成，东盟各国在安全问题上将达到"共同体的成员真正
确信彼此间不以武力相害，而是以其他的方式解决争端"[②] 的发展
程度，避免使用武力解决争端的东盟地区规范将在区域内实现更深
层次的内化，以和平方式解决彼此分歧将成为东盟国家唯一的
选择。

当前，加快共同体建设已成为东盟各国基本共识。2010 年 4 月
第 16 次东盟首脑会议以"迈向东盟共同体：从愿景到行动"为主
题，重点讨论了进一步落实《东盟宪章》、加快共同体建设等问题。
2011 年 5 月，第 18 次东盟首脑会议再次重点讨论了加快东盟共同
体建设问题。2012 年 4 月，第 20 次东盟首脑会议以"东盟：共同
体、共命运"为主题，发表了《东盟共同体建设金边议程》。包括
安全共同体在内的"东盟共同体"在各成员国的协同努力之下正一

---

① ［英］巴里·布赞、［丹］奥利·维夫：《地区安全复合体与国际安全结构》，潘
忠岐等译，上海世纪出版集团 2010 年版，第 145 页。

② Emanuel Adler and Michael Barnett, *Security Community*, Cambridge University Press,
1998, pp. 6 – 7.

步步成为现实。

在安全共同体状态下，东盟区域安全治理将能够实现对当前问题与困境的突破。在地区安全共同体中，国家间共同利益与相互信任将达到较高水平，区域安全治理的制度化程度也将得到显著提高，从而使东盟形成一个国家间充分实现安全互助的区域实体。安全事务上的协调与合作将实现更高程度的社会化，区域安全与稳定将得到更好的维护。当然，"东盟安全共同体"目前只是一种愿景而非现实。要全面提高区域安全治理的发展水平，东南亚安全地区主义实践仍然任重而道远。

四 结语：中国之因应

东盟区域安全治理，由区域内主权国家主导，部分区域外国家和区域内、外非国家行为体共同参与。这些安全行为体在相关制度性安排框架下，按照特定的行为准则，在地区安全事务上相互协调、相互合作，从而在消除传统与非传统安全威胁以保障地区安全，以及预防和控制国际冲突以维护地区秩序两方面取得了不可忽视的成就。东盟是中国的近邻，其安全治理对中国国家利益有着重要影响。一方面，东盟区域安全治理构建着和平稳定的东南亚地区安全环境，这符合中国的周边安全利益；另一方面，东盟区域安全治理进程中，东盟国家间对华政策上的协调以及美、日、印等外部大国在传统安全领域的参与，对中国地区利益的实现具有负面效应。对东盟区域安全治理的运行，中国须制定合理的因应之策。

对中国而言，可取的战略应对可从三方面定位：第一，在有着共同安全利益的问题上——如诸多非传统安全问题等，中国应积极参与区域共同治理，主动承担大国责任，在应对地区安全问题与提供地区公共物品方面发挥积极作用，从而既实现本国国家安全利益，又塑造负责任大国的国际形象。第二，在安全利益存在分歧的问题上，中国可在求同存异的基础上加强与东盟国家的对话与沟通，推进国际协调与合作，增进相互理解与信任，消解东盟国家对中国的疑虑，最大程度上消除东盟国家对"中国威胁"的担忧。第三，对于存在严重利益冲突的问题，中国应避免造成东盟各国协调一致应对中国的局面，如在解决南海问题上，可加强同柬埔寨、泰国等与我方不存在直接矛盾的国家间的沟通与合作，避免南海争端成为妨碍中国与整个东盟之间发展友好关系的障碍。就总体而言，区域安全治理的发展符合中国的安全利益，中国应成为东盟区域安全治理有力的支持者和积极的参与者。

参考文献

［1］［英］巴里·布赞、［丹］奥利·维夫：《地区安全复合体与国际安全结构》，潘忠岐等译，上海世纪出版集团 2010 年版。

［2］崔顺姬、余潇枫：《安全治理：非传统安全能力建设的新范式》，《世界经济与政治》2010 年第 1 期。

［3］曹云华主编：《东南亚国家联盟：结构、运作与对外关系》，中国经济出版社 2011 年版。

［4］曹云华：《在大国间周旋——评东盟的大国平衡战略》，《暨南学报》（哲学社会科学）2003 年第 3 期。

［5］沈鑫、冯清云：《东盟第二轨道外交智库——东盟战略与国际问题研究所的缘起、成就与挑战》，《东南亚纵横》2011 年第 5 期。

［6］广西社会科学院课题组：《东盟成立 40 周年大事记（一）》，《东南亚纵横》2007 年第 7 期。

［7］Commission on Global Governance, *Our Global Neighborhood：The Report of the Commission on Global Governace*, Oxford University Press, 1995.

［8］Jürgen Haacke, *ASEAN's Diplomatic and Security Culture：Origins, Development and Prospects*, London & New York：Routledge Curzon,

2003.

[9] John G. Ruggie, "International Organization 'I Wouldn't Start from Here If I Were You'", in John G. Ruggie (ed.), *Constructing World Polity: Essays on International Institutionalization*, New York: Routledge, 1998.

[10] Emanuel Adler and Michael Barnett, *Security Community*, Cambridge University Press, 1998.

[11] Elke Krahmann, "Conceptualizing Security Governance", *Cooperation and Conflict*, Vol. 38, No. 1, 2003.

[12] Paul M. Evans, "Cooperative Security and Its Discontents in Asia Pacific: The ASEAN Connection", *American Asian Review*, Summer 2001.

[13] Joseph Yu – shek Cheng, "Broadening the Concept of Security in East and Southeast Asia: The impact of the Asian Financial Crisis and the September 11 Incident", *Journal of Contemporary China*, Vol. 46, No. 15, 2006.

[14] Niklas Swanström, "Regional Cooperation and Conflict Management: Lessons from the Pacific Rim", Department of Peace and Conflict Research, Uppsala University, Report No. 64, 2002.

[15] Kripa Sridharan, "Regional Organisations and Conflict Management: Comparing ASEAN and SAARC", Crisis States Research Centre, Crisis States Working Papers Series No. 2, March 2008.

[16] Charter of the Association of Southeast Asian Nations, ASEAN Secretariat (http://www.aseansec.org/21069.pdf).

中篇　议题篇

自反性与气候政治：一种批判理论的诠释*

赵　斌

摘要：现代性的成就与破坏性共同反映在气候政治当中，表现为自反性气候政治，并昭示着现代性本身的深刻危机；人的自反性在气候政治认知中建构了三种典型的社会观念情境：乐观主义、现实主义、悲观主义；自反性气候政治及其未来愿景，既批判现实又指涉未知未来，体现了批判理论的解放立场。

关键词：气候政治；自反性；批判理论

气候变化牵动全球政治行为体的利益关切，成为超越传统国家中心主义藩篱的时兴议题。由于气候政治的自反性特征，气候问题及其化解进程本身内蕴着现代性与后现代的相互角力。因之对于这一当前充满争议，且未来仍可能迷思的全球气候政治议题，我们或许可以通过一种批判理论（自反性）做出某种新的解读。

一　问题的提出

1989 年弗朗西斯·福山的"历史终结论"名噪一时，并最终随着"冷战"的结束而使西方制度几乎垄断国际政治话语权，这其中

---

*　本文发表于《青海社会科学》2013 年第 2 期。

占据道德制高点的自然包含西方现代性。① 民主和平的喧嚣虽仍不绝于耳，然而历史在此之后仿佛又转了一个圈，及至 2008 年的国际经济金融大危机，2009 年的哥本哈根气候谈判，国际政治力量间博弈似乎又在经历类似 E. H. 卡尔的 "20 年危机"，尤其是气候变化的议题，近年来引起广泛关注，其中酝酿着的各种矛盾纷繁复杂，国际关系行为体的参与度极高。诚如国际政治社会理论家亚历山大·温特（Alexander Wendt）所言，气候变化是目前最重大的国际关系议题，"不仅在于其潜在而可怕的长期威胁，而且还因为短期内少有国家能在共同应对并采取强有力措施方面获益"②。一方面，气候变化的公共问题属性使得气候政治议题更显全球性（Globali-ty），而我们所在的时代容易产生共鸣的一种理念（Notion）似乎正在于全球化（Globalization），它正将我们带向某个新的时代，但全球化的本质却仍是一种盲目的运动，因为至少人们并未准备好应对未来的有效新理念。全球化因之表现为经济运动与政治理念的失调、文化运动与价值观之间的失调、发展（全方位的 "数字" 游戏?）与（环境）毁灭之间的趋近；全球化的同时伴随着全球分化（Global – breaking），如此一来，世界成了一个失效的（Failed）世界，而世界的失效则可能最后毁掉整个世界。③ 另一方面，诸如气候政治这种需要倚仗国际机制与国际合作的公共问题也使得后现代性逐步浸入现代性的传统认知领地，形成现代性与后现代性之间的相互角力。如果说现代性昭示着从 "传统" 向 "现代" 社会的无情历史转变，并产生将旧有生活方式加以消灭的资本和技术型权力的话，那么，后现代性则意味着一些革新性的转折和颠倒（包括一些社会控制和抵抗的新形式）引入社会的扩张进程，如生产和消费的

---

① Francis Fukuyama, "The End of History", *The National Interest*, Summer 1989.

② Kedar Pavgi, "View from the Top: Nine of the World's Top International Relations Scholars Weigh in on the Ivory Tower Survey", *Foreign Policy*, January 3, 2012, http://foreign-policy. com/2012/01/03/view – from – the – top/.

③ 赵汀阳:《天下体系：世界制度哲学导论》，中国人民大学出版社 2011 年版，第 78—79 页。

本质和模式变迁、大众文化的重建、资本和文化的重构、心理认同的再建构等。①

于是，21 世纪的全球政治也相应呈现出多种新图景，如新中世纪主义、新区域主义等，诸种范式存续于全球化与相互依存的国际政治大舞台，不仅有国际关系学领域的英国学派，而且诸如尤尔根·哈贝马斯和乌尔里希·贝克这样的社会学家也为"世界主义"未来替代民族国家现实而大声疾呼。因而，如今重新思考福山的命题过去式，倒是不妨假想或提出一个类似的变体或反题，一如历史未终结（从现代性延续来看，旧式的包含意识形态冲突的本源仍未切断，对抗的历史只是以现代性的其他表征"传承"）；更进一步，我们不妨设想化解"吉登斯悖论"的一种路径，所谓"吉登斯悖论"，即全球变暖的风险令人恐惧，但在人们日常生活中非直接、非可见，因而多数人袖手旁观，不会对此有任何实际的举动，直到危险来临再抱佛脚时却来不及了。② 本研究通过气候政治的自反性分析，反思气候变化问题的社会机理，并期望未来政治愿景，以期提供一种开放的、发展的思路。

二　气候政治的自反性

当工业社会的发展映入全球化视野，现代性进而走向全球且表现出所谓的自反性（Reflexivity），即在理性运用反思能力的同时遭到自我抗拒与反驳，出现了确定性之外的意外后果。③ 从这个意义上来讲，气候政治既源于现代性的成就，又责难于现代性自身的破

① Robert G. Dunn, *Identity Crisis: A Social Critique of Postmodernity*, Minneapolis: University of Minnesota Press, 1998, p. 109.

② ［英］安东尼·吉登斯：《气候变化的政治》，曹荣湘译，社会科学文献出版社 2009 年版，第 2 页。

③ 肖瑛：《从"理性 VS 非（反）理性"到"反思 VS 自反"：社会理论中现代性诊断范式的流变》，《社会》2005 年第 2 期，第 16—17 页。

坏性。"二战"以后，国际形势一度迎来现代化大发展的黄金时期，尤其是欧亚大陆战争废墟的重建，经济与科技竞争日新月异，传统安全认知逐步为相互依存的复合安全所浸润。这里，"复合安全"尤为哥本哈根学派（The Copenhagen School）所重视，要求扩大威胁的来源及其指涉对象（特别是社会安全或认同安全），并主要聚焦于在社会过程中一些人群将某些事物建构成威胁的安全化问题；复合安全关切多少契合了人的安全（Human Security），即将人类视作安全的主要客体，关注对人类整体的安全威胁等。[1] 显然，在现代社会扩张和"进化"的进程中，对进步的追求与自适应带来了气候变化等全球问题上的退化。"势不可当的进步的厄运就是势不可当的退步。"[2]

气候政治的自反性，其反映的是一种全球风险，并昭示着现代性本身的深刻危机。这种风险的全球性，对地球上的生命均构成了威胁，无所不在的风险远离了个人的能力甚至国家的控制。对大多数国际关系行为体而言，气候政治风险是不受欢迎的、看不见的、强制性的，它跟随在资本主义现代化的自主性动力之后，采用潜在副作用模式。由于工业社会的自信主导着工业社会中的思想和行动，气候政治不是可以选择或拒斥的选项，它出现在对其自身的影响和威胁视而不见、充耳不闻的自主性现代化过程的延续中。后者累积并产生威胁，对现代社会的根基产生影响并最终破坏现代社会的基础。因而气候政治的自反性，往往又回到如前所述"吉登斯悖论"，影响到当前气候变化反应的客体（包括人、国家、全球/国际社会）之方方面面。

当前，全球气候政治是一个错综复杂的领域，它与民族国家/国族之国内机制、双边及多边协定、跨国的国际的以及超国家的治理

---

[1] ［英］巴里·布赞、［丹麦］琳娜·汉森：《国际安全研究的演化》，余潇枫译，浙江大学出版社 2011 年版，第 38 页。

[2] ［德］霍克海默、阿道尔诺：《启蒙辩证法》，渠敬东、曹卫东译，上海人民出版社 2003 年版，第 33 页。

制度、非政府组织与跨国公司，以及公民社会等相协调。尽管国际组织与跨国机制飞速发展，然而应对全球气候公共问题所面临的窘况仍然此起彼伏。如气候谈判的艰难进程，从里约热内卢到京都到巴厘岛，再到哥本哈根及至南非德班和卡塔尔多哈，其中政治系统输出的"渐进"缓慢可见一斑。相关的成就可能出现在国家层次，如国内民主制度建设、清洁能源自主研发、低碳生活方式的倡导、消费与大众文化的转向等。我们不妨反思，如《联合国气候变化框架公约》（UNFCC）等国际公约与国际协议是否真能如愿推动全球气候政治治理，或有效地管理由工业资本主义"全球胜利"所带来的这种风险与危机？答案仅能是未知的。按照社会学家乌尔里希·贝克的风险社会理论来理解，这里形成了现代性与后现代性之间的相互角力。换言之，即那些曾经根植于19世纪工业资本主义与民族国家权威的观念、制度、结构，如今却遭遇了21世纪激进现代化的挑战——这种后现代性中充斥着超越主权民族国家边界的风险、机遇、冲突动力。[1]

　　一般来讲，一个长期的政治问题，至少包含三个方面的特征：其一，问题持续至少一代人之久；其二，具备极大的非确定性；其三，呈现公共产品的属性。由于气候变化几乎囊括了所有这三个方面的特征，且如果大量温室气体排放现状持续，问题将更显不可逆，于是，气候问题成了一个典型的长期的政治问题。[2] 除了具备长期性、非确定性和公共产品属性的基本特征外，自反性气候政治很大程度上也仰仗于"第一意象"的回归，国际关系的本真意义，即对于人的关怀。气候变化（包含全球变暖及其衍生负效应，如极端恶劣天气、地质灾害、能源危机、水资源冲突等）即使往往受制

---

　　① Ulrich Beck, Edgar Grande, "Varieties of Second Modernity: The Cosmopolitan Turn in Social and Political Theory and Research", *The British Journal of Sociology*, Vol. 61, No. 3, 2010, pp. 411.

　　② Jon Hovi, Detlef F. Sprinz and Arild Underdal, "Implementing Long – Term Climate Policy: Time Inconsistency, Domestic Politics, International Anarchy", *Global Environmental Politics*, Vol. 9, No. 3, 2009, p. 20.

于系统效应，其一旦被人作为政治问题所认知，则其反思与自反性难免受到主体观念的影响，并由此导致了对于气候变化问题的非对称性理解，强化了气候政治的自反性及问题走向的不确定性。

显然，人们关于社会、世界、人自身和未来，以及生活条件的观念，不仅是关于一个独立给定世界的观念而已，它们（即观念）不断进入被描述的世界里，并改变了那个世界，这个改变有时还是十分剧烈的。① 诚如吉登斯所言，思想观念之发生有其生活脉络，并不断地反馈于生活世界，改变着生活世界，这是思想观念与社会生活之间的双向关系。② 气候政治也深刻地表现出人的自反性。这种自反性不仅意味着"思想与行动之间不断地相互折射"③，而且也意味着社会观念与社会世界之间不断互动。社会观念不仅可以描述而且还会影响社会世界。如此一来，我们大致可以比较关乎气候政治自反性的三种典型社会观念情境（Scenario）：乐观主义、现实主义、悲观主义。

首先，乐观主义情境与康德思想多少存在着隐性联系，因为气候政治题解的确离不开这样一种决定性的步伐，即至少部分地通往"永久和平"以有效应对气候变化。也就是说，隐匿在科学与经济语言中的气候变化是某种规范的、巨大的、难以设想的世界风险，这种风险的实然性有赖于生态启示的审判。为此，坚持一种世界主义的，马克斯·韦伯所谓的"信念伦理"（Gesinnungsethik/Ethics of Conviction）是不够的，"责任伦理"（Verantwortungsethik/Ethics of Responsibility）同样重要。④ 换句话讲，气候政治的自反性一度表现

① Anthony Giddens and Christopher Pierson, *Conversation with Anthony Giddens: Making Sense of Modernity*, Cambridge: Polity Press, 1998, p. 218.

② Anthony Giddens, *The Consequences of Modernity*, California: Stanford University Press, 1990, pp. 15 – 16.

③ Ibid. , pp. 36, 38.

④ Ulrich Beck, Edgar Grande, "Varieties of Second Modernity: The Cosmopolitan Turn in Social and Political Theory and Research", *British Journal of Sociology*, 61 (3), 2010, p. 433.

在与"信念伦理"的契合上，如从启蒙运动、工业革命历史发展到当代社会的工具理性泛滥，"科学意识"掣肘人类，造成人在自然与社会世界的双重迷失，气候变化则成了无法完全化约为技术问题处理的世界风险。因而"责任伦理"须占据更大的考量空间，且人性在气候变化政治中作为政治主题重要组成部分的重新发现。这样一种新的规范也就形成了，即包含一般个体、新自由主义者、新国家主义者、企业、社群、世界的强势与弱势地区，都能够参与到谈判桌上来为全球公共问题（气候谈判）达成某种公正公平的共识。简言之，使之趋近于某种康德式世界的部分实现。这里意味着一种近乎残酷的生存法则，新的规范在文明内实现，同时也能构成对文明自身的威胁，即要么（通往）康德式世界要么毁灭。①

其次，现实主义情境则描绘了气候风险制造者与受众之间的对抗，这二者又同时建构和阻滞气候变化的世界主义政治进程。这种悖论无以消解，因此有关气候变化的不可知论甚嚣尘上。比如"100多年来大气中温室气体的比例一直在增长，而全球的温度却没有大幅度升高，这一事实之所以存在的原因可能在于系统运作中效应的迟钝，而不是像那些错误的基本科学论点所说的那样……"②在有关气候变化的科学研究与全球气候政治动态中，可能部分源于气候变化问题的暂时"无解"，从而不论是作为科学难题应对还是政治进程考察，我们恐怕都很难忽视系统效应。也就是说，系统常表现出非线性的联系（Nonlinear Relationships），系统运行的结果不是各个单元及其相互关系的简单相加，许多行为的结果往往是难以预料的，这种复杂性甚至在看似简单和确定的情况下也会出现。③同时，复杂系统具备两种不可或缺的能力：表征（贮存关涉环境的

---

① Ulrich Beck, Edgar Grande, "Varieties of Second Modernity: The Cosmopolitan Turn in Social and Political Theory and Research", *British Journal of Sociology*, 61 (3), 2010, p. 433.

② ［美］罗伯特·杰维斯：《系统效应》，李少军、杨少华、官志雄译，上海人民出版社2008年版，第81页。

③ 同上书，第3页。

信息以备未来之用）过程和自组织（无外部干扰的先验条件下实现内部结构发展和变化）过程，这里的自组织过程就具有自反性；我们对气候政治复杂系统的理解，不可能忽视自反性的作用或悬置（Suspended）于主动和被动之间的运行模式（形式模型目前的局限，并不排除建构出把复杂系统的显著特点结合起来的可能性，但即便如此，结合的后果可能同样复杂到难以分析）。[1] 由此看来，既然情境描绘关涉未来可能性，那么不可知论所持怀疑立场也值得考虑，其可由能寄希望于某种持续的生态技术现代化导向或多或少的"绿色资本主义"（Green Capitalism）[2]。

最后，悲观主义情境，并不排斥如上两种主要立场，反倒可能成为它们的某种后果。人，作为一种自觉的存在物，知道自身的局限。同时，人类克服这些局限的欲望也是天生的。人的存在有限而欲望无边，像个侏儒却又自以为是巨人；人生长在不安全之中，并力求使自己有绝对的安全，邪恶的基础就是自我，邪恶的特性可以说是傲慢，因此，那些认为人"能始终在理性的明确指导下去生活的人，一定是在梦想着诗一般的金色岁月或一出舞台剧"[3]。具体到气候政治中，表现为气候变化的激进影响，乃至气候政治本身成了原教旨主义反对运动的导火索。或者再如其他方式所呈现出来的悲剧——气候灾难、移民浪潮、激进民族主义、宗教原教旨主义等致命的恶性循环，导致冲突暴力的频发乃至气候战争。[4] 这里，值得注意的是，悲观主义情境中包含了抵抗全球化的进程描绘，即与一切强大的变革力量一样，全球化遭遇了抵抗。抵抗者似乎有意无意

---

① ［南非］保罗·西利亚斯：《复杂性与后现代主义——理解复杂系统》，曾国屏译，上海人民出版社 2006 年版，第 14、149 页。

② Heather Rogers, "The Greening of Capitalism?" *International Socialist Review*, Issue 70, March – April 2010.

③ ［美］肯尼思·华尔兹：《人、国家与战争——一种理论分析》，倪世雄、林志敏、王建伟译，上海译文出版社 1991 年版，第 18—19、21 页。

④ Ulrich Beck, Edgar Grande, "Varieties of Second Modernity: The Cosmopolitan Turn in Social and Political Theory and Research", *British Journal of Sociology*, p. 434.

地得知了自己的"悲剧"命运，并归咎于国际资本在技术驱动下对一切障碍的扫荡，特别是在强权军事实力的保护之下，全球化正无情地向前推进。①

事实上，不论乐观主义，还是现实主义与悲观主义，对于自反性气候政治情境的绘制，或多或少都承认当前的自反性影响未来社会生活。即关于"风险管理"的（国际）政治表明了对于未来政治的解放立场，为构建未来图景提供了重要的参考，且这些政治分析仍保持着批判和现代主义特质。② 可见，气候政治的自反性不仅表现在基于当前的社会批判与反思上，而且，自反性批判与反思的目的或导向，更在于指涉"未知未来"。

三 自反性气候政治的批判理论解读

为分析自反性气候政治之于未来的关切，有必要对未来非确定性在认同形成中的作用给予更密切的关注。除了过去经验或社会纽带（如在气候变化历史进程中，通过社会化与习得，人们逐渐认同气候政治议题并努力思考当前共同应对之策），人类主要由这样一种意愿驱动，即未来有意义且人置身其中。当然，人作为现世（Temporal）存在的自我是在面对未来非确定性时建构的。未来非确定性或偶然性，是人之境况的一种基本特征，强化了自霍布斯到海德格尔的哲学观。然而，霍布斯成了现实主义者们构想世界的主要参照，作为解释学哲学的关键人物，海德格尔则成为建构主义推理的重要来源。海德格尔关于"存在"（Being）之时间维度的现象学研究，完全适合于证实认同是通过未来而显现的。未来是一种这样

---

① Kenneth Waltz, *Realism and International Politics*, New York: Routledge, 2008, p. 231.

② Felix Berenskoetter, "Reclaiming the Vision Thing: Constructivists as Students of the Future", *International Studies Quarterly*, Vol. 55, No. 3, 2011, p. 652.

的愿景，既源于（现实政治的）焦虑，又致使（现下的）"存在"不完整。① 也就是说，关于气候政治的未来，大可不必偏执于乐观主义，因为未来也可能再现为"反乌托邦"（Dystopia）色彩的悲观主义情境，即可能呈现出以灾难性事件和失序现象为表征的图景，替代我们常常憧憬的美好世界幻境（Utopia）。尽管乐观主义/乌托邦未来导向一种美好的环境（气候变化）安全秩序，然而反乌托邦则渲染着可能更糟的前景，从而提请实践来尽量避免这种坏的景象发生，如 IPCC 特别报告实为对全球极端气候事件将继续发生的断言，呼吁需要有效管理不断变化的极端气候和灾害风险；"冷战"期间曾为决策者所用的反乌托邦——共产主义与资本主义世界对抗所引发的核毁灭，被后来的全球流行性疾病与国内自然灾害情境所替代；许多流行文化领域的文献与作品也描绘了类似的场景，罗兰·艾默里奇（Roland Emmerich）的《后天》《2012》等影片成为普通民众津津乐道的反乌托邦"实例"。

因而，关于气候政治的未来关切，尤其是反乌托邦在某种程度上与国际关系学家 E. H. 卡尔对于乌托邦主义的批评有些许相通之处，即对于"利益和谐"的质疑，认为其不仅在现实政治中难以实现，而且一旦沉醉于此种"和谐"幻境，后果将不堪设想。② 又如肯·布斯（Ken Booth）所谓的"一场巨大的清算行动"（环境、政治灾难）将演变为一场"新的二十年危机"——除非人类行为的诸多方面发生剧变，而"解放"（Emancipation）促使个人/全球安全远离了悲观主义论述。③ 回到本文第一部分讨论的福山"历史终结论"反题，"历史终结论"描绘的乌托邦情境正是在后冷战时期不断为国际政治历史与现实所否证，后现代性在以气候政治自反性为特征

① Felix Berenskoetter, "Reclaiming the Vision Thing: Constructivists as Students of the Future", *International Studies Quarterly*, Vol. 55, No. 3, 2011, p. 652.

② E. H. Carr, *The 20 Years' Crisis*, London: Macmillan Press, 1974, p. 62.

③ ［英］巴里·布赞、［丹麦］琳娜·汉森：《国际安全研究的演化》，余潇枫译，浙江大学出版社 2011 年版，第 218 页。

的非传统国际政治领域不断挑战所谓主流与中心（现代性与民族国家"存在"）。当然这里我们谈到"历史未终结"这样的反题，抑或反乌托邦情境，仍然十分粗糙和模糊，作为一种焦虑与风险控制机制，理应能够承受突发事件和渐变性的考验；气候政治中强调人的自反性须重视现下"存在"的不完整，并且尤其应重视问题的未来导向。

同时，未来政治愿景，无论乌托邦还是反乌托邦，其所具备的非确定性均一定程度上强化了气候政治的自反性，也就是说，绘制未来愿景，往往是直接与现下的"存在"相对峙的表现，尤其构成对现实的批判性诠释；有意思的是，相反，自反性进程又以某种"确定的"（历史的和现实的）意外后果宣告着至少一种愿景的幻灭，从而使关涉该议题的未来蒙上些许不可知论的神秘色彩（如冷战终结的系统效应，乃至后冷战时期国际政治未来走向的非确定性）；自反性与未来愿景二者契合于对不完整"存在"的共同批判上，前者强调反思省察（解构），后者则重在展望（二次识读—重构）。于是，当我们将目光聚焦于气候政治，一方面，由于国际无政府状态的存在，参与气候治理的行为体理性博弈—如其他全球公共问题的国际合作一般遭遇重重阻力，从而使气候政治进程往往出现"意外后果"（如南非德班会议刚结束第二天，加拿大即宣布退出《京都议定书》，给气候政治未来蒙上了不小的阴影）；另一方面，缺少美国、加拿大、俄罗斯、日本等发达国家实质性参与的未来气候政治建制，使得温室气体减排、资金援助、技术转让等细节问题的处理均难获保障，进而强化了气候政治作为一种全球风险的现下"存在"并表现出较强的现代自反性（现代自反性的最特殊表现在于"制度自反性"，对制度的运作建立监管机制，能加以监控、评估、改进，表现在对有关的信息之重视及运用上。由于现代性表现为高度的自反性，吉登斯称之为"自反的现代化"，此过程将造成现象的不确定性或变动不已①）。如此一来，一种"退向未来"

① 黄瑞祺：《社会理论与社会世界》，北京大学出版社 2005 年版，第 285 页。

（Back to the Future，米尔斯海默用"退向未来"意在探讨"冷战"后欧洲的不稳定，这里权且指代批判现实/不完整"存在"，并展望未来）① 的气候政治愿景在自反性批判中得以建构，而对现下不完整"存在"（气候变化风险与治理困境）的批判正是连接自反性气候政治与未来愿景的契合点。

我们已经了解到，批判理论在并不太长的国际关系学科史（1919 年以降）当中一直占据着微妙的特殊（Curious）地位，其学理意义在于使国际关系同诸如哲学的、理论的，以及方法论的多学科对话得以保持，或者换句话说，批判理论的效用基本上从属于推动理论化、概念化，以及方法论调整的任务。② 尽管如此，批判理论仍意在透视物的世界以显露其中人的关系，即要看"物底下的人"，揭开资本主义社会关系的平等面纱。③ 在这方面，马克思的论述似亦对分析有所启发，如"资本不是物，而是一定的、社会的、属于一定历史社会形态的生产关系""对自然界的独立规律的理论认识本身不过表现为狡猾，其目的是使自然界（不管是作为消费品，还是作为生产资料）服从于人的需要"④。因此，异化、物化以及结果的不自由说到底均由人群关系分裂所致。一如气候政治，原本作为国际关系的真正关怀，即人的本体安全，作为第一意象也作为行为主体之一的（个体的及大众政治参与的）人，理应主宰自己的命运，无奈面对（世界主义的）社会建制时往往不免感到陌生和无力，而只能以自反性批判来审视当下现状或曰"存在"的不完整，并期待某种乌托邦愿景，或绘制反乌托邦情境以警示规避全球风险。从批判的意义上究其根源，在于国际社会建制的浩大工程中

---

① John Mearsheimer, "Back to the Future: Instability in Europe after the Cold War", *International Security*, Vol. 15, No. 1, 1990, pp. 5－56.

② Martin Weber, "Critical Theory and Contemporary World Politics", *International Studies Review*, Vol. 12, No. 3, 2010, p. 444.

③ Max Horkheimer, *Critical Theory*, New York: The Seabury Press, 1972, p. 13.

④ 《马克思恩格斯全集》第 46 卷，人民出版社 2003 年版，第 922 页；《马克思恩格斯全集》第 30 卷，人民出版社 1995 年版，第 390 页。

似乎总有某些难以更改的"存在"（如亘古不变的权力政治，回想如前所述之历史未终结），从而让历史进化披上某种神秘论的外衣；作为历史真正创造者的人反而沦为客体，被这历史未终结"存在"（权力关系）所"形塑"的人往往不得已而重复着僵化的思想与行动模式，从而维系着现存的社会建制。试想，气候政治进程虽为国际社会建制浩大工程的冰山一角，可所涉及的正义之争和权力/权利分配，取得成效的渐进性和艰难度可见一斑，如发达国家与新兴国家、附件一与非附件一国家间的利益分歧。说到底，要克服气候政治中的主体异化和"存在"局限，就必须消除其中的人群关系分裂，在平等的基础上达成共识，以引导和规范社会性，如此，人才能重回主体地位，并有意识地、自觉地创造历史，主宰共同命运。①

四　结语

气候政治由于其全球公共问题属性已然引发诸多关注，然而，气候政治的自反性更是反映了一种全球风险，昭示着现代性本身的深刻危机，并遭遇来自后现代性的挑战；自反性气候政治也仰仗于人的自反性，受主体认知差异的影响导致对气候变化问题的非对称性理解，形成了三种典型的社会观念情境（乐观主义、现实主义、悲观主义）；自反性气候政治尤其重视未来关切，未来愿景与自反性之间的互动交集正在于批判性，即对于不完整"存在"的批判，使人重回历史创造主体地位，以可能有效地寻求化解气候政治难题之道。

参考文献

[1] 赵汀阳：《天下体系：世界制度哲学导论》，中国人民大学出版

---

① 黄瑞祺：《社会理论与社会世界》，北京大学出版社 2005 年版，第 84—85 页。

社 2011 年版。

[2]［英］安东尼·吉登斯：《气候变化的政治》，曹荣湘译，社会
科学文献出版社 2009 年版。

[3] 肖瑛：《从"理性 VS 非（反）理性"到"反思 VS 自反"：社
会理论中现代性诊断范式的流变》，《社会》2005 年第 2 期。

[4]［英］巴里·布赞、［丹］琳娜·汉森：《国际安全研究的演
化》，余潇枫译，浙江大学出版社 2011 年版。

[5]［德］霍克海默、阿道尔诺：《启蒙辩证法》，渠敬东、曹卫东
译，上海人民出版社 2003 年版。

[6]［美］罗伯特·杰维斯：《系统效应》，李少军、杨少华、官志
雄译，上海人民出版社 2008 年版。

[7]［南非］保罗·西利亚斯：《复杂性与后现代主义——理解复杂
系统》，曾国屏译，上海人民出版社 2006 年版。

[8]［美］肯尼思·华尔兹：《人、国家与战争——一种理论分
析》，倪世雄、林志敏、王建伟译，上海译文出版社 1991
年版。

[9] 黄瑞祺：《社会理论与社会世界》，北京大学出版社 2005 年版。

[10] Francis Fukuyama, "The End of History", *The National Interest*,
Summer 1989.

[11] Kedar Pavgi, "View from the Top：Nine of the World's Top In-
ternational Relations Scholars Weigh In on the Ivory Tower Sur-
vey", *Foreign Policy*, January 3, 2012.

[12] Robert G. Dunn, *Identity Crisis：A Social Critique of Postmodernity*,
Minneapolis：University of Minnesota Press, 1998.

[13] Ulrich Beck, Edgar Grande, "Varieties of Second Modernity：The
Cosmopolitan Turn in Social and Political Theory and Research",
The British Journal of Sociology, Vol. 61, No. 3, 2010, p. 411.

[14] Jon Hovi, Detlef F. Sprinz and Arild Underdal, "Implementing
Long - Term Climate Policy：Time Inconsistency, Domestic Poli-

tics, International Anarchy", *Global Environmental Politics*, Vol. 9, No. 3, 2009.

[15] Anthony Giddens and Christopher Pierson, *Conversation with Anthony Giddens: Making Sense of Modernity*, Cambridge: Polity Press, 1998.

[16] Anthony Giddens, *The Consequences of Modernity*, California: Stanford University Press, 1990.

[17] Heather Rogers, "The Greening of Capitalism?", *International Socialist Review*, Issue 70, March – April 2010.

[18] Kenneth Waltz, *Realism and International Politics*, New York: Routledge, 2008.

[19] Felix Berenskoetter, "Reclaiming the Vision Thing: Constructivists as Students of the Future", *International Studies Quarterly*, Vol. 55, No. 3, 2011.

[20] E. H. Carr, *The 20 Years' Crisis*, London: Macmillan Press, 1974.

[21] John Mearsheimer, "Back to the Future: Instability in Europe after the Cold War", *International Security*, Vol. 15, No. 1, 1990.

[22] Martin Weber, "Critical Theory and Contemporary World Politics", *International Studies Review*, Vol. 12, No. 3, 2010.

[23] Max Horkheimer, *Critical Theory*, New York: The Seabury Press, 1972.

大国国际形象与气候政治参与：
一项研究议程 *

赵　斌

摘要：国际形象对于国际政治中的大国而言是一个不容忽视却又难以界定的重要因素，它包含了一定时期内为他者所认知的国际相对地位、身份、威望、声誉、荣誉等。在国际关系理论史上，对国际形象的界定较为模糊，甚至一度曲解，国际形象的建构其实是一个渐进和复杂的过程。大国参与气候政治的行为与其国际形象存在相关关系，正向积极参与全球气候政治进程，可能使大国的国际形象得以重塑，对于新兴大国而言，亦有助于为崛起而进一步创造软条件。

关键词：形象；国际形象；大国；气候政治参与

一　问题的提出

在国际关系中，由于国际行为体的实力增长，尤其是伴随着国家的崛起进程，基于战略考量和现实政治的需要，国际形象之于国家间互动及国家崛起本身的意义逐渐引起人们更多的关注。然而，国际形象同时又是一个既容易被联想到又往往难以名状的因素，给

---

* 本文发表于《天津行政学院学报》2013 年第 4 期。

国际形象下一个定义，不可避免地存在着不少分歧与争议。

从"形象"这一词源考察入手，可以泛指"形状相貌"①。按照《现代汉语词典》（1978年版）的解释，"形象"也可以定义为"引起人的思想和感情活动的具体形状或姿态"。在英文中，与"形象"相对应的词有"Image""Identity""Reputation""Prestige""Figure""Form"等（从我们要讨论的国际形象来看，"Identity""Reputation"和"Prestige"较为对应，下文将论及）。西方学者菲利普·科特勒（Philip Kotler）认为"形象"是人们关于某一对象的信念、观念与印象。②

民族国家作为国际关系中主要分析单位以及国际体系内的主要行为体，其国际形象理应得到较多的讨论。随着中国与世界的互动，尤其是和平崛起路径与和平发展道路受到广泛关注之后，国内学界逐渐意识到了国际形象的重要学理意义，并开始尝试性地对国际形象进行界定：其一，认为国家的国际形象是国际社会对一个国家政治、经济、社会、文化、外交与自然要素的综合认知与评价，其主要表现形式包括：外交形象、在国际公众中的形象和国际媒体上的形象。③ 其二，认为国际形象是一国在国际社会中的基本精神面貌与政治声誉。其中，大国的国际形象是现代国际社会中作为大国应具有的良好精神面貌与政治声誉，是国际社会从时代精神角度赋予的责任和义务。当代良好的大国形象，至少包含五个方面因素，即现代身份、世界贡献、战略意志、特殊责任、有效治理。④ 其三，认为国际形象即一国在国际上的政治、经济、军事、科技等

---

① 《辞海》，上海辞书出版社1999年版，第2003页。

② Philip Kotler, *Marketing Management*, *Analysis*, *Planning*, *Implementation and Control*, Upper Saddle River, NJ: Prentice Hall International, 1997, p. 607.

③ 管文虎：《国家的国际形象浅析》，《当代世界》2006年第6期，第36、45—46页。

④ 郭树勇：《论大国成长中的国际形象》，《国际论坛》2005年第6期，第51—52页。

诸方面相互交往过程中给其他国家及其公众留下的综合印象。① 其四，认为国际形象是在国际社会的相互交往中，国家自身及其他行为体对一国的政治、经济、军事、文化、社会、民族、政府行为和发展模式等相关构成性或表现性要素的相对稳定的认识和评价。它是主客体作用的统一体。②

同时，正如前面所提到的，反观国外学界，真正对国际形象给出明确定义的尚不多见，而往往以国家的"声誉"（Reputation）、"荣誉"（Honor）、"威望"（Prestige）等来指代。比如国际威望（International Prestige），又可以称为"国际声望/名望"或者说"国家声誉/名誉"，它指的是一国通过将国内道德、知识、科学、艺术、经济或军事等投向（Project）他国从而获得某种理想的对外形象（Foreign Image）。③ 也有将之定义为一国对自己的认知与国际体系内其他行为体对该国认知的综合，此形象是一系列信息输入和输出产生的结果，是在结构上"十分明确的信息资本"。④ 再如声誉、荣誉这些词，在国际政治的历史与现实研究中也总是在被交替而频繁地使用着——从修昔底德（Thucydides）的"追求安全、荣誉与利益"、托马斯·谢林（Thomas Schelling）的"声誉值得国家为之而战"、罗伯特·基欧汉（Robert Keohane）的"声誉促进国际合作"、查尔斯·凯格利（Charles Kegley）的"维护国家声誉以向盟国展示自身的承诺可信度"，到乔纳森·默瑟（Jonathan Mercer）的"一国的声誉即国际体系中其他行为体对该国的持久特征或特性的

---

① 门洪华：《压力、认识与国际形象——关于中国参与国际制度战略的历史解释》，《世界经济与政治》2005 第 4 期，第 17 页。

② 尹占文、邓淑华：《战略文化、国家行为与国际形象——对中国国际形象变迁的考察》，《社会科学研究》2009 年第 4 期，第 70 页。

③ Charles. W. Freeman，*Arts of Power: Statecraft and Diplomacy*，Washington，D. C.：U. S. Institute of Peace Press，1997，p. 41.

④ Kenneth Boulding，"National Images and International Systems"，*The Journal of Conflict Resolution*，Vol. 3，No. 2，1959，pp. 120 – 131.

一种信念与判断"等。① 可见，对于声誉/威望的研究众说纷纭，相关的界定也较为随意或缺乏明确性。

为满足分析与叙述的需要，本文将国际形象定义为：行为体（主要指独立政治单位，如主权民族国家）在一定时期内为其他行为体所观察和所评判的国际相对地位（Standing）、国际威望（Prestige）、国际声誉（Reputation）、国际荣誉（Honor）等。评判的重点在于多数他者对该国国家身份/特性（Identity）的认知。比如，我们不仅关注美国到底是不是比苏联拥有更多更先进的高新技术，而且还关注印度等其他国家是否认同这种技术成果。② 如此一来，国际行为体的国际形象至少需要两个（及以上）其他行为体（尤其是体系内有影响力的大国）的评判，从而在范围上保证形象认知是"国际的"，在程度上是较具有观察性的，至少从源于他者评价的量变积累上而言理应如此。

既然国际形象是一国在一定时期内（历史和现实的）为他国所认知的威望、声誉、国际身份、地位等意识上的存在，那么它具有一定的可塑性，也可以塑造他国的期望，因而一定程度上也应当是一种软权力。同时，由于全球化、全球问题的大量涌现，作为体系内的大国参与全球问题的治理，提供全球公共产品，往往可以引起他国的关注或全球回应，从而产生一定的国际影响。如此一来，参与全球气候政治对于崛起中的大国而言，无疑具有较重大的现实意义。然而，参与（正向参与或负向参与）全球气候变化的政治，多大程度上可以契合于中国的和平崛起模式，做出积极国际承诺（正

---

① 相关定义可参阅［古希腊］修昔底德：《伯罗奔尼撒战争史》，徐松岩译，上海人民出版社 2012 年版；［美］托马斯·谢林：《军备及其影响》，毛瑞鹏译，上海人民出版社 2011 年版；Robert Keohane, *After Hegemony: Cooperation and Discord in the World Political Economy*, New Jersey: Princeton University Press, 1984; Charles Kegley and Eugene Wittkopf, *American Foreign Policy: Pattern and Progress*, New York: St. Matin's Press, 1996; Jonathan Mercer, *Reputation and International Politics*, Ithaca and London: Cornell University Press, 1996.

② Amitai Etzioni, "International Prestige, Competition and Peaceful Coexistence", *European Journal of Sociology*, Vol. 3, No. 1, 1962, p. 24.

向积极参与气候政治）是否与中国国际形象的上升正相关？国际形象的维系与上升是一个缓慢而渐进的过程，其与国家软实力密切相关，形成与发展机制较为复杂。目前我们对于国际形象的考察，往往近乎给定其"无所不在"的先验性，换句话说，即存在把"国际形象"口号化、标签化的倾向，这样一来，我们对于一国的国家战略与外交政策的理解，或对崛起大国参与全球事务的解读，很可能流于泛泛。因此，本文的一个基本目的可以说是"于无疑处设疑"，对看似"简单明了"的问题做出进一步的考究，在全球气候政治的视野下，考察气候政治参与中的大国国际形象问题。

二 理论解读与基本观点

从认知心理学上讲，形象建构有赖于认知主体与认知客体间的精神/情绪（Spirit）。"二战"后，理论家们几乎将精神/情绪从政治词典里排除出去。他们呼唤权力与物质利益，以此来解释原用于扩大荣誉、威望，或提升地位（Standing）的那些外交政策。早期的学者其实颇具匠心于融合精神/情绪，尤其在马克斯·韦伯那里，将荣誉与利益区别开来并认为领导者对前者更为敏感。他坚持认为，"一个国家可以原谅对其利益的损害，但不能容忍对其尊严的挑衅，尤其当它自视甚高时，其尊严不容挑战"①。国际政治对韦伯而言，是由那些国家为追逐所谓优越性之欲望（Desire）而推动的。国家获取超越他国的权力是为了获得权力威望（Power - prestige），即"超越其他共同体权力的荣耀"。国家间的地位竞争，尤其是大国之间的竞争，给国际关系带来了非理性元素，使国际形势恶化、

———————

① Max Weber, "The Profession and Vocation of Politics", in Peter Lassman and Ronald Speirs (eds.), Weber: Political Writings, Cambridge: Cambridge University Press, 1994, p. 356.

军备竞赛与冲突加剧。韦伯为此还将法德关系作为例证。① 即使在高度发达的文化关系中，政治家也将冲突诠释为保持物质利益的权力问题，一般而言，这种冲突观还是要从属于自尊（Pride）、荣耀（Glory）、优越性或霸权的出现。荣耀（Glory）大致上为从古至今的战争提供了一个比任何基于经济驱动与政治算计的理论更为现实主义的解释。②

　　一旦我们超越韦伯，20 世纪国际关系理论则将荣誉和地位降格为独立的动机。战后杰出的理论家要么忽略精神/情绪，要么将之视作显示和最大化权力的工具。汉斯·摩根索是一个典型，在他看来，国家总是追求增加、保持或显示它们的权力。国家旨在获得更多的权力，奉行"帝国主义"的政策。国家的外交政策旨在保持权力则奉行"现状政策"。国家想要显示权力则奉行"威望政策"。它试图"通过自己实际拥有的权力，或自己认为拥有的权力，或希望他国相信自己所拥有的权力来影响他国"③。威望政策并非国家政策的终点，而是为维持或挑战现状。它能基于实际的权力或阻吓。摩根索承认通常很难彻底了解威望政策的潜在目的。更耐人寻味的是，摩根索对威望追求进行从结果到手段的贬抑，竟源于亚里士多德，认为追求认同是人的基本动力。④ 对于权力的渴望，"一旦个人的生存得到了保护，他担忧的不再是生存，而是其相对于他者的地位如何"⑤。为了建构勉强说得过去的（Parsimonious）理论，摩根

---

① Max Weber, *Economy and Society*, Berkeley, CA: University of California Press, 1978, p. 911.

② Richard Ned Lebow, *A Cultural Theory of International Relations*, Cambridge: Cambridge University Press, 2008, p. 20.

③ ［美］汉斯·摩根索：《国家间政治——权力斗争与和平》，徐昕等译，北京大学出版社 2006 年版，第 70—83 页。

④ Hans Morgenthau, "Politics and Political Science", in Anthony Lang (ed.), *Political Theory and International Affairs: Hans J. Morgenthau on Aristotle's The Politics*, Connecticut: Greenwood Publishing Group, 2004, pp. 18 – 20.

⑤ Hans Morgenthau, *Scientific Man vs. Power Politics*, Chicago: University of Chicago Press, 1946, p. 165.

索颠倒了权力与威望的关系，他将前者从属于后者，推论权力是如何获取和保持的。他忽视了韦伯的箴言：权力本身不是目的，而是达到目的的手段，任何政治理论须建立在对那些目的理解的基础上。①

在摩根索之后，罗伯特·吉尔平将威望从权力中区分开来，并首次赋予其在国际关系中的突出地位。在《世界政治中的战争与变革》中，他将威望描述为国际体系中仅次于权力的最重要因素，以及"国际关系的晴雨表"。对于吉尔平来说，威望有着道德上的和功能上的基础。前者源于领导者国家提供公共物品，以及增进或保护公共意识形态的、宗教的或其他价值的能力。弱国追随强大的领导者，部分原因在于它们接受现存秩序的合法性。每一个占主导地位的国家相应地推崇一种意识形态以使得他对其他国家的支配合法化。在吉尔平看来，威望与冲突是紧密相连的。威望等级毫无争议且难以挑战时，和平才成为可能。这种等级制的削弱或动摇，一般先于冲突和战争时代。威望有别于权力，是因为权力认知会落后于国家的实际能力。体系中的权力认知与权力分配的非对称性越强，战争的可能性就越大，尤其崛起大国权力被低估时更是如此。"体系中的崛起大国日益要求改变现状以反映它们新增长的实力及未满足的利益。"体系的管理失效，直到"认知与权力现实相符"，这常常需要战争，大国间战争的主要功能在于重建威望等级。②

英国学派的主要学者对荣誉与威望不以为意。他们是所在方向的现代主义者，关注法律和实践意义上的国际社会显现（如布尔在《无政府社会》中所强调的那样，主要行为体即大国自身成为相对地位排序的评判者，依据相对权力的原则，则这种排序方能在"欧洲协调"中正式实现，这一定程度上与权力政治说异曲同工）。③

---

① Richard Ned Lebow, *A Cultural Theory of International Relations*, p. 22.

② Robert Gilpin, *War and Change in World Politics*, Cambridge：Cambridge University Press, 1981, pp. 34 – 35.

③ Richard Ned Lebow, *A Cultural Theory of International Relations*, p. 23.

因此，从理论上看，我们所定义和分析的国际形象，其中包含的相对地位认知、威望、声誉、荣誉这些重要构成性因素，如今看来它们所具有的理论价值和现实意义似乎"不证自明"（Self - evident），得以频繁出现在国际政治的理论与历史论述中，然而回顾经典和进行一些理论史研读后我们似乎不难发现，受制于主体间认知差异，"国际形象"或被漠视、或被权力政治观绑架、或被工具化解读，因而在其界定与分析中往往存在相当的模糊性和随意性。

在国际政治中，过于关注形象（威望/身份）上的相对地位（Relative Standings）/相对收益（Relative Gains）而发生的危险是可以想见的，如军备竞赛、安全两难、囚徒困境、政治市场失灵等。历史上的雅典和斯巴达、"一战"前的两大军事集团、二十年危机时期（1919—1939 年）的现状国和德日意挑战者、"二战"后的美苏（古巴导弹危机和苏美争霸）皆为我们容易联想到的例证，当然其实还有中国古代史中的群雄逐鹿诸侯混战时期（春秋战国、三国、魏晋南北朝）和所谓中原王朝与边陲游牧民族的对峙（秦、汉、唐、两宋、明朝）等，都是经典的案例。实际上，在国际形象建构中的投入，一些行动的有限性往往不那么明显，或者换句话说，一国国际形象上的净收益有夸大的可能。比如"二战"前的英法等国，与其说是沾沾自喜于其绥靖政策"效果"，不如换个角度说是作为现状者的老牌帝国对自身大国威望的过度自信；中国封建时代统治者建立朝贡关系，希望因此可以为其统治带来威望，而往往不过是一种华夏中心主义的迷思。①

然而，个人的、社会群体的，或国家的威望/形象，是如下因素考虑之产物：①基本特征；②对威望/形象给予认同的他者之价值；③部分基于威望/形象考虑的短期行为；④主要基于威望/形象考虑

---

① J. K. Fairbank and S. Y. Têng, "On the Ch'ing Tributary System", *Harvard Journal of Asiatic Studies*, Vol. 6, No. 2, 1941, pp. 140 – 141.

的行为。仅后两者易于操作。① 从社会心理学上看，文化催生的形象/身份（Identity）具有双重意义，它强调一些动机（Motives）的同时还贬损其他动机，并形塑行为体的发展和表达方式。从国家的精神层面来说，为获取尊重而行动，以及与此相关的路线与机制安排，也是同样的道理。所以说，动机是构成形象/身份的重要因素，因为动机决定了我们的利益关切，而利益关切又促成了我们的行为（如图1所示）。

图1 形象、利益与行为

资料来源：Richard Ned Lebow, *A Cultural Theory of International Relations*, p. 564.

如此一来，形象/身份、利益、行为，这些似乎都是由社会决定的。然而，行为体并非社会化的囚徒。② 反馈存在于这个"形象/身份→利益→行为"关系链的各个环节。行为体的行为具有重塑利益的潜能，而利益的重塑又影响到行为体的形象（如图1曲线所示）。重要行为体（如大国）形象的转变，或者说其他大量的行为体形象转变，能使其所在的国际体系的特征发生变化。关于这一点，我们在国际关系史上可以得到不少例证，几乎每一次历史转型期都与之契合，如欧洲大陆资产阶级革命时代的体系转型——代表新兴资产阶级形象的国家颠覆欧洲封建旧秩序，甚至形成对整个世界旧秩序的冲击；1917年俄国革命引发的系统效应；战后民族解放运动和独立运动的高涨；东欧剧变的多米诺骨牌效应，此类例证不一而足。

---

① Amitai Etzioni, "International Prestige, Competition and Peaceful Coexistence", pp. 21–41.

② Richard Ned Lebow, *A Cultural Theory of International Relations*, p. 563.

这些都能反映国家形象得以重塑所带来的反馈力量（从杰维斯的"系统效应"来看，此为正反馈）。施动者（Agency）在这样的动态体系中的重要性和结构（Structure）一样重要，施动者是在另一方面彰显作用，即行为体不仅取决于行为，还受自身"信念"（Beliefs）的影响。国家的历史经历及国际社会化实践，使其习得有关世界如何运作的"信念"，谁是朋友，谁是敌人？应对二者的最好方式又是怎样的？制定政策的国内精英们包含了人们不同的世界观和相关的政策偏好，有些政策变化可以用行为体间的动机分布来解释，恐惧、利益和荣誉能引发不同的对外政策走向和特殊偏好。①

"冷战"以后，随着非传统安全威胁的加剧，全球气候政治逐渐成为国际政治中的大国需要妥善应对的中心议题，那么在面对气候变化这一非传统安全威胁时，国家的国际形象或许拥有重塑的空间，从而顺应可能的全球气候治理潮流。当然，在面对这种"新"议题（或重新反思那些本应处于问题领域中心的边缘议题）的时候，如前所述，大国的"形象/身份→利益→行为"关系链或许也未必呈现线性联系，而是可能由于反馈的力量使得利益和形象都得以重塑，产生系统效应。那么我们在全球气候政治的背景下讨论大国的国际形象问题，或许正如杰维斯所指出的那样，"思想从来都不会停滞不前，价值观也会不断发展，而新的机遇和威胁也随之而来"②。

为便于展开论述和进行接下来的案例分析，我们不妨假设如下：

假设一：气候政治正向积极参与者。国际形象与之呈正相关关系，即国际形象受益于气候变化政治中大国的贡献，因之大国责任形象良性护持或渐进溯升。

假设二：气候政治负向消极参与者。国际形象与之仍呈正相关关系，简言之，即国际形象回落甚至受损。

---

① Richard Ned Lebow, *A Cultural Theory of International Relations*, p. 564.

② Robert Jervis, "Cooperation Under the Security Dilemma", *World Politics*, Vol. 30, No. 2, 1978, p. 105.

假设三：气候政治与国际形象呈负相关关系，从逻辑上和历史现实中至少可以证伪其中一种极端情况，即气候政治负向消极参与（如拒绝批准京都机制、退出国际气候谈判机制等）而国际形象反而上升这一极端情况难以出现。相反，我们不妨尝试探讨二者负相关关系的另一种可能悖论——气候政治正向积极参与，而国际形象上升并不明显。

（注：以上假设都基于图1曲线所示的逻辑，即大国的气候政治参与行为可以重塑其利益，进而由利益的重塑影响其国际形象的建构。）

三　案例分析

以下将以大国的气候政治参与行为作为实例来对国际形象建构进行进一步的考察，着重展示其中的运行机制，同时，结合上文理论分析和假设推理中抽象出来一些初步的认识，有助于我们在气候变化政治这一后现代情境中更好地理解大国国际形象问题。我们将主要使用美国、俄罗斯和中国这三个案例，以尽量避免所谓"单一案例"可能遭遇的解释力不足，并且集中关注与行为、利益、形象有关的内容，从而尝试分析大国国际形象在气候政治中的建构。

（一）美国："第二次机遇"？

美国对全球气候政治的参与可谓经历了一个由消极被动到不得不逐渐转向主动参与的历程。早在20世纪70年代，环境问题及相关应对之策悄然兴起于美国国内，从美国的国际形象上来看，或许"美国人比其他国家的国民消耗了更多的资源，又排放了更多的污染物和废弃物。同时由于美国是在经济和政治上的强国，那么让其参与全球环境保护则是理所应当的"①。这种所谓对美国形象上的认知，促进了美国公共环境意识的觉醒，1970 年 4 月 22 日首个国际"地球日"加强了环境主义的影响，迫使当时的尼克松政府成立了国家环境保护署（EPA），从行动上为此后美国参与国际气候政治创造了发展条件。

然而，美国对全球气候变化的政治参与，从里根到老布什政府时期表现出来的行动却较为消极被动，一度成为全球气候问题合作的严重阻力。在里根政府时期，诸如气候变化这样的全球环境问题属"低级政治"议题范畴，为当时的美国所漠视，采取的行动较为消极，较多地依赖市场力量，通过私营部门涉足环境领域而减少联邦政府对于环境问题的管制，期间关于环境议题的对外援助少之又少，气候政策方面几无建树。② 1992 年 10 月 15 日，美国批准了《联合国气候变化框架公约》（UNFCCC），且随后制定了能源政策法，然而有关温室气体减排的国家行动方案并未实际履行，及至 2000 年美国的温室气体排放量比 1990 年增长了 14.3%，远超其既定的维持 1990 年排放水平之标准。③ 显然，美国在 20 世纪 80 年代末 90 年代初的气候政治参与呈负向消极参与。

克林顿政府时期，开始加强对外环境保护援助，拓展美国国家安全，将包含气候变化的环境问题纳入美国国家安全战略。1993 年 4 月，克林顿承诺到 2000 年将温室气体排放量降至 1990 年的水平，以体现"美国对促进全球和平与繁荣负有领导责任"④。同年 6 月，成立"可持续发展问题总体委员会"，以讨论有关全球环境的对外

① Gary Bryner, *From Promises to Performance: Achieving Global Environment Goals*, New York: W. W. Norton, 1997, p. 9.

② Norman Vig and Michael Kraft (eds.), *Environmental Policy in the 1990s: Toward a New Agenda*, Washington DC: Congressional Quarterly Press, 1994, p. 15.

③ U. S. EPA, "Inventory of U. S. Greenhouse Gas Emissions and Sinks: 1990 – 2004", April 15, 2006, https://www3. epa. gov/climatechange/Downloads/ghgemissions/06_ Complete_ Report. pdf.

④ Peter Thomson, "Clinton Lays out Environmental Program", April 23, 1993, http://www. loe. org/shows/shows. htm? programID = 93 – P13 – 00017.

资金、技术援助等议题，并向 41 国提供用于稳定人口的援助费用达 4.6 亿美元。[①] 1996 年，美国国家气候变化委员会对前一年发布的 IPCC 第二次研究报告表示认同。1997 年 2 月 13 日，美国《经济学家关于气候变化的声明》发表，认为需要采取防范措施应对具有多方面危险性的全球气候变化。[②] 值得一提的是，克林顿政府从 1995 年到 2000 年前后共 5 次参加 UNFCCC 的缔约方大会，相比老布什政府时期，美国对气候变化政治的参与更为活跃，并在一定程度上对《日内瓦部长宣言》的出台起到了推动作用，从而为《京都议定书》的出台奠定了基础，推动了国际气候谈判的进一步开展。当然，在有关美国能源、制造业及其他相关工业部门对温室气体减排表现出较大的敏感性时，美国一般不愿给出明确的承诺或态度，从而为其战略利益谋划留有余地。

2001 年，小布什政府一改之前美国政府对气候变化政治或犹豫或有所保留的态度，而在国际气候政治参与方面表现出了强硬的抵制态度，其环境政策甚至出现大倒退，最强烈的行为反应莫过于公然退出《京都议定书》，并且指责议定书是"根本错误的"。美国因其"拖后腿"的行为受到了国际社会的强烈批评，从国际气候政治参与的层面来看，美国的国际气候政策陷入了停滞状态，其国际形象急转直下，单边主义和"一超独大"的傲慢姿态备受指责。

2008 年，奥巴马胜选总统，美国政府重新加强国际环境方面的双边、多边合作。如在双边合作上重视与中国的环境合作，典型的行为表现在和中国共同签署《关于中美两国加强气候变化、能源和环境合作的谅解备忘录》，推动中美战略经济对话、中美能源政策对话、可再生能源开发和利用、中美和平利用核技术等双边机制的发

---

① 楼庆红：《美国环境外交的三个发展阶段》，《社会科学》1997 年第 10 期，第 30 页。

② "Economist's Statement on Climate Change"，http：//dieoff.org/page105.html.

展；① 在多边合作上，参与 UNFCCC、G8 峰会，并主导"主要经济体能源与气候论坛"。同时，还利用亚太经合组织这样的平台来宣告自身的气候政策，利用北约组织强化能源安全目标，以期影响国际气候问题走向并掌握气候政治领域的话语权，尽可能地展示美国的软实力，运用巧实力，努力重塑后金融危机时代美国的领导者形象。

通过对美国的气候政策进行历史的考察与分析，我们发现美国的国际形象基本上与其气候政治参与呈正相关关系，从而也基本符合上文的假设一和假设二。即美国的气候政治参与行为，经由 20 世纪 80 年代末至 90 年代初里根和老布什政府时期的消极参与，到 90 年代中期克林顿政府有所保留的响应，至 21 世纪初小布什政府时期的强硬抵制和倒退，再到后金融危机时期奥巴马政府的"革新"，这与美国的国际形象也有着十分微妙的正相关关系。单从"形象/身份→利益→行为"关系链的单向建构而言，不难解释一定历史时期的美国气候政策"行为"，但如果我们再思考这其中的反馈，可能将会进一步证实我们的假设和推论（不排除系统效应，比如国内政治与国际政治的双重互动博弈，反恐战争、伊拉克战争、金融危机都可能带有系统效应，也会影响到气候政治领域的大国行为和国际形象）。在这里，我们不妨联想布热津斯基的归因理论，所谓的"第二次机遇"，正是在对美国自 20 世纪 80 年代以来的重大国际行为进行地缘政治的、历史的、深刻的反思后，从而重塑美国国际形象的战略考虑。② 只是不知其运筹帷幄间是否真的适得其主，相较于 1997 年同样出自布热津斯基的"大棋局"（The Grand Chessboard），"第二次机遇"更像是美国"救世主"又一次自我救赎。比照其气候政治的参与历程，从老布什、克林顿，再到小布什政府，美国的国际行为反馈于形象，恰好耐人寻味地似可对号入座于

---

① "U. S. – China Energy Cooperation", https：//energy. gov/ia/initiatives/us – china – clean – energy – research – center – cerc.

② Zbigniew Brzezinski, *Second Chance*：*Three Presidents and the Crisis of American Super-power*, New York：Basic Books, 2007.

"拙劣""无能""蹩脚/灾难性的领导"，到了奥巴马政府"重整旗鼓"，才似乎有了些许抓住"第二次机遇"的行动迹象，从而重塑美国的安全战略利益，重视气候变化议题，实现"世界领袖"形象再建构。[①]

（二）俄罗斯："游刃有余"？

2008 年，俄罗斯作为全球第四大温室气体排放国，其排放量占全球的 5.67%。[②] 俄罗斯拥有足够广袤的森林覆盖国土，所以在影响气候变化方面蕴藏着巨大潜力，就气候变化的脆弱性而言，俄罗斯排在第 81 位，相较于近邻白俄罗斯（第 28 位）、哈萨克斯坦（第 50 位）、乌克兰（第 52 位），俄罗斯的情况似乎乐观得多。[③] 对俄罗斯来说，与大部分其他国家不同的是，气候变化所能带来的竟有不少明显的国家优势。比如，气温升高能使俄罗斯的冬天变得温暖，从而可以减少冬季供暖时长，给国家节约大量能源；由于气候暖化，北冰洋地区的丰富能源开采前景将更加明朗，开发该地区资源的行动将更为容易；海上国际航道交通的顺达也将使俄罗斯的地缘战略影响加大，有利于其拓展国际形象。即便如此，至少有三大目标常用来解释俄罗斯的气候政治参与：其一，为改善俄罗斯的国际形象；其二，为"入世"谈判而加强与欧盟的联系；其三，京都议定书机制下的经济动机。[④] 这里我们主要关注俄罗斯第一大目标

---

① 《第二次机遇》付梓之际，奥巴马政府还未上台，但实践表明，布热津斯基的战略思想对美国领导者影响深远，尤其对奥巴马政府的政策制定起到了推波助澜之功效。不妨参见布热津斯基 2012 年代表作《战略憧憬：美国与全球力量的危机》（Zbigniew Brzezinski, *Strategic Vision: America and the Crisis of Global Power*, New York: Basic Books, 2012）。

② United Nations Statistics Division, "Carbon Dioxide Emissions (CO_2), Thousand Metric Tones of CO_2, Millennium Development Goals Indicators", http: //data. un. org/Data. aspx? q = Carbon + dioxide + emissions + %28per + capita%29 + CFCs&d = MDG&f = seriesRowID%3a749.

③ Global Adaptation Institute, "Global Adaptation Index", http: //downtoearth. danone. com/2013/08/21/the – global – adaptation – index/.

④ Andrzej Turkowski, "Russia's International Climate Policy", Polski Insiytut Spraw Miedzynarodowych (PISM) Policy Paper, No. 27, April 2012, p. 3, https: //www. files. ethz. ch/isn/141973/PISM%20Policy%20Paper%20no. %2027. pdf.

即改善国际形象。当美国退出后，俄罗斯批准《京都议定书》的行为就显得尤为关键，甚至成了欧洲领导人议事日程所关注的重心，时任总统普京将对于京都机制的认可当作重塑俄罗斯国际形象的工具，以使俄罗斯成为挽救京都机制的"救世主"，表明俄罗斯与"欧洲政治"或"西方价值观"具有一致性。①

2011 年 12 月的德班会议，俄罗斯政府强调其在《京都议定书》的第二承诺期将不会承担任何数量上的义务，这与它在 2010 年坎昆会议中的陈述并无二致。俄罗斯强调国际气候制度须在"全面、综合"的基础上达成一致，即"包含所有国家，包括发达国家和发展中国家，尤其是主要的温室气体排放国"。早在 2009 年哥本哈根会议召开之前，俄罗斯总理普京就表示俄罗斯对气候变化谈判协议的参与和支持取决于其他主要工业国家须做出相应的承诺并能提出量化的减排目标，而且，还要将俄罗斯广阔森林具有巨大的碳吸收力这一因素考虑在内。

可见，俄罗斯对于气候变化政治的参与，是探求其特殊的国家利益进而重塑俄罗斯"超强"国家地位的工具性写照。俄罗斯参与国际气候政治似乎总是显得"游刃有余"，除了与其资源禀赋和历史遗产具有一定相关性之外，它对国际形象的追求与美国具有极其相似之处，即可以说都从国际地位及国际威望上看待和塑造所谓的国际形象，在这两个国家当中，国际形象的建构几乎可以混同于权力（尤其是软权力）优势、威望、相对地位等方面的谋划。

（三）中国：崛起大国的负责任参与

中国参与国际气候政治的历程，与中国外交的整体步伐如影随形。正如我国学者通过仔细的研究和深入的分析所指出的，中国参与国际气候谈判存在立场上的演变，经历了"被动却积极参与"（1990—1994 年）、谨慎保守参与（1995—2001 年）、活跃开放参与

① Laura Henry and Lisa Mclntosh Sundstorm, "Russia and the Kyoto Protocol: Seeking an Alignment of Interests and Image", *Global Environmental Politics*, Vol. 7, No. 4, 2007, p. 58.

（2002 年至今）三大发展阶段，深刻地反映了中国外交日趋成熟的发展进程。[1]

　　一般从全球公共问题的理论逻辑上来看，对气候变化的参与属于公共问题的范畴，难免遭遇"集体行动的难题"。那么，一如上文美国和俄罗斯的案例所揭示的，一国对气候政治的参与很大程度上受到选择性激励的影响，而不仅仅是道德伦理上的约束。国际形象一定程度上也属于选择性激励，显然它是一种国际社会意义上的激励。因而，从国际形象的护持而言，中国在气候政治方面总体上是正向参与的，但对于自身参与国际气候政治的积极行动而最终反馈于国际形象的再塑造进程，也不能盲目乐观。早期的气候政治参与中，中国尤其看重负责任大国形象的护持，防止出现气候变化议题领域的"中国威胁论"。[2] 2002 年 8 月，中国批准《京都议定书》，联合国即表示这"为发展中国家树立了一个良好榜样"。然而，有不少发达国家非但不主动积极参与气候政治，反而还指责以中国为主要代表的发展中国家大量排放温室气体、不承诺减排义务、威胁人类发展等。于是它们声称为了"把大气中温室气体浓度稳定在防止气候系统受到危险的人为干扰的水平上"，要以中国等新兴大国实施大量减排为先决条件。[3] 如此看来，在上文假设三当中我们所担心的悖论出现了，气候政治与大国国际形象呈负相关关系，或至少气候政治正向积极参与，而国际形象的护持乃至上升难言乐观。

　　即使在气候变化这样的非传统安全议题上，大国参与行为面临的困难和可能的机遇一样不少，甚至当前的困境局面有时远多于利益和谐的乌托邦远景，我们也不能因此对正向积极参与国际气候政

---

[1]　严双伍、肖兰兰：《中国参与国际气候谈判的立场演变》，《当代亚太》2010 年第 1 期，第 81—86 页。

[2]　Hyung - Kwon Jeon and Seong - Suk，"From International Linkages to Internal Divisions in China: The Political Response to Climate Change Negotiations"，*Asian Survey*，Vol. 46，No. 6，2006，p. 852.

[3]　杨洁勉主编：《世界气候外交和中国的应对》，时事出版社 2009 年版，第 265 页。

治以服务国家总体利益目标从而良性塑造大国国际形象的努力持过分悲观的态度。中国作为崛起中的大国，负责任，意味着中国在国际关系与地区事务中承载着广泛的利益诉求，既有必要为国际社会提供一定的公共产品，又能够妥善应对国际政治中的复合安全挑战。负责任大国作为中国在国际社会中的一种形象标识或身份认同，符合关系性思维。在这种思维逻辑里，"国际社会中的崛起大国是进程中的行为体或关系中的行为体，与他者以非冲突的方式互动；过程中的形象意味着源于动态关系的过程力量建构和重构行为体的身份"①。当然，这种负责任大国国际形象的建构，是国家崛起与国际合作以及参与国际关系民主化的不懈努力的写照，过程本身需要中国长期艰难的探索，其中难免遭遇不少挫折和困难。形象的护持效果或许有时并不明显，产出效应可能并不显著，但为了推动国家崛起的历史进程而继续积极正向参与国际气候政治，这一过程对中国和不少发展中国家而言，本身就存在路径依赖。从关系过程上来看，中国接受并深深内化了国际气候制度，但这一制度不能完全是西方模式的翻版，主体间性和互容性将日益替代西方话语霸权式的单向思维。② 也许正是从这种动态发展和社会进化的意义上来看，我们对于包含气候政治在内的国际事务广泛参与，才可能是具有应然意义的。

四　结语

从形象的定义入手，我们探讨了国际形象的内涵，包括国际相对地位、身份、国际威望、国际声誉、国际荣誉等源于他者的认知

---

① Qin Yaqing, "Relationality and Processual Construction: Bringing Chinese Ideas into International Relations Theory", *Social Sciences in China*, Vol. 30, No. 3, 2009, pp. 5 – 20.

② 秦亚青：《作为关系过程的国际社会——制度、身份与中国和平崛起》，《国际政治科学》2010 年第 4 期，第 24 页。

范畴，其中身份认知尤为重要。由于存在主体间认知差异，国际形象的界定较为模糊和随意，过于关注或高估其中的相对地位也可能带来一定的危机。大国的国际形象反映了该国的战略动机，决定其利益关切，从而影响其行为。然而，"形象/身份→利益→行为"的关系链条并非简单的线性联系，而是反馈存在于其中各个环节，产生系统效应，大国的国际形象因之仍有重塑的空间。

通过对美国、俄罗斯、中国这三个大国对全球气候政治参与的案例分析，我们不难发现，气候政治参与行为与大国国际形象之间既存在正相关关系（正向积极参与国际形象建构为良性护持或上升，负向消极参与则国际形象回落甚至受损），又可能存在负相关关系（正向积极参与却面临国际形象建构的困境与悖论）。中国作为崛起中的大国，为建构负责任大国身份或提升国际形象，总体上仍应正向积极参与国际气候政治进程，进一步为国家的崛起创造软条件。

可能存在的问题和进一步的研究方向，在于本文对国际形象的界定与探讨，主要关注其身份性与国家利益、国家行为之间的逻辑关联，以及大国行为对其国际形象的反馈效应。因此，这种分析框架仍然是初步的，由于诠释和论证的需要而抽象化的那些现象学思考，或许仍值得进一步研究；案例选择与比较方面，本文对美国、俄罗斯、中国的气候政治参与进行了简要的分析，受制于分析框架的集中讨论，所做相关比较仍较为初步。尤其是涉及国际政治行为的反射评价，国际形象的上升或回落本身可能还受制于其他系统要素，比如大国的战略效果、国内政治回应等，这些都可能影响到该国国际形象的建构进程，对于新兴大国而言，甚至直接影响其崛起进路。事实上，如本文所提到的中国案例"悖论"所引发的思考，在全球气候政治治理中，亦属不难预知。换言之，新兴大国的气候政治参与，即使正向积极参与，其反馈也并不一定总能积聚到正能量（Positive Energy）（或许正是从这个意义上我们亦不难理解俄罗斯的气候政治现实主义）。长远观之，出于气候问题的未来政治关切，以及崛起中的大国战略考量，中国仍应继续正向积极参与全球气候政治进程，相信"得道多助"，并努力参与国际气候建制，谋取必要的低碳生存和发展空间。同时，也为面对将来更趋复杂多变的国际气候政治博弈而积累必要的实践经验。

参考文献

［1］管文虎：《国家的国际形象浅析》，《当代世界》2006 年第 6 期。

［2］郭树勇：《论大国成长中的国际形象》，《国际论坛》2005 年第 6 期。

［3］门洪华：《压力、认识与国际形象——关于中国参与国际制度战略的历史解释》，《世界经济与政治》2005 年第 4 期。

［4］尹占文、邓淑华：《战略文化、国家行为与国际形象——对中国国际形象变迁的考察》，《社会科学研究》2009 年第 4 期。

［5］［古希腊］修昔底德：《伯罗奔尼撒战争史》，徐松岩译，上海人民出版社 2012 年版。

［6］［美］托马斯·谢林：《军备及其影响》，毛瑞鹏译，上海人民出版社 2011 年版。

［7］［美］汉斯·摩根索：《国家间政治——权力斗争与和平》，徐昕等译，北京大学出版社 2006 年版。

［8］楼庆红：《美国环境外交的三个发展阶段》，《社会科学》1997 第 10 期。

［9］严双伍、肖兰兰：《中国参与国际气候谈判的立场演变》，《当代亚太》2010 年第 1 期。

［10］杨洁勉主编：《世界气候外交和中国的应对》，时事出版社 2009 年版。

［11］秦亚青：《作为关系过程的国际社会——制度、身份与中国和平崛起》，《国际政治科学》2010 年第 4 期。

［12］Philip Kotler, *Marketing Management*, *Analysis*, *Planning*, *Imple-*

mentation and Control, Upper Saddle River, NJ: Prentice Hall International, 1997.

[13] Charles. W. Freeman, Arts of Power: Statecraft and Diplomacy, Washington, D. C. : U. S. Institute of Peace Press, 1997.

[14] Kenneth Boulding, "National Images and International Systems", The Journal of Conflict Resolution, Vol. 3, No. 2, 1959.

[15] Robert Keohane, After Hegemony: Cooperation and Discord in the World Political Economy, New Jersey: Princeton University Press, 1984.

[16] Charles Kegley and Eugene Wittkopf, American Foreign Policy: Pattern and Progress, New York: St. Matin's Press, 1996.

[17] Jonathan Mercer, Reputation and International Politics, Ithaca and London: Cornell University Press, 1996.

[18] Amitai Etzioni, "International Prestige, Competition and Peaceful Coexistence", European Journal of Sociology, Vol. 3, No. 1, 1962.

[19] Max Weber, "The Profession and Vocation of Politics", in Peter Lassman and Ronald Speirs (eds.), Weber: Political Writings, Cambridge: Cambridge University Press, 1994.

[20] Max Weber, Economy and Society, Berkeley, CA: University of California Press, 1978.

[21] Richard Ned Lebow, A Cultural Theory of International Relations, Cambridge: Cambridge University Press, 2008.

[22] Hans Morgenthau, "Politics and Political Science", in Anthony Lang (ed.), Political Theory and International Affairs: Hans J. Morgenthau on Aristotle's The Politics, Connecticut: Greenwood Publishing Group, 2004.

[23] Hans Morgenthau, Scientific Man vs. Power Politics, Chicago: University of Chicago Press, 1946.

[24] Robert Gilpin, *War and Change in World Politics*, Cambridge：Cambridge University Press, 1981.

[25] J. K. Fairbank and S. Y. Têng, "On the Ch' ing Tributary System", *Harvard Journal of Asiatic Studies*, Vol. 6, No. 2, 1941.

[26] Robert Jervis, "Cooperation Under the Security Dilemma", *World Politics*, Vol. 30, No. 2, 1978.

[27] Gary Bryner, *From Promises to Performance：Achieving Global Environment Goals*, New York：W. W. Norton, 1997.

[28] Norman Vig and Michael Kraft (eds.), *Environmental Policy in the 1990s：Toward a New Agenda*, Washington DC：Congressional Quarterly Press, 1994.

[29] Zbigniew Brzezinski, *Second Chance：Three Presidents and the Crisis of American Superpower*, New York：Basic Books, 2007.

[30] Zbigniew Brzezinski, *Strategic Vision：America and the Crisis of Global Power*, New York：Basic Books, 2012.

[31] Laura Henry and Lisa McIntosh Sundstorm, "Russia and the Kyoto Protocol：Seeking an Alignment of Interests and Image", *Global Environmental Politics*, Vol. 7, No. 4, 2007.

[32] Hyung－Kwon Jeon and Seong－Suk, "From International Linkages to Internal Divisions in China：The Political Response to Climate Change Negotiations", *Asian Survey*, Vol. 46, No. 6, 2006.

[33] Qin Yaqing, "Relationality and Processual Construction：Bringing Chinese Ideas into International Relations Theory", *Social Sciences in China*, Vol. 30, No. 3, 2009.

新兴大国气候政治群体化的形成机制*

——集体身份理论视角

赵　斌

摘要：近年来，新兴大国在全球气候治理中的国际政治影响力空前提升，并具有群体化突现的特征。新兴大国气候政治群体化及其形成机制，既是理论难点又具有现实意义。本文从新兴大国的概念辨析入手，以集体身份理论为视角，分析全球气候政治系统进程中的新兴大国身份。从"G77＋中国""BASIC"，到"BRICS平台下的气候合作"，并逐渐以"BASIC"为主导，形成了新兴大国自群体；以减缓、适应、资金和技术为具体的议题导向，框定了新兴大国群体尤其是BASIC拟形成中的准集体身份边界。新兴大国气候政治群体化之形成，其许可要素在于巴西、俄罗斯、印度、中国和南非等国的气候政治参与。

关键词：新兴大国；气候政治；群体化；集体身份；叙事情境

一　问题的提出

在不到30年的时间里，气候变化已从一个相对模糊的科学话题

---

* 本文发表于《当代亚太》2013年第5期。

发展成为全球政治议程中的一个关键议题。① 亚历山大·温特（Alexander Wendt）甚至认为，"由于潜在而可怕的长期威胁，且短期内少有国家能在共同应对并采取强有力措施方面获益"②，气候变化成了目前最重大的国际政治议题。2008 年国际金融危机以来，巴西、俄罗斯、印度、中国和南非等新兴经济体在全球治理的相关议题领域发挥了广泛的影响力，对传统西方大国主导的话语体系造成了一定的冲击。③ 其中，全球气候政治牵涉诸多国际关系行为体，尤其是国际政治中的大国，对气候政治进程及其治理影响深远。从早期的"G77 + 中国"到当前凸显主导作用的基础四国（BASIC），新兴大国在全球气候政治中呈现群体化（Grouping）的"抱团打拼"之势。④ 分析这一动态进程中有关新兴大国的气候政治变化，尤其是气候政治群体化的形成机制，对于研究新兴大国参与全球气候治理乃至其未来走向，都具有较好的启迪作用。

学界对于新兴大国气候政治群体化的相关讨论，散见于有关气候变化谈判博弈与气候政治格局的论述中。例如，用地理位置与经济发展水平上的差异来解释发展中国家不同气候政治群体的形成；用经济发展水平与温室气体排放量上的差异、发展中国家利益诉求多样化、对发展中国家的激励性因素分配不均、新兴大国快速崛起等要素来解释原有发展中国家群体之分化；从地缘政治博弈上分析"G77 + 中国"的立场及可能存在的优势；把基础四国国际地位的上

---

① ［瑞士］托马斯·伯诺尔、莉娜·谢弗：《气候变化治理》，刘丰译，《南开学报》（哲学社会科学版）2011 年第 3 期，第 8 页。

② Kedar Pavgi, "View from the Top: Nine of the World's Top International Relations Scholars Weigh in on the Ivory Tower Survey", *Foreign Policy*, January 3, 2012, http://foreignpolicy. com/2012/01/03/view – from – the – top/.

③ National Intelligence Council, *Global Trends* 2025: *A Transformed World*, Washington, DC: US Government Printing Office, 2008; G. John Ikenberry, "The Future of the Liberal World Order", *Foreign Affairs*, Vol. 90, No. 3, 2011, pp. 56 – 68.

④ 本文倾向于使用"群体化"而非"集团化"，以诠释"G77 + 中国"、基础四国在气候政治叙事情境中的"抱团打拼"之势，也意在诠释一种形成中的，且带有非确定性的准集体身份。

升和拥有强大的结构性权力看作是地区应对气候变化的"风向标"；具体围绕如"发展"与"排放"标准来分析发展中大国在"基础四国"协调机制中的歧见；认为全球气候变迁推动并形成了以"碳实力"为核心竞争力的国际格局，由于"创新型增长"战略有助于增强新兴大国的碳实力，守成大国与新兴大国间的博弈日益集中在"碳责任"与"碳实力"平衡上，从而使其构成新兴大国崛起的可持续动力；把 2008 年金融危机中的中国实力变化作为"G77 + 中国"机制变迁的核心变量等。[①]

　　虽然已有研究从不同角度对全球气候政治博弈进行了深入分析，具有一定的理论和现实意义，然而，对于新兴大国群体化这一国际关系现象的诠释或解释，却显得较为突兀，缺乏集中的论述和思考。全球气候政治中的新兴大国群体化，其表现及形成机制是什么？这种系统效应式的"乱象"与新兴大国的气候政治参与又有何联系？如何通过集体身份理论视角来理解/诠释新兴大国气候政治群体化？本文从集体身份理论角度出发，主要讨论新兴大国气候政治群体化及其形成机制，试图对上述问题做出回答。首先不妨对新兴大国和集体身份进行一个较为通则化的界定，并说明集体身份形成的一般机理，而后再将讨论放置于具体的叙事情境，以框定集体身份的"边界"，注重议题导向（Issue - oriented），从而尽可能系统地、动态地理解新兴大国气候政治群体化的构成性要素及其运行机制。

---

① Peter Newell, *Climate for Change: Non - state Actors and Global Politics of the Green-house*, Cambridge: Cambridge University Press, 2000, pp. 17 - 18；Jerry McBeath and Jonathan Rosenberg, *Comparative Environmental Politics*, Dordrecht: Springer, 2006, p. 144；严双伍、肖兰兰：《中国与 G77 在国际气候谈判中的分歧》，《现代国际关系》2010 年第 4 期，第 23—24 页；范菊华：《全球气候治理的地缘政治博弈》，《欧洲研究》2010 年第 6 期，第 11—13 页；高小升：《试论基础四国在后哥本哈根气候谈判中的立场和作用》，《当代亚太》2011 年第 2 期，第 89—93 页；于宏源：《试析全球气候变化谈判格局的新变化》，《现代国际关系》2012 年第 6 期，第 13 页；肖洋：《在碳时代中崛起：新兴大国赶超的可持续动力探析》，《太平洋学报》2012 年第 7 期，第 63—70 页；孙学峰、李银株：《中国与 77 国集团气候变化合作机制研究》，《国际政治研究》2013 年第 1 期，第 90—91 页。

二 概念辨析、理论基础与分析框架

目前对于界定新兴国家的标准和方法，学界尚未达成共识。一些国外研究聚焦国家权力的维度（Dimensions），尝试为新兴国家开列七大限定性因素，即地缘、人口、经济、资源、军事、外交和民族认同（National Identity），而传统理论认为只有大国（Great Powers）或超级大国（Superpowers）才可以还原这七大权力维度；[①] 国内新近的研究从经济、政治和历史这三重内涵来对"新兴国家"进行概念辨析和理论解读，从而区分出"最核心的""重要的"和"边缘的"新兴国家。[②] 事实上，这里所讨论的"新兴大国"，正如其英文语境中常用的"Emerging Powers"一词，它既是国际关系中的一个群体现象，又主要指涉国际政治中的地区性大国。[③] 这些国家人口众多，国土面积与市场规模都较大且经济持续增长，广泛参与到地区与全球事务中并发挥重大影响力。然而，目前所说的新兴大国，似乎与历史上以国际体系挑战者身份出现的强国存在较大差异：当前所谓的新兴大国并不必然反对现存的国际规范，且自身的早期发展与单向社会化进程紧密相关，以便为国际社会所接受，因而它面对的仍是西方主导的霸权体系，但当前新兴大国是否因此成

---

① Thomas Renard, *A BRIC in the World: Emerging Powers, Europe, and the Coming Order*, Brussels: Academia Press, 2009, pp. 24 – 25; Thomas Renard and Sven Biscop (eds.), *The European Union and Emerging Powers in the 21st Century: How Europe Can Shape a New Global Order*, Aldershot: Ashgate Publishing Company, 2012, Chapter 3.

② 认为"最核心的新兴国家"有中国、印度、巴西、南非和墨西哥；"重要的新兴国家"指埃及、土耳其、阿根廷、印度尼西亚、韩国和沙特阿拉伯；"边缘的新兴国家"包括巴基斯坦、菲律宾、孟加拉国、尼日利亚、越南和伊朗。详见周鑫宇《"新兴国家"研究相关概念辨析及其理论启示》，《国际论坛》2013 年第 2 期，第 69 页。

③ 现有研究对新兴国家与新兴大国较少做严格区分，二者常指代同一国家群体且不影响读者对该现象的理解，但本文倾向于使用"新兴大国"这一提法以分析具体的相关大国案例。

为已有规范的接受者，或者参与新规范的制定，还取决于具体的情境；能否构建一个新的世界秩序，当下的新兴大国群体内部也存在着不同的意见。① 一方面，当下的新兴大国之所以"新"，在于世界政治中的全球治理需求，尤其是具体的叙事情境为新兴大国可能的集体身份建构而创设相应的"时势"场域，如 2008 年的金融危机、气候变化等带有复合相互依赖的议题给这些国家提供了"用武之地"；另一方面，新兴大国之"兴"，也意味着这种不同于传统大国的群体身份仍然发端于西方主导之下的国际体系，不断发展并带有不确定性，且没有成长为体系外的挑战者。因此，本文以"金砖国家"与基础国家为例，即巴西、俄罗斯、印度、中国和南非。其中，BRICS 和 BASIC 之间成员国的差别仅在于俄罗斯的身份选择，尤以 2008 年金融危机和 2009 年哥本哈根谈判为重要的历史背景。尽管如此，这些国家能否归为新兴大国，仍存在争议，比如金砖四国时期（2001—2010 年）的俄罗斯，作为转型经济体，其新兴大国身份一度受到怀疑。② 较为肯定的观点以布热津斯基（Zbigniew Brzezinski）为代表，他认为，俄罗斯和中国的全球影响力都已大幅提升，印度也获得了大国地位，这些都可以算作新兴大国。③ 鉴于这五国参与全球治理的影响力显著，本文将 BRICS 五成员国视为当下的新兴大国，为分析其置身于气候政治叙事情境中的群体化而奠定观念基础。

集体身份这一概念主要来自社会学和社会心理学。在社会学中，集体身份是一种用于解释社会运动的有力分析工具，它不仅指涉系统进程中的行为体自身，如领导模式、意识形态和沟通方法，而且

① Pu Xiaoyu, "Socialisation as a Two – way Process: Emerging Powers and the Diffusion of International Norms", *The Chinese Journal of International Politics*, Vol. 5, No. 4, 2012, pp. 365 – 366.

② S. Neil Macfarlane, "The 'R' in BRICs: Is Russia an Emerging Power?" *International Affairs*, Vol. 82, No. 1, 2006, pp. 41 – 57.

③ Zbigniew Brzezinski, *Strategic Vision: America and the Crisis of Global Power*, New York: Basic Books, 2012, pp. 43 – 45.

强调该行为体还会被外界盟友和竞争者所塑造。① 从社会心理学上看，集体身份是行为体在心理上就某种特定社会集群的"对号入座"（Psychic References in Specific Social Constellations），如此一来，集体身份作为叙事网络而显现于进化进程中，该网络的发展路径取决于叙事结构。② 换言之，集体身份是一种社会建构，亦即从心理需求和动机上回答"我们是谁"的问题。这里需要指出的是，本文并不采取将集体身份先验给定或将新兴大国直接与之挂钩等同的做法，而仅将其视为形成中的、存在转换可能的一种认同（Identification）。③

在国际关系学领域，亚历山大·温特堪称讨论集体身份的典型开拓者，他认为，集体身份内生于系统层次，并且在这一内生过程中产生合作。④ 温特在1994年的论文《集体身份形成与国际国家》中，开始讨论国家间集体身份形成的因果机制，他区分出了三种不同机制，即结构情境（Structural Contexts）、系统进程（Systemic Processes）和战略实践（Strategic Practice），并讨论这些机制所分别

① Alberto Melucci, "The Process of Collective Identity", in Hank Johnston and Bert Klandermans（eds.）, *Social Movements and Culture*, Minneapolis：The University of Minnesota Press, 1995, pp. 44 – 45.

② Klaus Eder, "A Theory of Collective Identity：Making Sense of the Debate on A 'European Identity'", *European Journal of Social Theory*, Vol. 12, No. 4, 2009, pp. 431 – 432.

③ 在研究新兴大国时，以集体身份先验给定或搁置处理为前提可产生不少学术启迪。参见石斌《秩序转型、国际分配正义与新兴大国的历史责任》，《世界经济与政治》2010年第12期，第92页；韦宗友《新兴大国群体性崛起与全球治理改革》，《国际论坛》2011年第2期，第11—12页；花勇《论新兴大国集体身份及建构路径》，《国际论坛》2012年第5期，第50—51页；章前明《从国际合法性视角看新兴大国群体崛起对国际秩序转型的影响》，《浙江大学学报》（人文社会科学版）2012年第12期，第10—11页；Andrew F. Cooper and Agata Antkiewicz（eds.）, *Emerging Powers in Global Governance*, Canada：Wilfrid Laurier University Press, 2008；Parag Khanna, *The Second World：How Emerging Powers are Redefining Global Competition in the 21st Century*, New York：Random House, 2009；Thomas Renard, *A BRIC in the World：Emerging Powers, Europe, and the Coming Order*, pp. 24 – 29；Theotônio dos Santos, "Globalization, Emerging Powers, and the Future of Capitalism", *Latin American Perspectives*, Vol. 38, No. 2, 2011, pp. 45 – 57.

④ Alexander Wendt, "Anarchy is what States Make of it：The Social Construction of Power Politics", *International Organization*, Vol. 46, No. 2, 1992, p. 392.

包含的两个相关因素。① 在结构情境方面，地区或全球国际体系为集体身份形成提供了互动平台，新现实主义者重视的是结构的物质性，建构主义者则在为物质力留有空间的同时强调该结构的主体间性。在系统进程方面，第一个进程在于提升相互依存度，这至少有两种形式，如增强贸易和资本流动的互动"动态密度"，或"共同他者"（Common Others）的突现；第二个进程在于国内价值观的跨国趋同（突出表现在文化和政治领域，前者如全球消费主义的兴起，后者如民主制度、福利国家论和关注人权等）。在战略实践方面，包括行为（Behavioral）互动和言语（Rhetorical）交流。② 1999年，随着温特《国际政治的社会理论》一书的问世，其集体身份理论趋于成熟。他认为，集体身份是角色身份和类属身份的独特结合，把自我和他者的关系引向认同，使自我与他者之间的界限变得模糊并在交界处产生超越，由于其具有因果力量，诱使政治系统把他者的利益定义为自我利益的一部分，即"利他性"，如此一来，国家有望采取行动，克服集体行动难题（如全球气候治理）。③ 在利己身份给定的前提下，温特通过四个主变量即相互依存、共同命运、同质性以及自我约束来讨论集体身份的形成，其中，前三个变量是集体身份形成的主动或有效原因，第四个变量是辅助条件或许可原因（Enabling or Permissive Cause）。④ 然而，由于并未讨论这些主变量由什么因素来支撑，温特承认其集体身份理论仅是微观层次的。⑤ 即使就微观层次而言，这种基于符号互动论的"认同政治"也遭到了深刻怀疑，因为集体身份构成的环节中，尤其是认同的扩

---

① Alexander Wendt, "Collective Identity Formation and the International State", *American Political Science Review*, Vol. 88, No. 2, 1994, pp. 388 – 391.

② Ibid., pp. 389 – 390.

③ Alexander Wendt, *Social Theory of International Politics*, Cambridge: Cambridge University Press, 1999, p. 229.

④ Ibid., p. 343.

⑤ Ibid., pp. 364 – 366.

展和超越，缺失了某种可信的机制。① 具体说来，假如 A 国和 B 国之间形成集体身份为 AB，但 A 国与 B 国往往还需要寻求与第三方（C 国或 D 国）间的集体认同以达成下一阶段自我实现的进程目标，可能这时的 A 国倾向于和 C 国建构 AC，而 B 国却倾向于和 D 国建构 BD，那么原有的 AB 则可能面临压力甚至分化。也就是说，行为体的认同需求本身可能会以某种原有集体身份的削弱为代价，出现理论与经验的双重困惑。温特则以"认同的频率与分配"和"非线性动力特征——突现与停滞"来诠释这种"反常"的认知分歧，但仍与他所谓集体身份形成逻辑的微观基础背道而驰，即并没有合成、扩容为新的更大的集体身份 ABCD。② 事实上，这种认知分歧犹如自然界的裂变，并非罕见。

为满足分析与论证的需要，笔者借鉴已有研究，在前文所述的概念与理论基础上，提出一个初步的分析框架（如图 1 所示）。

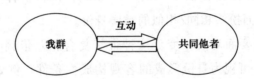

图 1　集体身份的形成机制

资料来源：笔者自制。

假设一：结构情境，即全球气候政治结构。全球气候政治系统结构下的互动，使新兴大国自群体/我群（in - group）与共同他者/

①　Brian Greenhill, "Recognition and Collective Identity Formation in International Politics", *European Journal of International Relations*, Vol. 14, No. 2, 2008, pp. 356 – 360.

②　Prasenjit Duara, "Historicizing National Identity, or Who Imagines What and When", in Geoff Eley and Roland Grigor Suny (eds.), *Becoming National: A Reader*, New York: Oxford University Press, 1996, p. 163; Alexander Wendt, *Social Theory of International Politics*, pp. 365 – 366.

他群（out - group）之间形成对垒。[①]

在集体身份建构—转换—扩容方面出现的温特所谓"非线性动力特征"，可以从复杂系统论当中获得有益启发。作为互动的复杂模式的结果，系统的行为不可能只按照其原子组成来解释，尽管事实上系统除了由其基本成分及其相互关联组成之外别无其他。气候政治系统的无政府状态，加上气候变化问题本身带有的自反性[②]和"吉登斯悖论"[③]色彩，导致整个系统的复杂性作为要素间的相互作用模式而涌现，这些无疑都增加了我们认识和参与全球气候治理的难度，但这并不等于说我们在面对复杂系统时束手无策。复杂系统是历史的，随着时间而演化，而且过去的行为会对现在产生影响，复杂系统的历史观可以削弱以集体身份为视角考察新兴大国群体化现象时可能面临的"不可知论"的影响。[④]

假设二：具体的议题导向。作为叙事情境的议题领域为互动双方身份的再造/强化提供了"时势"场域，使自群体/我群得以按"剧本"要求而扮演相同/相似的类属身份。

行为体需要面对气候变化这种带有复合相互依赖特征的议题，某种程度上，可视为身份形成的客观构成性条件。例如，"巴厘岛路线图"有关减缓、适应、资金和技术等相关议程，这些问题的导

---

① 有关自群体和共同他者的二元分类，参见 Alexander Wendt, *Social Theory of International Politics*, pp. 292 - 293, 322, 339 - 340, 355; Henri Tajfel *et al.*, "Social Categorization and Intergroup Behaviour", *European Journal of Social Psychology*, Vol. 1, No. 2, 1971, pp. 149 - 178.

② 气候政治的自反性，指气候政治既源于现代性的成就，又更责难于现代性自身的破坏性，这种自反性不仅表现在当前的社会批判与反思上，而且其目的或导向还在于指涉"未知未来"。参见严双伍、赵斌《自反性与气候政治：一种批判理论的诠释》，《青海社会科学》2013 年第 2 期，第 55—57 页。

③ "吉登斯悖论"，指的是气候变化风险令人恐惧，但在人们日常生活中似乎并不那么直接，因此多数人可能会袖手旁观，不会对此有任何实际的举动，直到危险来临之时再抱佛脚却来不及了。参见 Anthony Giddens, *The Politics of Climate Change*, Cambridge: Polity Press, 2009, p. 2.

④ ［南非］保罗·西利亚斯：《复杂性与后现代主义——理解复杂系统》，曾国屏译，上海科技教育出版社 2006 年版，第 5— 6 页。

向性基本框定了气候政治议题的边界，也从客观上决定了有关大国行为体间形成某种集体身份之"共同命运"/共同体感的可能性。

假设三：集体身份形成的主观构成性条件在于政治系统的自主性选择。

个案比较分析可以将新兴大国参与气候政治视为重要的干扰变量。我们不仅可以比较巴西、南非、印度和中国参与全球气候政治从而其群体化趋向以 BASIC 为主导的可能性，还可以将金砖国家的重要成员俄罗斯以位列不同的气候政治群体视作 BASIC 群体的某种"反例"思考，从而限定气候政治群体化的范围和理论界限，并尝试发现新的机制。

基于上述三个假设，下文将从"全球气候政治中的新兴大国群体""具体议题导向"和"新兴大国的气候政治参与"三个维度进行诠释。需要说明的是，本文的理论基础与分析框架的作用在于可以帮助我们在纷繁复杂的案例探究中理解事物。当然，其实某种理论至多不过是对于我们在经验中逐渐认识到的世界的总体感觉或大体描摹；政治研究必须致力于促进自己的目标实现的适用变量，研究用以鉴别这些变量的一系列逻辑上连贯的范畴，同时尝试用这些范畴来解释政治系统。[1]

三　全球气候政治中的新兴大国：群体化突现

全球气候政治的系统与进程，为新兴大国提供了时势场域和活动舞台。全球气候政治系统无异于一个复杂系统，其显著特征在于无政府状态下的全球公共物品供求，当前所形成的气候制度结构，

---

[1]　[美] 戴维·伊斯顿：《政治生活的系统分析》，王浦劬译，人民出版社 2012 年版，第 460 页。

对行为体缺乏有效的规约，全球气候政治格局则形成了目前的南北两极；全球气候政治进程中，新兴大国群体在其中逐步形成了"抱团打拼"之势，全球气候外交呈现出大国博弈与多边协调的特征。① 其中，新兴大国之于"G77 + 中国"、基础四国和金砖国家平台下的气候合作等，需要从历史比较中进行考察。

（一）"G77 + 中国"

G77（七十七国集团）成立至今已近半个世纪，比全球环境治理的历史还要悠久。作为发展中国家的联合，G77 被视为"集体的谈判武器"（Negotiating Arm of the Collective）。② 1972 年，首次联合国人类环境会议在瑞典的斯德哥尔摩召开，把每年 6 月 5 日定为"世界环境日"，开启了世界各国商讨人类环境问题之先河，这种谈判模式在当时的历史背景下有助于南方国家的联合，即使"G77 + 中国"群体内部有所分歧（如产油国与小岛国家之间），但仍能保持一定程度的稳定性。③ 同时，G77 旨在加大发展中国家成员参与全球治理时的国际影响力，凸显"弱国间想象共同体"身份（使发展中国家能够寄望于集体团结）。④ 然而，这些国家在面临气候政治难题时，往往表现出不同程度的脆弱性。一方面，深感自身实力和话语权不够强大，不足以对国际气候谈判的走向施加强有力影响；另一方面，担心一旦过多地卷入全球气候政治博弈或就共同应对气

---

① 有关全球气候外交的分析，参见马建英《全球气候外交的兴起》，《外交评论》2009 年第 6 期，第 30—45 页；甘钧先、余潇枫《全球气候外交论析》，《当代亚太》2010 年第 5 期，第 64—65 页。

② Adil Najam, "Developing Countries and Global Environmental Governance: From Contestation to Participation to Engagement", *Global Environmental Agreements*, Vol. 5, No. 3, 2005, p. 307; Marc Williams, "The Third World and Global Environmental Negotiations: Interests, Institutions, and Ideas", *Global Environmental Politics*, Vol. 5, No. 3, 2005, pp. 48 – 69.

③ Andrew Hurrell and Sandeep Sengupta, "Emerging Powers", *North – South Relations and Global Climate Politics*, p. 468.

④ Jon Barnett, "The Worst of Friends: OPEC and G – 77 in the Climate Regime", *Global Environmental Politics*, Vol. 8, No. 4, 2008, pp. 1 – 8.

候变化而深化合作，会削弱自身的国家主权和发展战略优先。① 尽管存在上述看似自相矛盾的顾虑，G77 成员国仍非常希望通过参与全球气候变化治理来增强民族国家的自身发展，包括减少贫困、发展经济等方面。这其中，自身发展显然包含了参与国际谈判和履行国际条约方面的能力建设，因此，G77 成员的发展诉求内嵌于诸如减缓和适应气候变化等相关机制当中。②

自气候变化谈判初启，"G77 + 中国"这一看似具有广泛代表性的发展中国家合作平台，其发展演变难免走向松动；除了 G77 成员的多样性和复杂性导致的利益纠结之外，中国在这一历史阶段的崛起进程，以及其他新兴大国群体突现（特别是 2008 年金融危机这一历史拐点的出现），使"G77 + 中国"逐渐走向了分化。③ 具体到全球气候政治互动中，尤其是气候变化谈判方面，由包括"G77 + 中国"在内的成员国广泛参与达成的《联合国气候变化框架公约》（UNFCCC），成了国际社会就应对全球气候变化而进行国际合作的一个基本框架。需要指出的是，在减排义务方面，有关附件一和非附件一国家的清晰归类，因其"公正性和社会考量"（Equity and Social Considerations）而一度被视作 UNFCCC 的最大功绩所在。④ 其中，提倡和坚持"共同但有区别的责任"，即让发达国家承担气候变化的历史责任，并使非附件一国家均免于减排义务，可以算作当

---

① Sjur Kasa et al. , "The Group of 77 in the International Climate Negotiations: Recent Developments and Future Directions", *International Environmental Agreements: Politics, Law and Economics*, Vol. 8, No. 2, 2008, p. 118.

② Marc Williams, "The Third World and Global Environmental Negotiations", p. 56; Antto Vihma et al. , "Negotiating Solidarity? The G77 Through the Prism of Climate Change Negotiations", *Global Change, Peace and Security*, Vol. 23, No. 3, 2011, p. 326.

③ Adil Najam, "The View from the South: Developing Countries in Global Environmental Politics", in Regina Axelrod et al. (eds.), *The Global Environment: Institutions, Law and Policy*, Washington, DC: Congressional Quarterly Press, 2004, p. 242; Radoslav S. Dimitrov, "Inside Copenhagen: The State of Climate Governance", *Global Environmental Politics*, Vol. 10, No. 2, 2010, p. 20.

④ Bert Bolin, *A History of the Science and Politics of Climate Change*, Cambridge: Cambridge University Press, 2007, pp. 94 – 95.

时 G77 和中国之间的一大共同语言及利益关切所在。[①] 然而，这也为此后气候政治的进一步群体化埋下了伏笔。1997 年，京都大会通过的《京都议定书》成为"G77 + 中国"的主要成就之一。该议定书明确规定，2008—2012 年，主要工业化国家（发达国家）的温室气体排放平均减少 5.2%（以 1990 年为基准年），并相应提出欧盟减排 8%、美国减排 7%、日本减排 6% 的明确指标。在 1998 年的阿根廷布宜诺斯艾利斯大会上，发展中国家群体初步分化为气候变化脆弱性较大而自身排放量极小的小岛屿国家联盟（AOSIS）、对通过清洁发展机制（CDM）获取外汇报以极高期望的国家（如墨西哥和巴西，以及最不发达的非洲国家）、反对承诺义务的能源消费大国如中国、印度（呼吁环境发展空间、强调共有资源的分配公平性等）和以 OPEC 为代表的石油输出国（担心减排会冲击其国内经济，压缩全球能源市场）等几类。在 2007 年的巴厘岛会议和 2009 年的哥本哈根大会上，"G77 + 中国"开始走向松动并进一步分化，尤其在哥本哈根大会上，围绕适应资金问题展开的争论，成为"G77 + 中国"维持团结的一大核心障碍，形成了"最不发达国家"与"主要经济体"之间的对立，这在一定程度上为美国等发达国家"乘虚而入"打开了机会之窗。[②] 基础四国这一群体的突现，正是由"G77 + 中国"运行机制通往新兴大国群体化复杂系统进程的一个重要标志。

（二）BASIC

如上所述，尽管"G77"一度强调集体身份和共性，但成员国

① Heike Schroeder, "The History of International Climate Change Politics: Three Decades of Progress, Process and Procrastination", in Maxwell Boykoff（ed.）, *The Politics of Climate Change: A Survey*, London: Routledge, 2010, pp. 26 – 41; Ulrich Beyerlin, "Bridging the North – South Divide in International Environmental Law", *Zeitschrift für ausländisches öffentliches Recht und Völkerrecht（ZaöRV）*, Vol. 66, 2006, pp. 259 – 296.

② Maša Kovic, "G77 + China: Least Developed Countries vs. Major Developing Economies", December 17, 2009, http://www.climaticoanalysis.org/post/g77china – least – developed – countries – vs – major – developing – economies/.

之间的分歧也逐渐凸显。巴西、南非、印度、中国等新兴大国由于
综合实力提高较快，因此在"G77 + 中国"范围内显得有些"超群
绝伦"，它们在经济增长率、国际地位等方面取得的进步令其余新
兴国家乃至广大发展中国家望尘莫及；发展方面的遥遥领先自然外
溢到了气候变化治理之全球责任领域，这四个国家的温室气体排放
大户形象亦相应凸显，只不过中国和印度主要是累积排放量剧增，
而巴西和南非则是人均排放量较高。①

　　除了成长为新兴大国的相似动因之外，BASIC 的形成还有赖于
"共同他者"的反馈（Feedbacks）②，促使基础四国"自群体"身份
得以建构。就缺乏美国参与的京都机制这一现实而论，以国际气候
政治领导者自居的欧盟，为努力推进和完善国际气候建制，率先与
新兴大国进行气候政治协调。2007 年，欧洲议会气候变化临时委员
会发布《与发展中国家进行气候变化谈判》的报告，该报告将巴
西、印度、中国和南非单列为"快速增长的发展中国家"，声称这
四个国家是重要的地区大国，认为它们作为主要的温室气体排放
者，若缺乏参与 UNFCCC 和京都机制的协商能力，可能削弱这些国
家的政府威望，因此，这些国家需要加强与欧盟间的多边气候政治
互动。③ 2005—2007 年，欧洲委员会还资助名为"BASIC 项目"的
应用研究，由来自基础四国的专家共同组成，这是首次公开地将巴

① Leslie Elliott Armijo, "The BRICs Countries (Brazil, Russia, India, and China) as An-alytic Category: Mirage or Insight?", *Asian Perspective*, Vol. 31, No. 4, 2007, pp. 7 – 42; Karl Hallding et al. , *Together Alone: BASIC Countries and the Climate Change Conundrum*, Copenhag-en: Nordic Council Publication, 2011, pp. 34 – 36.

② 这里借鉴了系统控制论中对反馈的界定，即将系统的输出返回到输入端并以某种方式改变输入，进而影响系统功能的过程，反馈因此也可以分为负反馈和正反馈。运用到社会科学中，从反馈评价来看，负反馈为消极反馈，正反馈为积极反馈。对于一个群体的形成，反馈是外部动因起作用的过程，因而十分重要。参见 Alistair Mees, *Dynamics of Feedback Systems*, New York: John Wiley, 1981, p. 69.

③ Joyeeta Gupta, "Engaging Developing Countries in Climate Change Negotiations", Study for the European Parliament's Temporary Committee on Climate Change (CLIM), March 2008, pp. 4 – 5, http: //www. europarl. europa. eu/RegData/etudes/note/join/2008/401007/IPOL – CLIM_ NT (2008) 401007_ EN. pdf.

西、南非、印度和中国指涉为一个共同群体即"BASIC"，该项目旨在"支持这四个主要发展中国家的制度能力建设……以及明确符合它们当前和长远利益的气候变化应对策略"①。在 2007 年的巴厘岛会议上，为抵制美国、加拿大和其他发达国家对发展中国家强制减排的要求，基础四国在欧盟的支持下将美国孤立成了达成最终协议的最后障碍（美国迫于压力逐渐与 BASIC 就国家适当减排行动等方面达成共识），这场博弈实际上使 BASIC 在原 G77 阵营中"脱颖而出"。

2009 年，基础四国更加积极地参与哥本哈根谈判，与美国就自愿减排达成了充满争议的《哥本哈根协议》，该协议远非其他多数谈判参与者所希望的强制减排协议。同时，尽管基础四国曾努力守住底线，即保持自身作为 G77 阵营的一部分，其他国家尤其是发达国家却倾向于在谈判中将基础四国视为单一的整体。② 哥本哈根会议之后的 BASIC，"并不仅仅是一个谈判协调平台，还是一个为减排与适应行动提供合作的平台，包括信息交流、气候科学与气候相关技术的协作"③。而且，与发达国家要求发展中国家强制减排而引发谈判僵局的情形恰成反差，基础四国在考量自身的利益和协调后，将《哥本哈根协议》可操作化于自愿减排承诺，这一切使基础四国显得更为主动和雄心勃勃。④ 不仅如此，基础四国还频繁活动于

① Farhana Yamin, "Strengthening the Capacity of Developing Countries to Prepare for and Participate in Negotiations on Future Actions under the UNFCCC and its Kyoto Protocol", BASIC Project Final Report, September 2007, p. 4, http：//www. basic - project. net/data/final/BAS-IC% 20Final% 20Report% 20September% 2020071. pdf.

② Kathryn Ann Hochstetler, "The G - 77, BASIC, and Global Climate Governance：A New Era in Multilateral Environmental Negotiations", p. 57.

③ "Joint Statement Issued at the Conclusion of the Second Meeting of Ministers of BASIC Group, New Delhi", January 27, 2010, http：//www. hindu. com/nic/2010draft. htm.

④ Sivan Kartha and Peter Erickson, "Comparison of Annex 1 and non - Annex 1 pledges under the Cancun Agreements", http：//www. oxfam. org. nz/resources/onlinereports/SEI - Comparison - of - pledges - Jun2011. pdf.

"G8 + 5""G20"和主要经济体能源与气候变化论坛（MEFEC），并在这些非联合国层次的次级谈判会议上广泛讨论气候问题。基础四国作为地区大国，即使不能较快推动全球气候治理的积极议程，也往往能在全球谈判与决策上施加较大影响。[①] 鉴于此，基础四国的处境显得有些"孤独"：一方面，在原有的 G77 等发展中国家阵营中难免被孤立，被认为不再适宜于享有"共同但有区别的责任"中的特殊关照，与美国之间的哥本哈根协议也似成了"犯众怒"之举，阻碍了有力合作的实现；另一方面，追溯到 2001 年美国退出京都机制，中国和印度等新兴大国竟成了替罪羊——"因为中印两国总拿美国累积排放量来说事，并且合力向美国施压"[②]。哥本哈根气候政治进程中的经验教训，使 BASIC 在随后的 2010 坎昆大会中采取了更为建设性的立场。除了与其他发展中国家如非洲国家群体和 G77 等进行更为广泛的协商之外，BASIC 在其诸多核心利益关切上显得更为灵活，以包含更加广大的发展中国家的诉求，具体表现为：确保发达国家给予发展中国家资金支持和技术转移，共同坚持"社会与经济发展乃至消除贫困是发展中国家的第一要务"；通过"BASIC + "（BASIC Plus）的形式，接受观察员国家参加 BASIC 会议，以使 BASIC 保持开放和包容性，这种形式也在后来的国际气候

---

① Alan S. Alexandroff and John Kirton, "The 'Great Recession' and the Emergence of the G – 20 Leaders' Summit", in Alan S. Alexandroff and Andrew F. Cooper (eds.), *Rising States, Rising Institutions: Challenges for Global Governance*, Washington DC: Brookings Institution Press, 2010, p. 194; David Scott, "China and the 'Responsibilities' of a 'Responsible' Power – the Uncertainties of Appropriate Power Rise Language", *Asia – Pacific Review*, Vol. 17, No. 1, 2010, pp. 72 – 96.

② Christian Brütsch and Mihaela Papa, "Deconstructing the BRICs: Bargaining Coalition, Imagined Community or Geopolitical Fad?" CRP Working Paper Series, No. 5, October 2012, p. 20, http://www.polis.cam.ac.uk/crp/research/workingpapers/pdf/CRP_ Working_ Paper_ 5_ Brutsch_ and_ Papa. pdf.

政治进程中得以延续。① 当然，BASIC 内部乃至与他者之间的这些的广泛协调、合作等努力，也一度因"缺少实质内核"遭受质疑，即在 UNFCCC 下的各种具体议题中缺乏进展，如国际气候监察——"三可"核查（MRV）/国际咨询和分析（ICA）、技术转移、知识产权和市场机制等，坎昆会议也暴露了基础四国内部在这些方面的分歧。②

不过，基础四国仍一致坚持认为自身的人均温室气体排放量远低于发达国家，因而它们对于全球减排的贡献必须遵循自愿原则，且促进经济发展的优先性不能受阻。③ 在南非德班会议上，新兴大国与传统工业化国家就寻求对京都机制的某种更新替换进行了积极商讨。在 2012 年的多哈会议上，通过"多哈气候关口"这一平衡成果，将《京都议定书》第二承诺期和议定书后续修正案的决定作为关键要素。基础四国呼吁发达国家缔约方尽快批准修正案，以确保法律上的确定性，并强调《京都议定书》依然是国际气候制度的关键组成部分和行动力度的根基；基础四国还强调彼此间团结的重要性，并重申四国将致力于加强"G77 + 中国"，继续推进南南合作。④

（三）BRICS 平台下的气候合作

基础四国在深化气候合作的同时，也使得原有的金砖国家平台在应对气候变化这一"新"问题时面临议程的复杂化。考虑到

---

① "Joint Statement Issued at the Conclusion of the Fourth Meeting of Ministers of the BASIC Group," Rio de Janeiro, 25 – 26 July 2010, http: //www. moef. nic. in/downloads/public – information/Joint – Statement – Rio. pdf; Chee Yoke Ling, "BASIC Ministers on Durban Expectation, Caution Against Unilateralism", Third World Network (TWN) info Service on Climate Change, 29 August 2011, http: //www. twnside. org. sg/title2/climate/info. service/2011/climate20110801. html.

② Karl Hallding et al. , *Together Alone: BASIC Countries and the Climate Change Conundrum*, Nordic Couneil of Ministers, Copenhagen. Tenma Nord, 2011, pp. 96 – 98.

③ Anthony Giddens, *The Politics of Climate Change*, Polity Press, 2011, p. 221.

④ "第十四次'基础四国'气候变化部长级会议联合声明"，印度金奈，2013 年 2 月 16 日，http: //www. ccchina. gov. cn/archiver/ccchinacn/UpFile/Files/Default/2013022210341 4654944. pdf。

BRICS 的历史起源，我们深感其五个成员国间的差异性，具体到气候政治议题，俄罗斯与中国、印度、巴西、南非这四国之间历来分歧极大。例如，2011 年的南非德班会议，此次峰会成了新兴大国联合一致的主要试验场。会议前夕，基础四国原本希望增强 BASIC 自身乃至 BRICS 即金砖国家平台下的气候合作，并重申群体内聚力，然而俄罗斯仍坚持其传统立场，坚持与日本和加拿大等伞形国家一道，反对延续《京都议定书》的后续承诺期，并要求基础四国等新兴经济体国家接受有约束力的量化减排指标。[①] 从现象上看，不同于基础四国的协调立场，俄罗斯位列伞形国家群体，由 BRICS 到 BASIC，之间其实存在着金融危机和气候变化这两个叙事情境的转换。进而，金砖国家间在气候政治情境中的利益分歧明显，彼此间的气候变化脆弱性也极为不同（如表1所示）。同时，这五个新兴大国又都是温室气体的主要排放国。尽管它们在气候变化谈判中的立场有所不同（基础四国 vs. 俄罗斯），但应对这种风险并转向低碳经济之路，使气候变化不至于成为其各自发展的巨大障碍，如清洁能源开发和投资方面的气候合作，仍成为金砖国家的共识。[②] 当然，就如何开展金砖国家间的气候合作，各国仍表达出了不同的意愿，可见，金砖国家似乎难以在气候变化谈判中形成联合阵营。

表1 气候变化脆弱性：（BRICS vs. BASIC）

巴西	降雨模式的转变对农业生产的负面影响；东北部荒漠化的增加；火灾引起的森林毁坏；土壤侵蚀和洪涝；热带稀树草原的生物多样性面临威胁	中度/高度风险
南非	水资源危机的加剧；粮食安全受威胁；火灾与虫害的增加；霍乱、疟疾与其他传染疾病的增加；地方生物多样性受威胁；1/3 的人口遭受气候变化的负面影响	高度风险

① Christian Brütsch & Mihaele Papa, "Deconstructing the BRICS: Bargaining Coalition, Imagined Community or Geopolitical Fad?" *The Chinese Journal of International Politics*, Vol. 6, No. 3, 2013, p. 321.

② Ibid., pp. 299 – 327.

续表

印度	平均气温升高4℃；大量的人口贫困，人的身体健康、农业生产受气候变化影响；水资源危机、粮食安全、洪涝与干旱；政府应对气候变化的能力有限，气候变化亦可能冲击整个南亚地区	极度风险
中国	北方严重的水资源危机，淡水资源供应的紧张还可能影响到粮食安全，导致主要农作物减产；土壤的荒漠化、南方地区的特大暴雨和洪涝；平均气温升高1℃，且中国的平均气温还可能继续攀升	高度风险
俄罗斯	干旱、洪涝、森林火灾的发生率增加；永久冻土的退化和生态平衡的破坏；传染与寄生疾病的增加；某些农业生产条件的改善	中度风险

注：极度风险（Extreme Risk）、高度风险（High Risk）、中度风险（Medium Risk）。

资料来源：Econ Pöyry, "BRIC, BASIC and Climate Change Politics: Status, Dynamics and Scenarios for 2025", *Econ Report Commissioned by the Norwegian Ministry of the Environment*, Oslo and Stavanger: Pöyry Management Consulting (Norway) AS, 2010, p. 15; Econ Pöyry, "BASIC: Crucial for the Global Environment", 2011, p. 26.

    事实上，BRICS 机制为新兴大国崛起和转型提供了一个平台，但要想在气候外交中收到同步效果，还需要身份的转换。然而，从当前的国际气候政治结构来看，现有的全球气候机制复合体（Regime Complex）较为松散，对参与气候政治的行为体缺乏强有力的约束。[1] 除非以下情况发生：气候变化问题对行为体造成更加严重的冲击、新兴大国在全球环境谈判中面临贸易制裁等更大的压力、

---

① Kirsten H. Engel and Scott R. Saleska, "Subglobal Regulation of the Global Commons: The Case of Climate Change", *Ecology Law Quarterly*, No. 32, 2005, pp. 183 – 233; Barry Rabe, "Beyond Kyoto: Climate Change Policy in Multilevel Governance Systems", *Governance*, Vol. 20, No. 3, 2007, pp. 423 – 444; Robert O. Keohane and David G. Victor, "The Regime Complex for Climate Change", *Perspectives on Politics*, Vol. 9, No. 1, 2011, pp. 7 – 23; Joanna Depledge and Farhana Yamin, "The Global Climate – change Regime: A Defence", in Dieter Helm and Cameron Hepburn, (eds.), *The Economics and Politics of Climate Change*, Oxford: Oxford University Press, 2011, pp. 433 – 453.

发达国家对发展中国家资金支持和技术转移的力度加大等，BRICS 平台下的气候合作，方可能扩大和推进。①

（四）小结

全球气候政治互动的系统进程，从宏观上看来，主要是以联合国政府间气候变化会议为平台的谈判互动。在历届谈判中，博弈各方分歧甚大，利益交错，互动形式复杂多变。这其中较为明晰的主线是发达国家与发展中国家阵营之间的矛盾分歧，从而形成两大谈判阵营的对立，而这两大阵营内部亦存在分歧，使气候政治群体化与碎片化（Fragmentation）现象共存。② 新兴大国群体化突现（Grouping Emergence）③，从"G77 + 中国"到 BASIC 再到 BRICS 平台下的气候合作，逐步形成了"抱团打拼"的态势，且相对集中于基础四国这一自群体身份认同。

四 气候政治的具体议题导向

有关全球气候政治中的具体议题导向，因其与国际关系行为体，如民族国家的国内政治因素相互交织，讨论单个议题的复杂性可能不亚于讨论全球气候政治系统本身。我们无法穷尽，也没有必要罗列所有的事实细节，而仅关注气候政治中的核心问题，新兴大国气

---

① Huifang Tian et al. , "Trade Sanctions, Financial Transfers and BRIC's Participation in Global Climate Change Negotiations", *CESIFO Working Paper*, No. 2698, July 2009, http：// papers. ssrn. com/sol3/papers. cfm？ abstract_ id = 1433670.

② 赵斌：《全球气候政治中的美欧分歧及其动因分析》，《华中科技大学学报》（社会科学版）2013 年第 4 期，第 85 页。

③ 本文以"突现"（Emergence）一词诠释群体化，借鉴的是复杂系统论对系统属性的描述，意指群体化的复杂性是以新兴大国与其他国际行为体，乃至新兴大国间在系统中的相互作用模式结果而突现（参见［南非］保罗·西利亚斯《复杂性与后现代主义——理解复杂系统》，第 146 页；Robert Jervis, *System Effects*: *Complexity in Political and Social Life*, New Jersey: Princeton University Press, 1997, pp. 12 – 17）。"突现"一词的译法，参考的是该书中文版（参见［美］罗伯特·杰维斯《系统效应：政治与社会生活中的复杂性》，李少军、杨少华、官志雄译，上海人民出版社 2008 年版，第 9 页）。

候政治群体化显然也是围绕这些核心问题而建构的。2007 年的印度尼西亚巴厘岛大会，尽管反映出气候政治发展缓慢，成效不大，但该会议确立了全球气候政治中的核心议程，即在"巴厘岛路线图"中敲定的"减缓、适应、资金和技术"为重中之重。下面我们就这四个方面对有关新兴大国的"共同愿景"作简要铺陈，以对上文的新兴大国群体化（尤其是 BASIC）和下文将要进行的个案比较起到承上启下的作用。

（1）减缓：对于新兴大国而言，在可持续发展的情况下，并在得到技术、资金和能力建设的支持和扶持下，以可测量、可报告和可核实（MRV）的方式进行适当的国家减缓行动。这其中关注的一个优先问题是包括美国在内的所有发达国家，承担量化的减排目标。

（2）适应：UNFCCC 起初的重点在于减缓，但人们已逐渐意识到适应也是应对气候变化风险的重要内容。联合国政府间气候变化专门委员会（IPCC）在 2007 年第四次评估报告（AR4）中明确指出，累积的历史排放量"注定"让地球升温，因而如何适应气候变化以及如何加强适应能力建设的讨论趋势增强。有关适应的立场，新兴大国提出了如下要求：考虑国际气候公平和正义（发达国家的排放历史责任）、发达国家须遵照公约履行责任（为发展中国家提供资金、技术和能力建设扶持）、资金方面须支付气候变化的额外费用（现有海外发展援助不变且不应对援助增设新条件）、资金机制应透明化（各缔约方代表应公平平衡地考虑资金运行）、通过 UNFCCC 提供资金支持（而非以其他未整合的公约外分散努力来实现）和在 UNFCCC 下建立新的制度安排（如适应委员会等）。①

（3）资金：要求促进发展中国家获得充分的、可预测的和可持

---

① 艾玛·丽莎等：《适应气候变化：发展中国家发展的新挑战》，载联合国开发计划署环境与能源集团《巴厘岛路线图：谈判中的关键问题》，2008 年 10 月，第 126 页，http：//www.undpcc.org/docs/Bali% 20Road% 20Map/Chinese/UNDP _ Bali% 20Road% 20Map_ Key% 20Issues% 20Under% 20Negotiation_ CH_ 1. pdf。

续的资金资源，以及为发展中国家提供新的和额外的资金；采取积极的激励办法促进发展中国家缔约方加强实施国家减缓战略和适应行动；通过创新的资助方式，帮助对气候变化不利影响特别脆弱的发展中国家缔约方支付适应成本；以可持续发展政策为基础，为适应行动的实施提供激励；调动公共和私营部门的资金和投资，为发展中国家评估适应成本方面的能力建设提供资金和技术支持。①

（4）技术：主要表现在清洁发展机制，这方面的许多项目实际上已经在新兴大国（巴西、印度和中国）实施。巴西、南非、印度和中国一致要求建立某种基于 UNFCCC 下的技术机制，该机制由执行机构和多边气候技术资金组成，且资金来源须由发达国家提供。②

五　新兴大国的气候政治参与

全球气候政治中，"G77 + 中国"、基础四国和金砖国家平台下的气候合作，新兴大国群体化进程以基础四国为主导，有关"减缓、适应、资金和技术"等具体议题导向，限定了这些国家在气候政治中的行动空间。身份的选择和是否"抱团打拼"，很大程度上还受到这些国家内生动因的影响。换言之，主要新兴大国对于气候政治的参与，本身就是不容忽视的重要因素。

（一）巴西

巴西的气候政策立场从一开始就与"G77 + 中国"保持很大程度上的一致，即减缓气候变化的责任应由发达国家承担，发展中国家的首要任务仍是消除贫困，且减缓与适应气候变化还需要来自发达国家的资金和技术支持。与其他新兴大国相比，除了经济增长快

---

① 艾瑞克·海特斯：《发展中国家应对气候变化所需额外投资与资金流的谈判》，载联合国计划署环境与能源集团《巴厘岛路线图：谈判中的关键问题》，第 153 页。

② Xinran Qi, "The Rise of BASIC in UN Climate Change Negotiations", *South African Journal of International Affairs*, Vol. 18, No. 3, 2011, p. 304.

速这一共同点之外，巴西不同于中国和印度等国依赖燃煤发电维持能源消耗，而是主要通过可再生能源如水力发电和生物质能。巴西国土的 60% 为亚马孙热带雨林所覆盖，这种得天独厚的森林资源特点为将主要温室气体二氧化碳转化为氧气提供了至关重要的环境基础。[①]

巴西政府在多边国际气候谈判中一直扮演着主要角色，其在谈判过程中的立场和利益由发展顾虑、意识形态和安全考量等因素所塑造，这些因素又往往与巴西的能源增长、经济发展、亚马孙地缘以及第三世界民族主义等密切相关。[②] 因此，巴西在国际气候政治中的立场与利益诉求在于：与其他主要发展中国家一样，关注应当由谁来减排，量化标准和时间框架又如何；有效的全球气候治理机制建构；为向发展中国家提供必要的技术与资金支持，不得不对发达国家做出一定让步；森林采伐和土地使用构成目前巴西主要的温室气体排放来源；巴西政府还尤其关心亚马孙地区日益增长的国外干预，认为这会对其领土和资源控制构成威胁。如此一来，我们不难理解巴西历史上所形成的环境谈判上的保守立场，在 20 世纪 60 年代中期至 80 年代中期的军政府时期，巴西的官方环保立场是"不能妨碍快速经济发展目标的实现"[③]。依附论有关"边缘国家—中心国家"间"依附—被依附"关系的思想此时也影响到巴西的外交战略，从而使巴西强调物质权力和外交实用主义。[④] 及至后冷战时期，军事独裁的终结与环境关切的复苏同步，全球议程推动了巴

---

① Michael Goulding et al. （eds.）, *The Smithsonian Atlas of the Amazon*, Washington, DC: Smithsonian Institution Press, 2003, pp. 99 – 120.

② Ken Johnson, "Brazil and the Politics of the Climate Change Negotiations", *Journal of Environment and Development*, Vol. 10, No. 2, 2001, p. 178.

③ Sjur Kasa, "Brazil and Climate Change", in Gunnar Fermann （ed.）, *International Politics of Climate Change: Key Issues and Critical Actors*, Oslo: Scandinavian University Press, 1997, pp. 235 – 244.

④ Andrew Hurrell, "Brazil: What Kind of Rising State in What Kind of Institutional Order?" in Alan S. Alexandroff and Andrew Cooper （eds.）, *Rising States*, *Rising Institutions: Challenges for Global Governance*, p. 131.

西国内有关如何参与国际谈判的认知转变。巴西传统僵化的环境观为更具包容性的政治系统所削弱，决策者们更为关注次国家与国际行为体对环境政策的影响。① 然而，由于仍担心外部势力介入亚马孙地区，传统外交观念对建构与制度化巴西外交政策目标的影响仍然根深蒂固。因此，在国内利益相关者之间具有某种共识性的气候政治定位，"着眼于 UNFCCC 下的巴西承诺"（如清洁发展机制何以既反映巴西政府在国际环境谈判中的主导性又兼顾国内关切），成为包括环境部门在内的其他部门在决策进程中面临的一大难题。②

对于在森林资源丰富的国家建立"避免滥伐森林"的国际机制，巴西政府一贯持抵制态度，因为这种安排往往为附件一国家③的碳信用额或排放权提供了便利。④ 相反，其他拥有丰富森林资源的国家，如美国、加拿大、俄罗斯和澳大利亚，以及巴西的近邻阿根廷、智利、哥伦比亚、哥斯达黎加、墨西哥和秘鲁等国，则希望将"避免滥伐森林"纳入清洁发展机制。⑤ 尽管巴西对待森林采伐的态度自 2006 年以来似有所松动，但其仍在国际气候谈判中反对有关森林碳市场的讨论，这种"僵化"立场一直延续到了 2009 年哥

---

① Luiz Barbosa, *The Brazilian Amazon Rainforest*: *Global Ecopolitics*, *Development and Democracy*, New York: University Press of America, 2000, pp. 17 – 27.

② Lars Friberg, "Varieties of Carbon Governance: The Clean Development Mechanism in Brazil – A Success Story Challenged", *The Journal of Environment and Development*, Vol. 18, No. 4, 2009, p. 399.

③ 即 UNFCCC 附件一国家，包括经合组织中的所有发达国家和转型经济体国家。参见 UNFCCC, "Parties & Observers", http: //unfccc. int/parties_ and_ observers/items/2704. php.

④ Martin Person and Christian Azar, "Brazil Beyond Kyoto: Prospects and Problems in Handling Tropical Deforestation in a Second Commitment Period", *Report Prepared for the Swedish Environmental Protection Agency*, Stockholm, Sweden, March 2004, Part iii; Leo Peskett, D. Brown and Cecilia Luttrell, *Can Payments for Avoided Deforestation to Tackle Climate Change also Benefit the Poor? Forestry Briefing* 12, London: Overseas Development Institute, November 2006.

⑤ Marco A. Vieira, "Brazilian Foreign Policy in the Context of Global Climate Norms", *Foreign Policy Analysis*, July 10 , 2012, p. 7.

本哈根大会时期。① 2009 年，巴西终于顶住了来自外交和科技等部门的压力，决定根据国际气候治理惯例和京都机制考虑自身的自愿减排，并承诺减排 36%—39%（以 2005 年为基准年）。当然这种非约束性指标并不同于欧盟、日本、韩国、瑞士和挪威等国的承诺。在随后的坎昆、德班、多哈会议上，巴西的气候政治立场保持了连续性，即始终将 BASIC 联盟视作自身身份定位的优先考虑，巴西的主要目标在于确保 2012 年后京都机制的延续，即到 2020 年仍由附件一国家实施减排义务。例如，在 2011 年的南非德班会议上，巴西意在弥合主要博弈方之间的分歧，拉近欧盟和 BASIC 成员国间的距离，希望自群体内的中国、印度及发达国家阵营中的美国的气候政策更具弹性。② 2012 年的多哈会议尽管收效甚微，但巴西仍坚持这种积极的立场。

（二）俄罗斯

自 1992 年 UNFCCC 通过并于 1994 年生效以来，俄罗斯一直将其身份定位为工业化国家，担心强有力的国际参与将会对其能源出口造成冲击。③ 同时，俄罗斯认为需要更多的科学研究支撑方能验证"全球变暖"这一充满争议的命题，甚至不少俄罗斯科学家相信，气候变化尤其是气温升高对俄罗斯的环境将可能带来积极影响；俄罗斯公众舆论认为，气候变化并非严重的环境问题，2009 年盖洛普公司的调查研究显示，相当多的俄罗斯人并不把气候变化视

---

① Kathryn Hochsteller and Eduardo Viola, "Brazil and the Multiscalar Politics of Climate Change", *Paper Presented at the 2011 Colorado Conference on Earth Systems Governance*, Fort Collins, Colorado: Colorado State University, May 17 – 20 , 2011, p. 12.

② Eduardo Viola, "Brazilian Climate Policy since 2005: Continuity, Change and Prospective", *CEPS Working Document*, No. 373, February , 2013, p. 6.

③ Anna Korpoo et al. (eds.), *Russia and the Kyoto Protocol: Opportunities and Challenges*, London: The Royal Institute for International Affairs, 2006, p. 7.

为重要的难题，也不赞同将纳税人的钱投入到减缓气候变化上。[①]

俄罗斯对气候变化谈判态度的转变最早可追溯至 1997 年，它将排放贸易视为重回国际气候谈判并帮助其走出经济低迷的重要途径。俄罗斯自苏联解体以来碳排放相对下降，也使其在达成碳排放额的气候协议上具有不小的谈判资本。[②] 出于外交战略和国际形象等多重考虑，如考虑到以欧盟准许俄罗斯加入 WTO 为交换条件和与其他金砖国家（中国、印度和巴西）横向对比的国际压力等，俄罗斯于 2004 年批准《京都议定书》，从而极大地削弱了其所在的伞形国家群体，俄罗斯作为 UNFCCC 框架中的一个行为体，其角色相比 1994 年更显得至关重要（有望重塑全球气候政治多边互动框架）。[③] 同时，也正是由于俄罗斯自身丰富的自然资源禀赋，以及在碳排放额度交易等方面的优势，俄罗斯这个气候变化的"部分受益者"（如表 1 所示）还主张发展中国家承担减排义务，其在这方面的强势主张相比欧盟有过之而无不及。2005 年，即俄罗斯批准《京都议定书》的次年，俄罗斯就提出公开讨论发展中国家自愿减排承诺的问题，引起广泛争议，该主张在 2007 年的巴厘岛会议中遭到"G77 + 中国"的强烈反对。而且，俄罗斯领导人还多次抱怨京都机制未能将俄罗斯森林资源保护及其已有的碳汇能力考虑在内，相

---

① Arild Moe and Kristian Tangen, *The Kyoto Mechanisms and Russian Climate Politics*, London: The Royal Institute for International Affairs, 2000, p. 12; Anita Pugliese and Julie Ray, "Top - Emitting Countries Differ on Climate Change Threat", December 7, 2009, http://www.gallup.com/poll/124595/top - emitting - countries - differ - climate - change - threat.aspx.

② D. Dudek et al., "Economics of the Kyoto Protocol for Russia", *Climate Policy*, Vol. 4, No. 2, 2004, p. 132.

③ Michael Grubb, "Kyoto and the Future of International Climate Change Responses: From Here to Where?" *International Review for Environmental Strategies*, Vol. 5, No. 1, 2004, pp. 1 - 24; Barbara Buchner and Silvia Dall'Olio, "Russia and the Kyoto Protocol: The Long Road to Ratification", *Transition Studies Review*, Vol. 12, No. 2, 2005, pp. 349 - 382; Anders Aslund, "Kyoto Could Be Russia's Ticket to Europe: WTO Negotiations", *The International Herald Tribune*, 6 April, 2006; Laura A. Henry and Lisa McIntosh Sundstrom, "Russia and the Kyoto Protocol: Seeking an Alignment of Interests and Image", *Global Environmental Politics*, Vol. 7, No. 4, 2007, pp. 47 - 66; 赵斌：《大国国际形象与气候政治参与：一项研究议程》，《天津行政学院学报》2013 年第 4 期，第 55 页。

反，那些曾经毁林的发展中国家通过再植树造林而得到的待遇却更好。①

2009 年哥本哈根大会时期，俄罗斯政府承诺到 2020 年实现减排 25%（以 1990 年为基准年），而当后来谈判失败则将承诺降低为减排 10%—15%。② 随后在 2010 年坎昆会议、2011 年德班会议以及 2012 年的多哈会议上，俄罗斯更是拒绝在京都机制第二承诺期承担任何量化减排义务，并且将批评的矛头直指中美等其他主要温室气体排放者，声称国际气候变化机制的建构需要"全面的、整合的"协定，"以涵盖所有国家，包括发达国家和发展中国家，特别是主要温室气体排放者"③。需要指出的是，俄罗斯官方仍支持主要发展中国家的需求，即反映一国特定的经济实际，为之提供相应的资金和技术支持。这一点与其他金砖国家/基础四国的利益关切不谋而合，俄罗斯也不希望气候机制具有强制约束力，而主张激励相关国家的减缓或适应政策。换言之，俄罗斯比较欢迎一个富有弹性的气候政治机制或制度，使得全球气候政治的各个参与者都能在履约时进行相应的灵活调整（如自身的承诺等），而不是当前广为熟

① Stavros Afionis and Ioannis Chatzopoulos, "Russia's Role in UNFCCC Negotiations since the Exit of the United States in 2001", *International Environmental Agreements: Politics, Law and Economics*, Vol. 10, Issue 1, 2010, pp. 45 – 53; Elena Lioubimtseva, "Russia's Role in the Post – 2012 Climate Change Policy: Key Contradictions And Uncertainties", *Forum on Public Policy: The Journal of the Oxford Round Table*, Vol. 10, No. 3, 2010, p. 9.

② "Russia Sets Conditions for Considering Emission Cut", *RIA Novosti*, December 10, 2009, http: //en. rian. ru/Environment/20091210/157188874. html; "Medvedev Calls for Green Overhaul of Russian Economy", *RIA Novosti*, February 18, 2010, http: //en. rian. ru/Environment/20100218/157930576. html.

③ Alexander Bedritskiy, "Statement of the Advisor to the President of the Russian Federation", *Special Representative of the President of the Russian Federation on Climate Change*, Doha, December 2012, http: //unfccc. int/resource/docs/cop18_ cmp8_ hl_ statements/Statement% 20by% 20Russia% 20（COP% 20）. pdf.

知且生硬死板的"法律约束力"（Legally Binding）。[1]

（三）印度

印度的气候政治大致经历了由"发展优先顾虑"向"渐进现实主义"再到"渐进国际主义"的转变。[2] 在五个新兴大国中，印度的气候变化脆弱性居首，这意味着有效的国际气候协议与该国利益存在紧密相关性。不过，即使面临气候变化的"极度风险"（如表1所示），印度在全球气候政治进程中仍长期坚持其所谓传统意识和多边立场。历史上，印度常以第三世界国家为身份定位，作为不结盟运动的创始国，不断呼吁发展中国家团结，旨在于国际谈判中谋取发展中国家权益；印度将 UNFCCC 的"共同但有区别的责任"这一国际规范内化为多边谈判战略中的核心信条，以此认定发达国家须在应对气候变化上承担主要责任；作为人口大国，印度将人均排放原则作为参与气候政治的目标，同时强调不承诺量化减排、发达国家须向发展中国家提供资金和技术支持等。[3]

印度气候政治立场的首次转变体现在 2007 年德国的世界经济论坛中。在这次论坛上，印度总理曼莫汉·辛格（Manmohan Singh）宣称，印度的人均排放量不会超过其他工业化国家，该声明在次年的《气候变化国家行动计划》（NAPCC）中得到了重申。印度也在其传统的多边舞台上频繁讨论气候变化问题，如在 G77、G20 峰会

---

① Anna Korppoo, "Russia and the Post – 2012 Climate Regime: Foreign Rather than Environmental Policy", UPI Briefing Paper 23, The Finnish Institute of International Affairs, November 24, 2008, http://www.fiia.fi/fi/publication/61/russia_and_the_post – 2012_climate_regime; Nina Tynkkynen and Pami Aalto, "Environmental Sustainability of Russia's Energy Policies", in Pami Aalto, ed., *Russia's Energy Policies: National, Interregional and Global Levels*, Northampton (USA): Edward Elgar Publishing, 2012, p. 112.

② Navroz Dubash, "Toward Progressive Indian and Global Climate Politics", *CPR Working Paper*, Centre for Policy Research, New Delhi, 2009. http://www.indiaenvironmentportal.org.in/files/climatepolitics.pdf; Antto Vihma, "India and the Global Climate Governance: Between Principles and Pragmatism", *Journal of Environment & Development*, Vol. 20, No. 1, 2011, p. 85.

③ 赵斌：《印度气候政治的变化机制——基于双层互动的系统分析》，《南亚研究》2013 年第 1 期，第 67—77 页。

等积极讨论气候与能源合作。2009 年 7 月，印度参加在意大利拉奎拉举行的"主要经济体能源与气候变化论坛"（该论坛在美国政府倡议下，由 17 个主要发达国家和发展中国家组成），并认同应当限制引起气候变化的人为因素。尽管此次论坛的表态比较模糊，未涉及任何具体目标，但印度气候政治的传统僵化立场开始松动。

在 2009 年 12 月的哥本哈根大会上，印度环境部长贾伊拉姆·拉梅什（Jairam Ramesh）宣布到 2020 年实现减排 20%—25%（以 2005 年为基准年）。此次会议形成了 BASIC 群体，印度对该群体的身份选择契合其整体外交政策目标，即增强国际地位、增进与美国之间的互信和改善中印关系等。具体而言，印度认为气候变化是为数不多的能拉近中印关系的议题之一，中国和印度将因此而改善双边关系；相信 BASIC 群体已经成为气候变化谈判中的一股强劲力量，印度完全有理由尽力推动这一四国集体的形成；四国间的联合是工具性的，彼此相互借助与利用，是为实现巴厘岛路线图和京都机制的有关安排而协调一致，并不妨碍印度与美国的接触，且《哥本哈根协议》将仍搁置新兴大国的强制减排问题。① 当然，由于印度对曾经的殖民地国家身份记忆犹新，G77 对印度而言仍是重要的国际身份基础，同时印度也担心其站队选择（BASIC）会陷入尴尬的双重困局：在 BASIC 和 BRICS 前景不明确的同时，又被原有发展中国家阵营孤立。例如，2009 年，拉梅什建议印度脱离 G77 并偏离京都机制的做法招致了广泛批评，国内反对派（印度人民党）和发展中国家盟友甚至警告印度将可能为发达国家的历史责任买单。② 2010 年的坎昆会议上，印度延续着这种纠结的路径选择——既主张某种法律形式上有约束力的减排承诺（这在很大程度上倒是符合发

① "Suo Moto Statement of Shri Jairam Ramesh, Minister of State（Independent Charge）Environment and Forests in Rajya Sabha on 22 nd December, 2009", http：//moef. nic. in/downloads/public – information/COP% 2015_ meet. pdf.

② Namrata Patodia Rastogi, "Winds of Change：India's Emerging Climate Strategy", *The International Spectator*, Vol. 46, No. 2, June 2011, p. 135.

达国家的意愿），又表示现阶段印度不会接受强制减排。这种"灵活"立场一度为印度的气候外交赢得了国际赞誉，"印度成了拉近美国和基础四国间关系的重要谈判号召者"①。在 2011 年德班会议和 2012 年多哈会议上，印度依托 BASIC 的气候政治参与，使自身气候政治实践得以延续，重申非强制减排及有关后京都机制安排的立场，与中国、巴西、南非等国协调一致，使 BASIC 成为发展中国家阵营参与全球气候政治进程的典型代表者。值得一提的是，由于印度自身的气候变化脆弱性极高，且跻身于 BASIC 这样的"大国俱乐部"，其原有的气候外交战略选择空间反而可能缩小，如 G77、小岛屿国家联盟（AOSIS）以及一些近邻国家（包括不丹、尼泊尔和马尔代夫）都对印度的气候政治实践进行攻击和指责，使印度惶恐于国际孤立。尽管印度在气候政治实践中以 G77 和 BASIC 间的桥梁架构者自居，然而，其在立场和身份选择的优先次序上还是偏向于后者；尽管贫困和发展问题在国内仍是普遍现象，印度代表团似乎不再将本国定位为贫穷的发展中国家，这在有关气候变化适应资金方面的讨论中也再次被印度代表团所强调。②

（四）中国

中国作为世界上人口最多的国家、新兴经济体（2010 年中国跃升为世界第二大经济体）之一，以及温室气体的主要排放国之一，其应对气候变化的行动和身份选择必然引人注目。③ 如前所述，中

---

① Jayanta Basu, "Cautious Support for Jairam Tightrope Act", *The Telegraph*, December 7, 2010, http://www. telegraphindia. com/1101208/jsp/nation/story_ 13273144. jsp.

② Katharina Michaelowa and Axel Michaelowa, "India as an Emerging Power in International Climate Negotiations: From Traditional Nay – sayer to Dynamic Broker", *Climate Policy*, Vol. 12, No. 5, 2012, pp. 575 – 590.

③ David Prosser, "China overtakes Japan as World's Second – largest Economic Power", *Business News for The Independent*, August 17, 2010, http://www. independent. co. uk/news/business/news/china – overtakes – japan – as – worlds – secondlargest – economic – power – 2054412. html; Louise Murray, "China, World's Biggest GHG Emitter Introduces More Pollution controls", *Earth Times*, January 19, 2011, http://www. earthtimes. org/pollution/china – worlds – biggest – greenhouse – gas – emitter – introduces – pollution – controls/227/.

国长期坚持"G77 + 中国"机制，认同应对气候变化必须首先由发达国家采取实质行动。然而，由于气候变化问题对中国国家利益、国家主权、国家安全与国际形象的影响不断加剧，考虑到减缓成本、生态脆弱性和公平原则等因素，中国参与全球气候政治的立场也逐渐变得主动和积极。[①] 因此，中国的气候政治认知由单维"环境定性"逐渐转向多维，其全球气候政治参与立场也经历了三大变化阶段，即"被动却积极参与"（1990—1994 年）、"谨慎保守参与"（1995—2001 年）和"活跃开放参与"（2002 年至今）。[②]

这里我们较为关注的是 2009 年前后，中国在身份选择上最终与印度、巴西、南非形成了 BASIC 群体，原有的"G77 + 中国"相应松动和弱化。谈判初始，中国的身份定位仍坚持传统角色，即在国际气候谈判中为广大发展中国家寻求利益共识，尤其主张"共同但有区别的责任"原则中的"区别责任"，应照顾到"作为整体的发展中国家"[③]。关于具体的议程，中国较为重视技术转移，指出发达国家应增加向发展中国家转移应对气候变化所需要的技术支持，以促成相关国际合作机制的形成。技术转移也是中国向低碳经济转型的重要驱动，获取先进技术不仅有利于中国降低其经济的能源依赖与碳强度，而且有助于发展绿色技术，以推动低水平生产向高科技高附加值产品生产的转变。在气候变化适应方面，关于扩大发达国

---

① Zhang Zhihong, "The Forces behind China's Climate Change Policy: Interests, Sovereignty, and Prestige", in Paul G. Hams (ed.), *Global Warming and East Asia: The Domestic and International Politics of Climate Change*, London: Routledge, 2003, p. 66；张海滨：《中国在国际气候变化谈判中的立场：连续性与变化及其原因探析》，《世界经济与政治》2006 年第 10 期，第 38— 43 页；张海滨：《中国与国际气候变化谈判》，《国际政治研究》2007 年第 1 期，第 26—34 页；张海滨：《气候变化与中国国家安全》，《国际政治研究》2009 年第 4 期，第 21—38 页。

② 严双伍、肖兰兰：《中国参与国际气候谈判的立场演变》，《当代亚太》2010 年第 1 期，第 81—86 页。

③ Joanna I. Lewis, "China's Strategic Priorities in International Climate Change Negotiations", *The Washington Quarterly*, Vol. 31, No. 1, 2007, pp. 155 – 174；Wang Bo, "Understanding China's Climate Change Policy: From Both International and Domestic Perspectives", *American Journal of Chinese Studies*, Vol. 16, No. 2, 2009.

家资金援助的要求，中国与 G77 诉求一致并成为这些议程的领导者，这在哥本哈根大会上表现得尤为明显。然而，哥本哈根峰会也反映出中国与 G77 间的裂痕，以小岛屿国家联盟为代表的发展中国家指责中国作为温室气体排放大国，理应更多地承担全球气候治理责任，并建议 UNFCCC 各缔约方实行有法律约束力的强制减排，这对中国（和印度）构成了直接挑战。中国日益增强的国际地位和温室气体的高排放量，使得不少发展中国家在气候政治议题上视中国为"眼中钉"，同时 BASIC 以哥本哈根大会为契机，使巴西、南非、印度和中国从原 G77 中脱颖而出。① 因此，哥本哈根大会成为中国角色身份迷思的分水岭。为避免气候谈判走向完败，同时又纠结于传统气候政治立场（发展中国家阵营的联合一致与团结），中国的路径选择逐步偏向于基础四国平台。② 大会达成的不具有法律约束力的《哥本哈根协议》遭到各方质疑（尤其反映了发展中国家群体如"G77 + 中国"的分化），但由于路径依赖，此后的坎昆、德班和多哈进程，中国以 BASIC 身份为主导的国际气候政治参与和相关努力仍然延续。

（五）南非

南非是 G77 的重要成员国之一，2009 年成为 BASIC 的一员，2010 年加入 BRICs（BRICs 由此改写为 BRICS）。巴西、俄罗斯、印度、中国和南非这五国横跨拉美、欧洲、亚洲和非洲，原金砖四国扩容为金砖五国，地缘政治局势得到极大改观。③

---

① 庄贵阳：《哥本哈根气候博弈与中国角色的再认识》，《外交评论》2009 年第 6 期，第 13—21 页。

② Björn Conrad, "China in Copenhagen: Reconciling the 'Beijing Climate Revolution' and the 'Copenhagen Climate Obstinacy'", *The China Quarterly*, No. 210, June 2012, pp. 453 – 455.

③ Daniel Abreu Mejia, "The Evolution of the Climate Change Regime: Beyond a North – South Divide?" *International Catalan Institute for Peace*, Working Paper No. 6, 2010, p. 7; Jack A. Smith, "BRIC Becomes BRICS: Changes on the Geopolitical Chessboard", *Foreign Policy Journal*, January 21, 2011, http://www.foreignpolicyjournal.com/2011/01/21/bric – becomes – brics – changes – on – the – geopolitical – chessboard/.

　　南非作为非洲大陆上的发展中大国，长期归属于非洲国家群体和"G77＋中国"。南非的经济总量居非洲大陆首位，但失业率仍然较高并存在相当一部分的贫困人口。[①] 主要依靠农业、采矿和制造业在非洲获得比较优势。同时，其参与全球气候政治面临许多国内政治因素限制，主要包括：对于气候变化本身缺乏公众意识和教育；虽然一些公民社会组织也探讨气候政策，但仍局限于提升和强化"贫困/发展和气候议程"之间的联系；媒体对气候问题鲜有报道，所关注的仍是气候科学家及其与气候变化怀疑论者间的争议。[②] 因此，南非国内对减缓气候变化政策持反对态度，因为减缓行动可能会冲击其国内采矿业和化石燃料经济，特别是能源密集型产业。然而，南非的这种发展中国家和新兴经济体双重身份，影响其对外关系和全球气候政治参与。全球道义、自身与地区经济发展需求、参与"权力结构转移"等规范，催生南非（作为非洲大陆特殊大国）的"结构压力、责任和义务"，使其在全球气候政治互动中经常扮演"搭桥者"（Bridge Builder）角色，推动 G77 群体内部乃至工业化国家与发展中国家间的合作。[③]

　　在全球气候政治进程中，非洲大陆其他国家往往仰仗南非的代表性和话语权。然而，2009 年南非加入 BASIC，并在哥本哈根大会及后来的全球气候政治博弈中与中印巴等国联合的基础四国实践，对传统的非洲国家群体身份造成了冲击；尤其是 2010 年南非终于加入了其"梦寐以求"的 BRICs，为金砖国家打开了"通往非洲之

---

① "Human Development Indices", http：//hdr. undp. org/en/media/HDI_ 2008_ EN_ Tables. pdf；"Sad South Africa", *The Economist*, Oct 20, 2012, http：//www. economist. com/news/leaders/21564846 - south - africa - sliding - downhill - while - much - rest - continent - clawing - its - way - up.

② Karl Hallding et al. , *Together Alone：BASIC Countries and the Climate Change Conundrum*, p. 50.

③ Tseliso Thipanyane, "South Africa's Foreign Policy Under the Zuma Government", *AISA POLICY brief*, No. 64, December 2011, http：//www. ai. org. za/wp - content/uploads/downloads/2011/12/No. - 64. South - Africa% E2% 80% 99s - Foreign - Policy - under - the - Zuma - Government - 1. pdf.

门"，南非的"基础四国"和"金砖国家"身份选择一度被非洲同胞视为"背叛"①。同时，加入 BASIC 固然与南非自身地缘战略考量紧密相关，其中包含了自 2003 年与印度和巴西组成的 IBSA 论坛（政治磋商与经贸能源合作等）再到 BRICS，但与其他四个新兴大国比起来，南非的综合实力相对要弱得多。具体到气候变化议题领域，南非的经济总量、人口和碳排放额等都低于 BASIC 中的其他三国，但南非的人均排放量较高。因此，对南非而言，在全球气候政治协商中如何界定"公正"与责任分担（Burden Sharing）是颇为敏感而特殊的难题。至于南非对 BASIC 和 BRICS 的身份选择，很大程度上源自这两个群体本身具有的国际认可度和广泛影响力，而南非原有的"发展中国家身份"已难以满足其自身的发展需求，如在吸引外资、展示逐渐强大而稳定的经济实力等方面，深入开展与主要新兴经济体的合作更有助于向外界传达一种"新"的信号，即南非正处于新的大国俱乐部之中。②

六　结语和启示

通过对新兴大国气候政治群体化进行现象学的思考，结合具体议题导向下的"共同愿景"回顾，再到新兴大国气候政治参与的个案比较，我们发现，全球气候政治叙事情境下的新兴大国"抱团打拼"，形成了一种较为松散的集体身份。互动，尤其是全球气候谈

---

① Sheila Kiratu, "South Africa's Energy Security in the Context of Climate Change Mitigation", *Series on Trade and Energy Security – Policy Report*, No. 4, 2010, pp. 5 – 6, http://www. iisd. org/tkn/pdf/south_ africa_ energy_ climate. pdf; Servaas Van den Bosch, "DEVELOPMENT: African LDCs Won't Benefit Much from BRICS Arrival", *IPS Journalism and Communication for Global Change*, Jan 31, 2011, http://www. ipsnews. net/2011/01/development – african – ldcs – wonrsquot – benefit – much – from – brics – arrival/.

② Karl Hallding, et al., *Together Alone: BASIC Countries and the Climate Change Conundrum*, p. 55.

判互动——建构了新兴大国自群体身份，而享有这种准集体身份的行为体也由起初具有广泛代表性的"G77 + 中国"逐渐集中演化为基础四国；具体的议题导向框定了这种准集体身份的边界；新兴大国的主体性选择或气候政治参与，俄罗斯和基础四国、金砖五国与基础国家的身份分歧或冲突较为凸显。由此可以推断，新兴大国气候政治群体化的形成机制，在于互动进程建构的群我身份，辅之以具体议题导向下的主体选择与该群体认同的契合。至少就目前的全球气候政治进程而言，新兴大国的集体身份仍是模糊的，需要行为体间通过持续的互动参与和主体选择方可能实现集体身份的强化与再造。毕竟当前新兴大国之于气候谈判进程多数存在路径依赖。集体身份的形成即使尚不明确，但从关系过程来看，"维持过程可能比达到预期效果更重要"，尤其是巴西、印度、中国和南非，甚至包括俄罗斯等大国的气候政治参与过程，其维持过程本身既是手段也是目的，与获得理想的谈判结果和内化集体身份相比，至少具有同等重要的意义。[①]

本文研究发现，拟形成中的新兴大国准集体身份所容纳的行为体个数锐减，气候政治似乎有所进展，但是，期望在全球气候治理这一宏大的叙事情境中实现更广泛的全球合作，这一愿景仍难以企及。以集体身份理论观之，显然合成与扩容后的、更具包容性的集体身份建构可能更有助于气候政治这一集体行动难题的根本解决，然而，现实的发展却偏向"小众化"，这对于需要全球广泛参与的气候变化议题而言无疑是一个悖论。当然，现实主义者对这种理论与经验事实的双重迷思，回答起来可能无比简洁冷静——这些"小众/精英"恰好反映了"权力均衡"或"大国政治的回归"！由小众到更具代表性的联合乃至严格意义上的集体身份认同，可能会

---

① Qin Yaqing, "Relationality and Processual Construction: Bringing Chinese Ideas into International Relations Theory", *Social Sciences in China*, Vol. 30, No. 3, 2009, pp. 5 – 20；秦亚青：《关系与过程——中国国际关系理论的文化建构》，上海人民出版社 2012 年版，第 70 页。

更合理、更公平地应对全球气候变化难题。因而，全球气候政治治理的谨慎希望与集体身份扩容之间的相关性，值得我们进一步研究。

参考文献

[1]［瑞士］托马斯·伯诺尔、莉娜·谢弗：《气候变化治理》，刘丰译，《南开学报》（哲学社会科学版）2011 年第 3 期。

[2]严双伍、肖兰兰：《中国与 G77 在国际气候谈判中的分歧》，《现代国际关系》2010 年第 4 期。

[3]范菊华：《全球气候治理的地缘政治博弈》，《欧洲研究》2010年第 6 期。

[4]高小升：《试论基础四国在后哥本哈根气候谈判中的立场和作用》，《当代亚太》2011 年第 2 期。

[5]于宏源：《试析全球气候变化谈判格局的新变化》，《现代国际关系》2012 年第 6 期。

[6]肖洋：《在碳时代中崛起：新兴大国赶超的可持续动力探析》，《太平洋学报》2012 年第 7 期。

[7]孙学峰、李银株：《中国与 77 国集团气候变化合作机制研究》，《国际政治研究》2013 年第 1 期。

[8]周鑫宇：《"新兴国家"研究相关概念辨析及其理论启示》，《国际论坛》2013 年第 2 期。

[9]石斌：《秩序转型、国际分配正义与新兴大国的历史责任》，《世界经济与政治》2010 年第 12 期。

[10]韦宗友：《新兴大国群体性崛起与全球治理改革》，《国际论坛》2011 年第 2 期。

[11]花勇：《论新兴大国集体身份及建构路径》，《国际论坛》2012 年第 5 期。

[12]章前明：《从国际合法性视角看新兴大国群体崛起对国际秩序转型的影响》，《浙江大学学报》（人文社会科学版）2012

第 12 期。

[13] 严双伍、赵斌：《自反性与气候政治：一种批判理论的诠释》，《青海社会科学》2013 年第 2 期。

[14] [南非] 保罗·西利亚斯：《复杂性与后现代主义——理解复杂系统》，曾国屏译，上海科技教育出版社 2006 年版。

[15] [美] 戴维·伊斯顿：《政治生活的系统分析》，王浦劬译，人民出版社 2012 年版。

[16] 马建英：《全球气候外交的兴起》，《外交评论》2009 年第 6 期。

[17] 甘钧先、余潇枫：《全球气候外交论析》，《当代亚太》2010 年第 5 期。

[18] 赵斌：《全球气候政治中的美欧分歧及其动因分析》，《华中科技大学学报》（社会科学版）2013 年第 4 期。

[19] [美] 罗伯特·杰维斯：《系统效应：政治与社会生活中的复杂性》，李少军、杨少华、官志雄译，上海人民出版社 2008 年版。

[20] 赵斌：《大国国际形象与气候政治参与：一项研究议程》，《天津行政学院学报》2013 年第 4 期。

[21] 赵斌：《印度气候政治的变化机制——基于双层互动的系统分析》，《南亚研究》2013 年第 1 期。

[22] 张海滨：《中国在国际气候变化谈判中的立场：连续性与变化及其原因探析》，《世界经济与政治》2006 年第 10 期。

[23] 张海滨：《中国与国际气候变化谈判》，《国际政治研究》2007 年第 1 期。

[24] 张海滨：《气候变化与中国国家安全》，《国际政治研究》2009 年第 4 期。

[25] 严双伍、肖兰兰：《中国参与国际气候谈判的立场演变》，《当代亚太》2010 年第 1 期。

[26] 庄贵阳：《哥本哈根气候博弈与中国角色的再认识》，《外交

评论》2009 年第 6 期。

[27] 秦亚青:《关系与过程——中国国际关系理论的文化建构》,上海人民出版社 2012 年版。

[28] Kedar Pavgi, "View from the Top: Nine of the World's Top International Relations Scholars Weigh In on the Ivory Tower Survey", *Foreign Policy*, January 3, 2012.

[29] G. John Ikenberry, "The Future of the Liberal World Order", *Foreign Affairs*, Vol. 90, No. 3, 2011.

[30] Peter Newell, *Climate for Change: Non - state Actors and Global Politics of the Greenhouse*, Cambridge: Cambridge University Press, 2000.

[31] Jerry McBeath and Jonathan Rosenberg, *Comparative Environmental Politics*, Dordrecht: Springer, 2006.

[32] Thomas Renard, *A BRIC in the World: Emerging Powers, Europe, and the Coming Order*, Brussels: Academia Press, 2009.

[33] Thomas Renard and Sven Biscop (eds.), *The European Union and Emerging Powers in the 21st Century: How Europe Can Shape a New Global Order*, Aldershot: Ashgate Publishing Company, 2012.

[34] Pu Xiaoyu, "Socialisation as a Two - way Process: Emerging Powers and the Diffusion of International Norms", *The Chinese Journal of International Politics*, Vol. 5, No. 4, 2012.

[35] S. Neil Macfarlane, "The 'R' in BRICs: Is Russia an Emerging Power?", *International Affairs*, Vol. 82, No. 1, 2006.

[36] Zbigniew Brzezinski, *Strategic Vision: America and the Crisis of Global Power*, New York: Basic Books, 2012.

[37] Alberto Melucci, "The Process of Collective Identity", in Hank Johnston and Bert Klandermans (eds.), *Social Movements and Culture*, Minneapolis: The University of Minnesota Press, 1995.

［38］Klaus Eder，"A Theory of Collective Identity：Making Sense of the Debate on A 'European Identity'"，*European Journal of Social Theory*，Vol. 12，No. 4，2009.

［39］Andrew F. Cooper and Agata Antkiewicz（eds.），*Emerging Powers in Global Governance*，Canada：Wilfrid Laurier University Press，2008.

［40］Parag Khanna，*The Second World：How Emerging Powers are Redefining Global Competition in the 21st Century*，New York：Random House，2009.

［41］Theotônio dos Santos，"Globalization，Emerging Powers，and the Future of Capitalism"，*Latin American Perspectives*，Vol. 38，No. 2，2011.

［42］Alexander Wendt，"Anarchy is what States Make of it：The Social Construction of Power Politics"，*International Organization*，Vol. 46，No. 2，1992.

［43］Alexander Wendt，"Collective Identity Formation and the International State"，*American Political Science Review*，Vol. 88，No. 2，1994.

［44］Alexander Wendt，*Social Theory of International Politics*，Cambridge：Cambridge University Press，1999.

［45］Brian Greenhill，"Recognition and Collective Identity Formation in International Politics"，*European Journal of International Relations*，Vol. 14，No. 2，2008.

［46］Prasenjit Duara，"Historicizing National Identity，or Who Imagines What and When"，in Geoff Eley and Roland Grigor Suny（eds.），*Becoming National：A Reader*，New York：Oxford University Press，1996.

［47］Henri Tajfel et al.，"Social Categorization and Intergroup Behaviour"，*European Journal of Social Psychology*，Vol. 1，No. 2，

1971.

[48] Anthony Giddens, *The Politics of Climate Change*, Cambridge: Polity Press, 2009.

[49] Adil Najam, "Developing Countries and Global Environmental Governance: From Contestation to Participation to Engagement", *Global Environmental Agreements*, Vol. 5, No. 3, 2005.

[50] Marc Williams, "The Third World and Global Environmental Negotiations: Interests, Institutions, and Ideas", *Global Environmental Politics*, Vol. 5, No. 3, 2005.

[51] Jon Barnett, "The Worst of Friends: OPEC and G – 77 in the Climate Regime", *Global Environmental Politics*, Vol. 8, No. 4, 2008.

[52] Sjur Kasa et al. , "The Group of 77 in the *International Climate Negotiations*: Recent Developments and Future Directions", *International Environmental Agreements: Politics, Law and Economics*, Vol. 8, No. 2, 2008.

[53] Marc Williams, "The Third World and Global Environmental Negotiations", p. 56; Antto Vihma et al. , "Negotiating Solidarity? The G77 Through the Prism of Climate Change Negotiations", *Global Change, Peace and Security*, Vol. 23, No. 3, 2011.

[54] Adil Najam, "The View from the South: Developing Countries in Global Environmental Politics," in Regina Axelrod et al. (eds.), *The Global Environment: Institutions, Law and Policy*, Washington, DC: Congressional Quarterly Press, 2004.

[55] Radoslav S. Dimitrov, "Inside Copenhagen: the State of Climate Governance", *Global Environmental Politics*, Vol. 10, No. 2, 2010.

[56] Bert Bolin, *A History of the Science and Politics of Climate Change*, Cambridge: Cambridge University Press, 2007.

［57］ Heike Schroeder, "The History of International Climate Change
Politics: Three Decades of Progress, Process and Procrastination",
in Maxwell Boykoff (ed.), *The Politics of Climate Change: A Sur-
vey*, London: Routledge, 2010.

［58］ Ulrich Beyerlin, "Bridging the North – South Divide in Internation-
al Environmental Law" , *Zeitschrift für ausländisches öffentliches
Recht und Völkerrecht (ZaöRV)* , Vol. 66, 2006.

［59］ Leslie Elliott Armijo, "The BRICs Countries (Brazil, Russia, In-
dia, and China) as Analytic Category: Mirage or Insight?" , *Asi-
an Perspective*, Vol. 31, No. 4, 2007.

［60］ Karl Hallding et al. , *Together Alone: BASIC countries and the Cli-
mate Change Conundrum*, Copenhagen: Nordic Council Publica-
tion, 2011.

［61］ Alistair Mees, *Dynamics of Feedback Systems*, New York: John Wi-
ley, 1981.

［62］ Alan S. Alexandroff and John Kirton, "The 'Great Recession' and
the Emergence of the G – 20 Leaders' Summit", in Alan S. Alex-
androff and Andrew F. Cooper (eds.) , *Rising States, Rising Insti-
tutions: Challenges for Global Governance*, Washington DC: Brook-
ings Institution Press, 2010.

［63］ David Scott, "China and the 'Responsibilities' of a 'Responsi-
ble' Power – The Uncertainties of Appropriate Power Rise Lan-
guage," *Asia – Pacific Review*, Vol. 17, No. 1, 2010.

［64］ Christian Brütsch & Mihaela Papa, "Deconstructing the BRICS:
Bargaining Coalition, Imagined Community or Geopolitical Fad?" ,
The Chinese Journal of International Politics, Vol. 6, No. 3, 2013.

［65］ Kirsten H. Engel and Scott R. Saleska, "Subglobal Regulation of
the Global Commons: The Case of Climate Change" , *Ecology Law
Quarterly*, No. 32, 2005.

[66] Barry Rabe, "Beyond Kyoto: Climate Change Policy in Multilevel Governance Systems", *Governance*, Vol. 20, No. 3, 2007.

[67] Robert O. Keohane and David G. Victor, "The Regime Complex for Climate Change", *Perspectives on Politics*, Vol. 9, No. 1, 2011.

[68] Joanna Depledge and Farhana Yamin, "The Global Climate – change Regime: A Defence", in Dieter Helm and Cameron Hepburn (eds.), *The Economics and Politics of Climate Change*, Oxford: Oxford University Press, 2011.

[69] Robert Jervis, System Effects: Complexity in Political and Social Life, New Jersey: Princeton University Press, 1997.

[70] Xinran Qi, "The Rise of BASIC in UN Climate Change Negotiations", *South African Journal of International Affairs*, Vol. 18, No. 3, 2011.

[71] Michael Goulding et al. (eds.), *The Smithsonian Atlas of the Amazon*, Washington, DC: Smithsonian Institution Press, 2003.

[72] Ken Johnson, "Brazil and the Politics of the Climate Change Negotiations", *Journal of Environment and Development*, Vol. 10, No. 2, 2001.

[73] Sjur Kasa, "Brazil and Climate Change", in Gunnar Fermann (ed.), *International Politics of Climate Change: Key Issues and Critical Actors*, Oslo: Scandinavian University Press, 1997.

[74] Luiz Barbosa, *The Brazilian Amazon Rainforest: Global Ecopolitics, Development and Democracy*, New York: University Press of America, 2000.

[75] Lars Friberg, "Varieties of Carbon Governance: The Clean Development Mechanism in Brazil – A Success Story Challenged", *The Journal of Environment and Development*, Vol. 18, No. 4, 2009.

[76] D. Dudek et al., "Economics of the Kyoto Protocol for Russia",

Climate Policy, Vol. 4, No. 2, 2004.

[77] Michael Grubb, "Kyoto and the Future of International Climate Change Responses: From Here to Where?", *International Review for Environmental Strategies*, Vol. 5, No. 1, 2004.

[78] Barbara Buchner and Silvia Dall' Olio, "Russia and the Kyoto Protocol: The Long Road to Ratification", *Transition Studies Review*, Vol. 12, No. 2, 2005.

[79] Laura A. Henry and Lisa McIntosh Sundstrom, "Russia and the Kyoto Protocol: Seeking an Alignment of Interests and Image", *Global Environmental Politics*, Vol. 7, No. 4, 2007.

[80] Stavros Afionis and Ioannis Chatzopoulos, "Russia's Role in UNFCCC Negotiations Since the Exit of the United States in 2001", *International Environmental Agreements: Politics, Law and Economics*, Vol. 10, No. 1, 2010.

[81] Elena Lioubimtseva, "Russia's Role In The Post – 2012 Climate Change Policy: Key Contradictions And Uncertainties", *Forum on Public Policy: The Journal of the Oxford Round Table*, Vol. 10, No. 3, 2010.

[82] Antto Vihma, "India and the Global Climate Governance: Between Principles and Pragmatism", *Journal of Environment & Development*, Vol. 20, No. 1, 2011.

[83] Namrata Patodia Rastogi, "Winds of Change: India's Emerging Climate Strategy", *The International Spectator*, Vol. 46, No. 2, 2011.

[84] Katharina Michaelowa and Axel Michaelowa, "India as an Emerging Power in International Climate Negotiations: From Traditional Nay – sayer to Dynamic Broker", *Climate Policy*, Vol. 12, No. 5, 2012.

[85] Zhang Zhihong, "The Forces behind China's Climate Change Poli-

cy: Interests, Sovereignty, and Prestige", in Paul G. Hams (ed.), *Global Warming and East Asia: The Domestic and International Politics of Climate Change*, London: Routledge, 2003.

[86] Joanna I. Lewis, "China's Strategic Priorities in International Climate Change Negotiations", *The Washington Quarterly*, Vol. 31, No. 1, 2007.

[87] Wang Bo, "Understanding China's Climate Change Policy: From Both International and Domestic Perspectives", *American Journal of Chinese Studies*, Vol. 16, No. 2, 2009.

[88] Björn Conrad, "China in Copenhagen: Reconciling the 'Beijing Climate Revolution' and the 'Copenhagen Climate Obstinacy'", *The China Quarterly*, No. 210, June 2012.

[89] Qin Yaqing, "Relationality and Processual Construction: Bringing Chinese Ideas into International Relations Theory", *Social Sciences in China*, Vol. 30, No. 3, 2009.

新兴大国气候政治的变化机制[*]

——以中国和印度为比较案例

赵 斌

摘要： 全球气候治理需要国际政治中的大国参与。中国和印度作为新兴大国，通过双层互动而逐渐产生气候政治变化以回应系统内外环境压力。新兴大国气候政治变化的反馈效应亦再造/强化了其集体身份，使新一轮国际—国内政治的双层互动获得势能，从而维持整个政治系统生活的动态运行。

关键词： 新兴大国；气候政治；变化机制；中国；印度

新兴大国不同于国际关系中的传统强国，即并不必然反对现存国际规范，而往往成为已有规范的接受者。一方面，当下的新兴大国之所以"新"，在于全球治理需求为其可能的集体身份建构提供了平台，如气候变化这种带有复合相互依赖特征的议题给这些大国提供了"用武之地"；另一方面，新兴大国之"兴"，意味着这种不同于传统大国的群体身份仍发端于西方主导下的国际体系。[①]就全球气候治理而言，需要国际关系行为体尤其是大国的参与，中国、印度等新兴大国作为发展中国家群体中的重要代表，其气候政治参与本身对气候政治群体化的形成乃至全球气候政治系统的演化，均具有较突出的理论和现实意义。中国和印度在气候政治变化的内生动

---

　* 本文发表于《南亚研究》2014 年第 1 期。

　① 赵斌：《新兴大国气候政治群体化的形成机制——集体身份理论视角》，《当代亚太》2013 年第 5 期，第 117 页。

因上具有相似性，在作为促成变化的外部条件上两国也具有可比拟之处。此外，从案例分析的角度出发，以中国和印度作为比较案例，与对诸如印度的个案分析一起，可能将会勾勒出一个较为完整的分析框架和研究思路，从而有助于我们较为全面地理解新兴大国气候政治的变化机制。

一　新兴大国气候政治概述

近三十年来，气候变化逐渐从一个相对模糊的科学话题转变为全球政治中的一个关键议题，这一议题引起了社会科学等广泛领域的强烈关注。[①] 尽管人们对气候变化存在诸多争议，然而以批判理论和认知心理学观之，不论是乐观主义、现实主义，还是悲观主义的社会观念，都从不同侧面反映了一种共有的气候政治叙事情境，牵动着全球政治行为体的利益关切，气候政治亦因之成了超越传统国家中心主义的时兴议题。[②] 简言之，气候变化问题的实质是一个政治问题。同时，由于气候政治本身所具有的"全球公共问题"属性，一国的温室气体排放总会对他国产生代价效应，从而使得国家间在气候政治问题上的"复合相互依赖"关系特征更为凸显，敏感性与脆弱性共存。因而，如何应对气候政治难题，参与气候变化全球治理，需要国际关系行为体的广泛协调。其中，尤其是大国的气候政治参与，对全球气候治理动向将产生直接影响。后金融危机时

---

① ［瑞士］托马斯·伯诺尔、［瑞士］莉娜·谢弗：《气候变化治理》，刘丰译，《南开学报》（哲学社会科学版）2011 年第 3 期，第 8 页。

② 严双伍、赵斌：《自反性与气候政治：一种批判理论的诠释》，《青海社会科学》2013 年第 2 期，第 54—56 页。

期涌现出来的新兴大国，在气候变化治理中占据着举足轻重的地位。[①] 其中，中国和印度这两个新兴大国的作用更是不容低估，对旧有"威斯特伐利亚秩序"的存续构成了有力冲击与挑战。[②]

学界有关中国或印度气候政治的讨论，仅于本文所关注的动态归因而论，已产生了不少优秀的研究成果。个案分析的优势在于，它可以集中考察单一行为体（中国/印度）气候政治变化的（国内/国际）直接动因。如此一来，生态脆弱性、成本/代价考虑、国际责任/义务分配考量、经济崛起、资金与技术支持、国际地位提升等因素几乎成了中国和印度这对新兴大国参与全球气候政治（自主调整气候谈判立场）的相似乃至共同动因所在。[③] 无独有偶，经由这些个案分析的可贵努力和现象学思考，为我们提炼理论认识奠定了经验基础。于是，自 2009 年哥本哈根峰会以来，中国和印度等新兴大国主导着权力转移趋向，既强烈冲击着欧盟的气候政治领导者地位，又进一步在制度进程建构中挑战美国话语强权，得出这样的

---

① 新兴大国，一般指国土面积与人口乃至市场规模都较大、经济增长持续、广泛参与地区与全球事务、影响力重大的地区性大国。参见宋玉华：《论新兴大国的崛起与现有大国的战略》，《国际问题研究》2004 年第 6 期，第 50—51 页；杨洁勉：《新兴大国群体在国际体系转型中的战略选择》，《世界经济与政治》2008 年第 6 期，第 10—11 页；韦宗友：《新兴大国群体性崛起与全球治理改革》，《国际论坛》2011 年第 2 期，第 13 页；花勇：《论新兴大国集体身份及建构路径》，《国际论坛》2012 年第 5 期，第 50 页；肖洋：《在碳时代中崛起：新兴大国赶超的可持续动力探析》，《太平洋学报》2012 年第 7 期，第 63 页。

② Parag Khanna, *The Second World: How Emerging Powers Are Redefining Global Competition in the 21st Century*, New York: Random House, 2009, p. 189; Fareed Zakaria, *The Post – American World*, New York: Norton, 2009, pp. 2 – 3, 26; Dilip Haro, *After Empire: The Birth of a Multi – Polar World*, New York: Nation Books, 2010, pp. 147, 187.

③ 张海滨：《中国在国际气候变化谈判中的立场：连续性与变化及其原因探析》，《世界经济与政治》2006 年第 10 期，第 38—42 页；于胜民：《中印等发展中国家应对气候变化政策措施的初步分析》，《中国能源》2008 年第 6 期，第 17—22 页；黄云松、黄敏：《浅析印度应对气候变化的政策》，《南亚研究》2010 年第 1 期，第 65—76 页；严双伍、高小升：《后哥本哈根气候谈判中的基础四国》，《社会科学》2011 年第 2 期，第 9 页；程晓勇：《国际气候治理规范的演进与传播：以印度为案例》，《南亚研究季刊》2012 年第 2 期，第 26—32 页；时宏远：《印度应对气候变化的政策》，《南亚研究季刊》2012 年第 3 期，第 88 页。

推论似乎并非纯属臆想。然而，诚如有学者所言，新兴大国与历史上的崛起国家存在较大差异，并不必然反对现有的国际规范，因而提出中国和印度等新兴大国在全球气候政治中主导权力转移的论断还为时尚早。① 那么，同样面对新兴大国参与全球气候政治这一客观事实，为什么会出现迥然不同抑或意见完全相左的解释或理解呢？在笔者看来，这恐怕不单纯是源于"意识主体差异性"或"主体间认知差异"等所谓"见仁见智"。

　　针对单个新兴国家所进行的细致研究和深入思考，从学理思辨的意义上讲，气候政治归因分析中的个案探讨并辅之以多角度的解读，启迪了学术智慧，也为我们理解气候变化这样的后现代议题预留了一定的想象空间。然而，从研究方法与案例分析上来看，如果仅仅依靠中国或印度的个案分析，则难以发现有关"新兴大国气候政治的变化机制"（即使考虑到国家的学习能力可以"举一反三"，也难以回避"单一案例说服力贫乏"之尴尬）；另外，更为担忧的是，个案分析的劣势还在于归因（系统内外）要素之间缺乏一个动态的运行机制，因而得出来的结论往往是静态的，且各要素之间缺乏必要的逻辑关联。例如，我们可以强调国际规范的传导引致新兴大国如中印的气候政治变化，亦可重点突出其变化由国家偏好与理性选择而内生。② 换言之，以个案研究来追寻气候政治变化机制，其认知相符与理论适配效度是有限的，且往往还影响到理论自身的逻辑自洽。

　　本文拟从理论假设出发，提出一个初步的分析框架，并通过比

　　① Andrew Hurrell and Sandeep Sengupta, "Emerging Powers, North – South Relations and Global Climate Politics", *International Affairs*, Vol. 88, No. 3, 2012, pp. 483 – 484; Pu xiaoyu, "Socialisation as a Two – way Process: Emerging Powers and the Diffusion of International Norms", *The Chinese Journal of International Politics*, Vol. 5, No. 4, 2012, pp. 365 – 366.

　　② Sprinz and Vaahtoranta, "The Interest – based Explanation of International Environmental Policy", *International Organization*, Vol. 48, No. 1, 1994, p. 81; Ida Bjørkum, "China in the International Politics of Climate Change: A Foreign Policy Analysis", FNI Report, December 2005, pp. 14 – 22, http://www. fni. no/doc&pdf/FNI – R1205. pdf.

较案例实证来支撑主要观点。首先需要说明的是，之所以选取中国和印度作为比较案例，是因为二者存在某些共通的参考价值：其一，中国和印度在地缘政治意义上既相同又不同，二者同属于亚洲国家又分别是所在东亚和南亚（次大陆）的地区大国，且二者又都是新兴大国，在全球气候政治格局中具有较强的代表性；其二，同样作为人口大国、长期面临发展问题的发展中大国，为二者勾勒一个气候政治变化机制的动态分析路径，或许可在看似自反性的气候政治难题上激发我们更多的理论思考；其三，以中印为比较案例分析新兴大国在全球气候政治中的动态变化机制，对于崛起中的新兴国家群体而言，亦具有一定的现实意义。

二　理论假设与分析框架

在国际关系理论史上，自彼得·古勒维奇（Peter Gourevitch）于 1978 年提出"倒置的第二意象"（The Second Image Reversed）以来，有关国际政治与国内政治的互动思考从未间断。[1] 十年后，美国学者罗伯特·普特南（Robert D. Putnam）率先提出双层博弈理论，但这并非严格意义上的博弈论，而更像是某种隐喻（Metaphor），以解释国际谈判中的国内国际层次间互动。[2] 之所以称其为隐喻，是因为将"双层互动"嵌入国际政治的具体议题思考时，其要义无非在于：一方面，国家对国内压力的回应以获取相应的政治支持；另一方面，国家还须考虑国际因素，尽可能将国际层次上的不利影响降至最小。政治变化不可偏废这两层要义中的任何一项。从政治系统理论来看，这种强调国内政治与国际政治互动的理论框

---

① Peter Gourevitch, "The Second Image Reversed: The International Sources of Domestic Politics", *International Organization*, Vol. 32, No. 4, 1978, pp. 881－912.

② Robert D. Putnam, "Diplomacy and Domestic Politics: The Logic of Two－Level Games", *International Organization*, Vol. 42, No. 3, 1988, pp. 427－429.

架，其核心在于某种存续于政治研究中潜在而流行的思维定式——均衡分析（Equilibrium Analysis）。具体而言，从政治系统（主要指主权民族国家，本文特指新兴大国）的内部组织来看，它与其他所有社会系统都具有一个关键性特征，即对于自身在其中起作用的条件做出反应的特殊适应能力，并累积形成了借以应对其环境的大量机制（Mechanism），运用这些机制，政治系统可以调节自己的行为，改变自己的内部结构，甚至重新确立自己的基本目标［例如卡尔·多伊奇在《政府的神经》（*The Nerves of Government*，1963）中就已经考虑到了政治系统对于国际事务反应能力的结果］。[1] 这种意在重构系统自均衡的分析模式，大量渗入国际关系研究当中，然而，该思维的缺陷亦较为明显，即"双层互动→政治变化"往往是一种单向度的分析路径。[2] 事实上，既然"政治生活的本质是运行于一种环境内的社会系统"，那么反馈反应（Feedback Response）在其中就显得至关重要了。[3] 换言之，仅仅依托"双层互动"似乎还不足以提供一个可能适用于新兴大国气候政治变化机制的较为完整的解释，反馈反应存续于政治系统的运行当中。更何况，基于当前的国际政治现实，我们恐怕不能对"新兴大国"这个集体身份标识"视若不见"。

另外，既然如前文所述，要对变化机制做出动态的分析，那么比较案例的最重要价值大概正在于通过所谓"比较"发现某种通则，而非单纯地罗列或细化其中的差异性。因此，本文暂且搁置"新兴大国身份"何以建构这样的形而上思考，这种"身份"可能仍是"先验的"，即在国内/国际压力"输入"前就预先存在，或通

---

① ［美］戴维·伊斯顿：《政治生活的系统分析》，王浦劬译，人民出版社 2012 年版，第 17—18 页。

② 笔者曾以"双层互动"分析印度气候政治个案，这种逻辑的单向度痕迹亦较为明显，详见赵斌《印度气候政治的变化机制——基于双层互动的系统分析》，《南亚研究》2013 年第 1 期，第 67—76 页。

③ ［美］戴维·伊斯顿：《政治生活的系统分析》，王浦劬译，人民出版社 2012 年版，第 326、359 页。

过压力"输入"逐步建构，以系统的政治变化做出内外回应才成为
"自我实现的预言"（Self - fulfilling Prophecy）。这里我们不妨进一
步假设双层互动再造/强化了新兴大国身份，这种再造/强化的过程
是一个认知的过程，在这一过程中的认同总是与具体问题（如气候
政治）相关。简单来说，新兴大国集体身份是角色身份（中国/印
度）和类属身份（新兴国家群体）的独特结合，它具有因果力量，
诱使政治系统把他者的利益定义为自我利益的一部分，亦即"利他
性"，如此一来有望采取行动，克服集体行动难题（如气候政治治
理）。① 同时，政治系统亦非社会化的囚徒。② 反馈存在于"新兴大
国身份→利益→政治变化"关系链的各个环节（如图 1 所示），使
利益（包含利己与利他性）得以重塑进而影响政治系统的自身份定
位（新兴大国身份）；反馈也为新一轮"双层互动→政治变化"提
供了势能，从而令整个政治系统生活处于动态运行之中。

图 1　新兴大国身份、利益与政治变化

资料来源：根据 Richard Ned Lebow, *A Cultural Theory of International Relations*, Cam-
bridge：Cambridge University Press, 2008, p. 564 图 10.3 绘制。

此外，在正式进入下文的案例分析之前，还有必要对本文的研
究分析偏重理论而做一点简要的说明。有一种错觉，即认为一种理
论只不过是对现实的极端简化，所以理论是没有生命力的；在社会
科学中，人们对理论的普遍反感，是对传统社会哲学的宏伟设计不

---

① ［美］亚历山大·温特：《国际政治的社会理论》，秦亚青译，上海人民出版社
2008 年版，第 224 页。

② James Samuel Coleman, "The Foundation of Social Theory", in Richard Ned Lebow, *A
Cultural Theory of International Relations*, Cambridge：Cambridge University Press, 2008,
p. 563.

满所造成的。① 显然，这种错觉和误解是有缺陷的。可以肯定的是，理论的使命就是简化，而且在简化时不得不舍弃政治行为的一些直观或经验的特征，因为如果用如同经验般复杂的分析来观察事物往往导致错误认知，当然也不利于我们对事物的理解。② 因此，我们将主要关注中国和印度之于新兴大国气候政治变化的相似性比较，而暂且搁置引致主体间认知差异的那些经验分析，以帮助我们集中讨论可能的新兴大国气候政治变化机制。

三　中印气候政治的变化机制

中国与印度在全球气候政治中的变化轨迹十分相似，立场亦基本一致。早期的气候政治进程中，中国和印度在"G77＋中国"形式下参与应对气候变化，并寻求与广大发展中国家之间的协调。随着全球气候变化的加剧，各国对气候风险的认知逐渐深化，气候谈判博弈日趋复杂化，全球气候政治格局呈现群体化趋势。即便如此，不论是早期的"G77＋中国"平台，还是后来的金砖国家（BRICS），或是当前的基础国家（BASIC）群体，中国和印度始终在气候政治中位于相同的阵营。尤其是同为新兴经济体的中国和印度，在全球气候治理及与发达国家气候政治博弈的进程中，国际政治意义及影响都较为深远。思考其中的变化机制，不妨首先探讨中印气候政治中的双层互动，而后再分析新兴大国身份与反馈，以厘清其中可能存在的逻辑关联，进而有助于我们理解新兴大国气候政治变化的复杂系统。

（一）中印气候政治中的双层互动

中国的气候政治进程，与中国外交的整体步伐基本一致，大致

① ［美］戴维·伊斯顿：《政治生活的系统分析》，王浦劬译，人民出版社 2012 年版，第 459 页。

② 同上书，第 460 页。

经历了"被动却积极参与"（1990—1994 年）、谨慎保守参与（1995—2001 年）、活跃开放参与（2002 年以来）三大变化阶段，深刻地反映了中国外交日趋成熟的发展进程。① 类似地，印度的气候政治进程也大致经历了"发展优先顾虑"（1992—2001 年）、"兼顾共同责任"（2002—2007 年）、"渐进国际主义"（2008 年以来）的变化进程。② 从双层互动角度来对比二者的气候政治变化，相似表现如下：

其一，全球气候政治进程开启以来，多重国际压力方对中国和印度气候政治的施动。

自 1992 年在里约热内卢举行地球首脑会议并通过《联合国气候变化框架公约》（UNFCCC）以来，发达国家以具有法律约束力的量化减排承诺为要求，对中国和印度的施压从未间断。1997 年《京都议定书》通过以来，由于明确制定"共同但有区别的责任"原则，要求作为温室气体排放大国的发达国家必须采取具体减排措施，而发展中国家则不承担具有法律约束力的限排义务。议定书关于限排义务的规定固然是基于公平考虑，反过来看也给此后发达国家与发展中国家集团就强制减排进行的利益博弈埋下了伏笔。当这种国际压力面临中印作为新兴大国崛起时，讨价还价之势愈演愈烈。

就中国而言，除 UNFCCC 和政府间气候变化专门委员会（IPCC）之外，还包括一些国际非政府组织（NGOs）等，作为国际规范的倡导者通过跨国合作等渠道来驱动中国的气候政治变化。③ 当然，这种系统外环境/国际政治压力自气候政治议题受到关注以

---

① 严双伍、肖兰兰：《中国参与国际气候谈判的立场演变》，《当代亚太》2010 年第 1 期，第 81、83、86 页。

② Namrata Patodia Rastogi, "Winds of Change: India's Emerging Climate Strategy", *The International Spectator*, Vol. 46, No. 2, 2011, pp. 127 – 141.

③ Miriam Schroeder, "The Construction of China's Climate Politics: Transnational NGOs and the Spiral Model of International Relations", *Cambridge Review of International Affairs*, Vol. 21, No. 4, 2008, pp. 506 – 507.

来，似乎一直都存在，压力"输入"是渐进的过程，因此中国的气候政治也是稳中有变，在国际谈判中经历从适应到减缓气候变化努力的转变。例如最初响应京都清洁发展机制也是出于带有一定"时滞"而缺乏前瞻性的经济竞争力考量。① 此外，其他一些发展中国家尤其如小岛屿国家联盟对新兴大国如中印等国的"抱怨"，使得中国不得不面对如何继续维持发展中国家阵营团结的困难。同时，诸如欧盟的气候政治领导者形象，以及美国奥巴马政府开始在气候问题上一改"颓势"的"示范"效应，一定程度上也给中国带来了横向对比的国际压力。

印度方面，同样面临着相似的国际压力。发达国家在气候政治议题上指责新兴大国，除了针对中国，往往还指向印度。这种压力输入在哥本哈根谈判和坎昆气候会议上表现得尤为明显。同时，不仅源自附件一发达国家的持续施压，就连印度所属的发展中国家阵营，也对印度的气候政策表达出不满，反对之声中有不少来自印度的近邻如孟加拉国、尼泊尔、马尔代夫等。可见，担心失去原发展中国家伙伴的支持，对印度而言不得不说是某种不小的国际压力。另外，印度同样面临着横向对比的国际压力，比如相对中国自1995年起开始转向"谨慎而保守地参与"而言，印度的气候政治立场仍显僵化顽固。

其二，国内层次压力，如结构调整与社会转型，对中国和印度气候政治的施动。

中国气候政治面临的国内结构压力是可以想见的，主要通过能源高消耗而实现的外延型经济增长/发展，加剧了气候变化，进而影响到国家安全。② 实现科学发展的内在需求和持续恶化的气候变

---

① Paul G. Harris, "China and Climate Change: From Copenhagen to Cancun", *Environmental Law Reporter*, Vol. 40, No. 9, 2010, p. 10860.

② 有关气候变化与国家安全的详细讨论，参见张海滨《气候变化与中国国家安全》，《国际政治研究》2009年第4期，第21—38页；Duncan Freeman, "The Missing Link: China, Climate Change and National Security", BICCS Asia Paper, Vol. 5, No. 8, 2010, pp. 3–27.

化风险无疑对中国构成正反两个向度的挑战，又好又快、科学、协调、可持续发展的愿景，与国土资源质量下滑、农业生产安全受损、人们生活环境恶化等威胁相对照，理想与现实间的距离感加大。这些无不从国内层次结构压力上形成对打破气候政治僵局的深切渴望/"需求"。

印度方面，正如其国内有的学者指出，传统上认为对绿色未来的投入会过度消耗资源从而影响印度减贫或限制印度发展的观点是值得怀疑的。[①] 作为风能和太阳能设施的主要供应者，印度转向可再生能源可以为国家带来显著的经济收益；绿色技术转型和一般技术进步之间又有着强大的协同效应；如能通过减少输电损耗、浪费资源等措施来保持和优化印度的能源供应，将给印度带来巨大的收益。[②] 况且，印度的能源供应情况并不乐观，其能源需求主要依靠煤炭储量，且日益依靠石油和天然气进口。其他快速增长的经济体，乃至新兴大国和发达国家，也都在为石油和天然气资源而相互竞争。鉴于此，包含印度主要政党和社会团体在内的国内组织对政府施压，希望国家能在气候政治上有所作为，以服务于国内经济发展和减少贫困率的现实需要。

其三，政治系统的输出效应：大国责任/国际形象。

中国负责任大国身份建构与国际形象的护持。这方面的关注，基本上贯穿于中国参与全球气候政治的实践当中，尤其表现为中国对全球气候政治的积极参与，重塑自身的大国国际形象，以期获得国际社会的持续认同。因为对于崛起中的中国而言，负责任，意味着中国在国际关系与地区事务中承载着广泛的利益诉求，既有必要为国际社会提供一定的公共产品，又能够妥善应对国际政治中的复

---

① P. K. Gautam, "Climate Change and India's Position", December 5, 2007, http://www.idsa.in/idsastrategiccomments/ClimateChangeandIndiasPosition_ PKGautam_ 051207.

② Karen Ellis, Bryn Baker and Alberto Lemma, "Policies for Low Carbon Growth", November 27, 2009, p. 27, http://www.odi.org.uk/sites/odi.org.uk/files/odi－assets/publications－opinion－files/5528.pdf.

合安全挑战。① 事实上，负责任大国身份的认同或者国际形象的上升对新兴大国而言，不仅是一种道德伦理上的约束，而且还在于一种国际政治的选择性激励。比如联合国称赞中国（2002 年）批准《京都议定书》是"为发展中国家树立了一个良好榜样"，自早期的气候政治参与以来，中国尤其看重负责任大国身份与良好国际形象的维持，防止出现气候变化议题领域的"中国威胁论"②。2009 年的哥本哈根谈判及之后的气候政治博弈中，不少发达国家别有用心地指责或质疑中国，中国则始终坚持"共同但有区别的责任"，并履行国际义务，捍卫负责任大国形象。

反观印度，自"冷战"结束以来，其大国地位一直备受关注。2008 年国际金融经济危机以后，印度频繁出现于二十国集团（G20）、金砖国家（BRICS）、基础四国（BASIC）等多边舞台，并在金融危机、气候变化等领域广泛参与国际合作，凸显其作为新兴经济体国家的国际影响力。鉴于此，印度参与气候政治的国际政治意义，不仅在于为获取国外必要的资金和技术支持，还在于提升印度的国际地位，摆脱其在气候问题上的孤立局面，加强与其他主要发展中国家的联系，构建良好的大国形象。③ 不过，这里也存在着一个相关的悖论，即虽然印度的气候政治变化在一定程度上反映了其地区强国/政治大国雄心，但作为前殖民地国家的一员，其跻身大国"俱乐部"的各种努力，多少也挤压了印度原有的战略空间。具体到气候政治议题，代表发展中国家群体的谈判集团，其主要力量和关注焦点已由"G77 + 中国"机制转移到了基础四国，这种变化从谨慎的态度来看不能不说是发展中国家集团内部的某种分化，未来的国际气候政治博弈亦因之有可能更加复杂和充满不确定性。

---

① 赵斌：《大国国际形象与气候政治参与：一项研究议程》，《天津行政学院学报》2013 年第 4 期，第 55—56 页。

② Hyung‑Kwon Jeon & Seong‑Suk˙, "From International Linkages to Internal Divisions in China", *Asian Survey*, Vol. 46, No. 6, 2006, p. 852.

③ 高小升：《试论基础四国在后哥本哈根气候谈判中的立场和作用》，《当代亚太》2011 年第 2 期，第 97 页。

（二）新兴大国身份、利益与政治变化

通过上文的逻辑铺陈，大致可以较为清晰地看到，中国和印度这对新兴大国在有关气候政治这样接近复合相互依赖的议题领域，难免遭遇国际与国内层次"需求"和"支持"的双重压力。国际方面，主要有来自国际非政府环保组织和发达国家集团的施压，以及发展中国家阵营的质疑——同属发展中国家但现已跃升为新兴大国的中国和印度似理应"反思"自身的发展代价和全球责任，或至少与其他发展中国家在全球温室气体减排方面的立场相协调；国内方面，则有来自社会转型、经济发展，以及政党、利益集团和主要社会团体等的压力。这些压力施动者共同施压于仍为解决发展问题（如中国的和平发展、印度的崛起，以及二者共有且尤其印度更为严重的国内人口贫困问题），致使中国和印度发生一定程度的气候政治变化，参与国际气候建制的步伐逐渐走向积极主动。政治变化的系统"输出"效应在于中国/印度对于国际、国内两个层次的回应上，以在国际上获取崛起大国合法性认同或建构负责任大国身份，在国内则进一步夯实政治与社会稳定基础。到此，我们的分析是否厘清了新兴大国气候政治变化的系统动态机制了呢？显然不完全是，对政治变化机制的"动态"性理解，则仍需要回到"再造/强化新兴大国身份"上进行一点余论。

新兴大国通过双层互动而逐渐产生气候政治变化以回应系统内外环境压力，本身固然是参与全球气候政治的社会化过程。我们知道，社会化意味着将新社会成员（新兴大国相对于传统"大国俱乐部"而言，姑且算是"新人"）导入到社会赞成的行为方式中去。[1]社会化可以被理解为一种体制，新兴国家经由这种体制，接受国际社会所赞成的规范，据此改变自己的行为。[2] 以中国和印度这对新

---

[1]　James Barnes, Marshall Carter and Max Skidmore, *The World of Politics*, New York：St. Martin's Press, 1980, p. 35.

[2]　Peter J. Katzenstein, Robert O. Keohane and Stephen D. Krasner（eds.）, *Exploration and Contestation in the Study of World Politics*, Massachusetts：The MIT Press, 1999, p. 262.

兴大国来看，其新兴大国身份正是在国际和国内政治双层互动中再造／强化的。其中，发展中国家这一"共同命运"是一个客观条件，而中印新兴大国这一集体身份则是一个主观条件。① 具体的（气候政治）议题与对这种集体身份的认同相关，比如针对中印是否支持强制减排及有关减排承诺上的讨价还价，往往与新兴大国这一"标签"挂钩而衍生出所谓的全球治理责任。从利他的角度来看，新兴大国集体身份则具有某种因果力量，使中国和印度重新反思自身发展与减缓全球气候变化等环境治理利益关切之间的契合可能，也正是在这种应然意义上，中国和印度等新兴大国的气候政治变化才附加了某种道义色彩，尽管大国的"自我约束"在气候变化的集体行动难题上似只助益于理性选择／第二等级内化（康德式的情感认同至少在气候政治难题上还有很长的路要走）。

此外，现实中引起人们较多关注的，往往是反馈（包括正反馈和负反馈）为身份再造过程而提供动力。如前所述中国和印度的案例，我们大致了解到：政治系统置身的（国际／国内）环境亦会对该系统政治变化进行反馈（比如说，"识时务者为俊杰"即为一种形象的正反馈）。换言之，即对政治系统的政治变化予以"奖惩"评估，而新一轮双层互动正是在这种反馈中获得了势能，从而维持整个政治系统生活的动态运行。只不过，这种通过气候政治变化而进行的自身份认同反射评价并不总是能积聚到正能量（Positive Energy）。早在 2001 年，美国宣布退出《京都议定书》，此事如今基本可定论为美国在全球气候政治中的倒行逆施，然而当时竟有将中国和印度视为替罪羊的看法——"都怪中国和印度就累积排放量而合力向美国施压，令美国'不堪重负'而只好选择退出"②。于是，有

① Alexander Wendt, *Social Theory of International Politics*, Cambridge: Cambridge University Press, 1999, pp. 349 - 352.

② Christian Brütsch and Mihaela Papa, "Deconstructing the BRICs: Bargaining Coalition, Imagined Community, or Geopolitical Fad?" CRP Working Paper Series, No. 5, October 2012, p. 20, http://mws. polis. cam. ac. uk/crp/research/workingpapers/pdf/CRP _ Working _ Paper_ 5_ Brutsch_ and_ Papa. pdf.

不少发达国家非但不主动积极参与气候治理，反而还指责以中印为代表的新兴大国，声称为了"把大气中温室气体浓度稳定在防止气候系统受到危险的人为干扰水平上"，应以中国和印度等新兴大国实施大量减排为先决条件。[①] 因而，以"输入"和"输出"之非对称性而论，我们已不难发现这种气候政治变化运行中难以避免的"投入产出失衡"，这大致可以解释政治系统的气候政治变化何以渐进或缓慢甚至艰难。如此一来，我们似可动态地理解气候政治中的复杂系统效应，新兴大国的集体身份经由"政治变化—利益—新兴大国身份"的反馈链式联系得以再造（如图1所示）。具体而言，来自发达国家和其他发展中国家（如小岛屿国家联盟）的攻击或质疑，可以称得上是一种负反馈，它一定程度上降低了中印积极推动气候政治变化和参与全球气候治理的热度，但也令中国和印度能够及时调整和修正自身的气候谈判立场，使自身的气候政治生态更具柔性，从而为下一轮国际气候建制的努力创造条件。借用过程建构主义理论一言以蔽之，即在气候政治这样的全球公共问题领域，或许"维持过程可能比达到预期效果更加重要"[②]。试想当前中印等新兴大国之于气候政治变化进程，正是存在某种路径依赖感；但对于新兴大国的气候政治变化，维持气候政治进程本身既是手段也是目的，与获得理想的谈判和协商结果相比，至少具有同样重要的意义。

四　结语

全球气候变化因其长期性和公共问题属性而一度成了"无解"难题，从理论与实践而言，应对气候变化的难度甚至不亚于国际政

---

① 杨洁勉主编：《世界气候外交和中国的应对》，时事出版社2009年版，第265页。
② Qin Yaqing, "Relationality and Processual Construction: Bringing Chinese Ideas into International Relations Theory", *Social Sciences in China*, Vol. 30, No. 3, 2009, p. 13.

治中的传统议题。因而，全球气候变化少不了世界政治行为体的广泛参与。新兴大国作为后金融危机时期快速成长起来的经济体，其参与带有复合相互依赖特征的气候变化治理，对于开拓这一领域的新型国际合作，乃至探索某种包含发展中国家集体话语的全球气候建制路径，无疑都具有较深远的现实意义。中国和印度是新兴大国的典型代表，基于二者的比较案例可以发现某种用于解释新兴大国气候政治变化的通则。通过双层互动，中印两国都受到系统内外环境（国内政治与国际政治）的压力"输入"，为重构系统自适应均衡，中国和印度均产生气候政治变化以对内外压力予以回应。同时，受到回应的他者又以反馈对中国/印度的利益进行重塑，进而使中国和印度的新兴大国身份得以再造/强化。

最后，可能存在的疑问及进一步思考的方向在于：新兴大国气候政治的变化机制，将中国和印度作为比较案例，意在尽量弥补个案分析框架解释力的不足。然而，正因为存在两个大国之间的比较，限于篇幅而抽象化了二者之间必然存在的差异性或分歧，这其中很可能亦包含着影响新兴大国气候政治变化的深刻动因。因此，中国和印度等新兴大国之间的差异性和比较政治分析，仍值得我们进一步研究。

参考文献

［1］赵斌：《新兴大国气候政治群体化的形成机制——集体身份理论视角》，《当代亚太》2013 年第 5 期。

［2］［瑞士］托马斯·伯诺尔、莉娜·谢弗：《气候变化治理》，刘丰译，《南开学报》（哲学社会科学版）2011 年第 3 期。

［3］严双伍、赵斌：《自反性与气候政治：一种批判理论的诠释》，《青海社会科学》2013 年第 2 期。

［4］宋玉华：《论新兴大国的崛起与现有大国的战略》，《国际问题研究》2004 年第 6 期。

［5］杨洁勉：《新兴大国群体在国际体系转型中的战略选择》，《世

界经济与政治》2008 年第 6 期。

[6] 韦宗友：《新兴大国群体性崛起与全球治理改革》，《国际论坛》2011 年第 2 期。

[7] 花勇：《论新兴大国集体身份及建构路径》，《国际论坛》2012 年第 5 期。

[8] 肖洋：《在碳时代中崛起：新兴大国赶超的可持续动力探析》，《太平洋学报》2012 年第 7 期。

[9] 张海滨：《中国在国际气候变化谈判中的立场：连续性与变化及其原因探析》，《世界经济与政治》2006 年第 10 期。

[10] 于胜民：《中印等发展中国家应对气候变化政策措施的初步分析》，《中国能源》2008 年第 6 期。

[11] 黄云松、黄敏：《浅析印度应对气候变化的政策》，《南亚研究》2010 年第 1 期。

[12] 严双伍、高小升：《后哥本哈根气候谈判中的基础四国》，《社会科学》2011 年第 2 期。

[13] 程晓勇：《国际气候治理规范的演进与传播：以印度为案例》，《南亚研究季刊》2012 年第 2 期。

[14] 时宏远：《印度应对气候变化的政策》，《南亚研究季刊》2012 年第 3 期。

[15] ［美］戴维·伊斯顿：《政治生活的系统分析》，王浦劬译，人民出版社 2012 年版。

[16] 赵斌：《印度气候政治的变化机制——基于双层互动的系统分析》，《南亚研究》2013 年第 1 期。

[17] ［美］亚历山大·温特：《国际政治的社会理论》，秦亚青译，上海人民出版社 2008 年版。

[18] 严双伍、肖兰兰：《中国参与国际气候谈判的立场演变》，《当代亚太》2010 年第 1 期。

[19] 张海滨：《气候变化与中国国家安全》，《国际政治研究》2009 年第 4 期。

［20］赵斌:《大国国际形象与气候政治参与：一项研究议程》,《天津行政学院学报》2013 年第 4 期。

［21］高小升:《试论基础四国在后哥本哈根气候谈判中的立场和作用》,《当代亚太》2011 年第 2 期。

［22］杨洁勉主编:《世界气候外交和中国的应对》,时事出版社2009 年版。

［23］Parag Khanna, *The Second World: How Emerging Powers Are Redefining Global Competition in the 21st Century*, New York: Random House, 2009.

［24］Fareed Zakaria, *The Post - American World*, New York: Norton, 2009.

［25］Dilip Haro, *After Empire: The Birth of a Multi - Polar World*, New York: Nation Books, 2010.

［26］Andrew Hurrell and Sandeep Sengupta, "Emerging Powers, North - South Relations and Global Climate Politics", *International Affairs*, Vol. 88, No. 3, 2012.

［27］Pu Xiaoyu, "Socialisation as a Two - way Process: Emerging Powers and the Diffusion of International Norms", *The Chinese Journal of International Politics*, Vol. 5, No. 4, 2012.

［28］Sprinz and Vaahtoranta, "The Interest - based Explanation of International Environmental Policy", *International Organization*, Vol. 48, No. 1, 1994.

［29］Peter Gourevitch, "The Second Image Reversed: The International Sources of Domestic Politics", *International Organization*, Vol. 32, No. 4, 1978.

［30］Robert D. Putnam, "Diplomacy and Domestic Politics: The Logic of Two - Level Games", *International Organization*, Vol. 42, No. 3, 1988.

［31］James Samuel Coleman, "The Foundation of Social Theory", in

Richard Ned Lebow, *A Cultural Theory of International Relations*, Cambridge: Cambridge University Press, 2008.

[32] Namrata Patodia Rastogi, "Winds of Change: India's Emerging Climate Strategy", *The International Spectator*, Vol. 46, No. 2, 2011.

[33] Miriam Schroeder, "The Construction of China's Climate Politics: Transnational NGOs and the Spiral Model of International Relations", *Cambridge Review of International Affairs*, Vol. 21, No. 4, 2008.

[34] Paul G. Harris, "China and Climate Change: From Copenhagen to Cancun", *Environmental Law Reporter*, Vol. 40, No. 9, 2010.

[35] Duncan Freeman, "The Missing Link: China, Climate Change and National Security", *BICCS Asia Paper*, Vol. 5, No. 8, 2010.

[36] Hyung – Kwon Jeon and Seong – Suk, "From International Linkages to Internal Divisions in China", *Asian Survey*, Vol. 46, No. 6, 2006.

[37] James Barnes, Marshall Carter and Max Skidmore, *The World of Politics*, New York: St. Martin's Press, 1980.

[38] Peter J. Katzenstein, Robert O. Keohane and Stephen D. Krasner (eds.), *Exploration and Contestation in the Study of World Politics*, Massachusetts: The MIT Press, 1999.

[39] Alexander Wendt, *Social Theory of International Politics*, Cambridge: Cambridge University Press, 1999.

[40] Qin Yaqing, "Relationality and Processual Construction: Bringing Chinese Ideas into International Relations Theory", *Social Sciences in China*, Vol. 30, No. 3, 2009.

下篇　对策篇

"台湾主体意识"构建过程及对策研究

李秀珍

摘要：20 世纪 70 年代以来，"台湾主体意识"逐渐成为台湾社会的主流意识，其核心内容有二：一是"中华民国"是主权独立的"国家"；二是台湾前途要由 2300 万台湾人民决定。"台湾主体意识"的发展有两种可能性：一是让它恶性发展，以致形成台湾地区与大陆敌对的局面，对于两岸人民来说，将是严重的灾难；二是尊重差异、包容差异，正确地面对差异、处理差异，通过交流交往，增进共识、增进互信，在共同建构两岸关系和平发展的进程中，朝着"认同台湾"与"认同中国"互相连接的方向发展，这应当是两岸人民共同的愿景。

关键词："台湾主体意识"；构建；对策

台湾岛内社会意识众多，从不同角度或面向分析与观察，就有不同的社会意识。就台湾社会及与两岸关系而言，当今最主要的社会意识是"台湾主体意识"（"台湾意识"）。"台湾主体意识"强调台湾"主体性"，强调"以台湾为主"，强调台湾价值、台湾利益、台湾优先，因此在岛内获得了普遍接受与认同。无论哪个政党、团体，都认同"台湾主体意识"或"台湾主体性"。可以说，"台湾主体意识"已成为台湾社会的主流意识。"台湾主体意识"的核心内容有两点：①"中华民国"是主权独立的"国家"；②台湾前途要由 2300 万台湾人民决定。

一 "台湾主体意识"构建过程

日本殖民统治台湾五十年，一方面导致了台湾与大陆发展上的差异，另一方面也在一定程度上影响塑造了要求摆脱外族统治的"台湾主体意识"的形成。"二战"后，台湾回归祖国，"台湾人开始认为自己不再是日本人，而是战胜国中国国民"[1]。可是，苛刻诛求、贪污腐败的国民党政府很快令台湾人民失望至极，尤其1947年"二·二八事件"的发生，更使得台湾人慨叹"狗（日本）走猪（国民党）来"。台湾学者苏瑶崇认为，在1945—1950年台湾历史政权转换的动乱时代，"台湾主体意识"有了进一步的发展。[2]但这时的"台湾主体意识"不同于日本殖民时期，其内涵不再是摆脱外族统治，而是转换为独立于祖国大陆。

1949年国民党政府从大陆溃逃台湾后，为巩固其统治合法性，"台湾国家认同"的论述主要由国民党所掌控的党国体制形塑。国民党以其特有的历史背景、海峡两岸对峙之形势，塑造了一个有利于其统治地位及动员戡乱体制的意识形态。这套意识形态强调，退守台湾的"中华民国"是代表中国的唯一合法政府，"窃据国土"的中共终将被消灭，在台湾的国民政府以"建设三民主义模范省"为手段，目标是"以三民主义统一中国"，因此作为中华民国一省的台湾被称作反攻大陆的"复兴基地"，"中国"为主体，"台湾"为客体，"中国"为核心，"台湾"为边陲。

可以说，20世纪70年代之前，经国民党的强力运作，"中国意

---

①② 苏瑶崇：《从日本决战体制下的台湾到主体意识的发展》，2004年度财团法人交流协会日台交流センター歴史研究者交流事业报告书，第2页。

识"成为台湾社会的主流思维。然而，1970 年保钓事件①、1971 年台湾丧失联合国席位及随后的一连串外交挫折，彰显出了台湾在美国支持下所拥有的国际地位的虚幻性。同时，这些事件也在台湾社会引起了复杂的反应，既有反美日等帝国主义而产生的中国民族意识，也刺激着对立于中共解放台湾的压力而形成的"新台湾意识"的增强。于是，20 世纪 70 年代之后，"台湾意识"与"中国意识"同出于关心国家外部处境与内部政治革新的忧国情怀，却由于知识分子成长背景的差异与对台湾前途看法的不同，渐渐走向对立。

20 世纪 80 年代，台湾在政治发展上迈向了一个新的阶段，开始向自由化、本土化方向转变。国民党执政当局一方面加速甄拔本土精英，促进政治整合，以使统治权威能建立在多数人民支持的基础上；另一方面为避免美丽岛事件②重演，开始提供在野精英合宜的参政管道。除自由化外，这一时期台湾政治发展的另一特色是"台湾化"。20 世纪 80 年代，台湾社会的"台湾意识"高涨起来。文学、思想层面，透过"乡土文学论战"③，"台湾文学"的概念建

---

① 1970 年 9 月，美国归还琉球群岛给日本，连带把钓鱼岛一并交给日本。美日无视钓鱼岛主权争议，私相授受领土，激发了社会上民族意识的觉醒。1970 年底海内外掀起了一场声势浩大的保钓运动，1971 年运动波及台湾，各大学纷纷成立"保卫钓鱼岛委员会"，并举行以学生为主的群众示威活动。

② 美丽岛事件，1979 年发生在台湾高雄市的一场重大冲突事件。12 月 10 日国际人权日，以《美丽岛》杂志社成员为核心的党外活动人士组织群众游行，诉求民主与自由，终结党禁及戒严。期间一些不明人士混入群众中，朝演讲者投掷鸡蛋进行挑衅。外围的警察则将群众包围住，释放催泪弹、照射强力探照灯激化民众，并逐步缩小包围圈，终至引爆警民冲突。事件后，大举逮捕党外人士，并进行军事审判，成为台湾自"二·二八事件"后规模最大的一场警民冲突。此事件对台湾以后的政局发展有着重要影响。之后，台湾民众开始关心政治，国民党政府在国际及岛内压力之下，逐渐放弃一党专政路线，并最终于 1987 年 7 月 15 日解除了长达 38 年的戒严，开放党禁、报禁。伴随着国民党政府的路线转向，"台湾主体意识"日益确立，在教育、文化、社会意识等方面出现了重大转变。

③ 所谓"乡土文学"是指 20 世纪 70 年代初、中期描写台湾农村朴素生活与情怀，表现社会下层民众的苦难与愿望，富有民族意识、社会意识的台湾新文学作品群，主要作家包括吴浊流、钟理和、钟肇政及 20 世纪 60 年代后半期的黄春明、王祯和与杨青矗等。这场论战的来源是，自认为是文坛主流的"现代主义"派文人将"乡土文学"看作"工农兵文学""普罗文学""狭隘的地方标签主义"而加以攻击；坚持"乡土文学"者则加以反击，认为有生命的文学必须是以"乡土"所象征的"土地与人民"为职志。

立，"台湾"的意涵有了多元化的趋向①；政治方面，1982 年党外提出"自决"主张，1986 年民进党亦将之纳入党纲；在民族主义论述中，侯德建赴大陆事件②挑起的党外杂志间的"台湾意识论战"至关重要。

"台湾意识论战"是 1983—1984 年主张台湾"本土意识"及"台湾独立"的台湾知识分子及政治运动人士通过党外杂志进行的一场思想论战，主题在于台湾人应该抱持怎样的国族认同。由于台湾当时仍处于威权统治时期，中国民族主义观念根深蒂固，赞成"台湾意识"的一方不敢或不能直接举起"台湾意识"或"国族认同"的旗帜，所以论战是以所谓"台湾结"对"中国结"的形式展开，因此该论战又被称为"台湾结与中国结论战"。这场论战使文学运动与政治运动的结合更加紧密，"台湾意识"成为公开话题，打开了国族认同的思想与言论禁区，为日后"台湾独立"的理论论述及运动开展创造了空间。

这场论战在"台湾意识"及"台湾独立"运动的发展史上，扮演了重要的角色。在这之前，由于国民党对言论的钳制以及对思想的教化，反对人士不敢公开宣扬"以台湾作为思考中心"的政治主张。然而，"台湾意识论战"的展开，将这个长久以来的思想言论禁忌打破，并提出一个不同于官方版本之中国民族主义的另类国家认同，为日后台湾独立言论的公开打下了基础。池焕德认为，"发生在党外杂志上的中国结与台湾结论战，是在国民党统治下首次在意见领域讨论'中国''台湾'的意涵与定位，也公开地就国、省（地方）基本区隔进行辩论。论战中的台湾意识论者破天荒地挑战

---

① 池焕德：《台湾：一个符号斗争的场域——以台湾结、中国结论战为例》，硕士论文，东海大学社会研究所，1997 年，第 32—39 页。

② 侯德健赴大陆事件：1983 年 6 月 4 日，台湾流行乐坛歌手侯德健自香港秘密进入中国大陆。当时海峡两岸仍处于相互隔离状态，侯德健事件震惊台湾。以此为导火索，引发了台湾岛内党外运动阵营的论战，当时党外左右翼杂志，如《生根周刊》（后被查禁而改名《台湾年代》）、《前进周刊》、《夏潮论坛》等，都相继投入这块当时的思想禁区竞逐。

了这个基本区隔，而这个挑战也象征着国民党政权下的国族认同符号系统已经正式地进入了转型期"，"（这场论战）象征着正统中国论受到了台湾意识者的根本挑战"①。

"中国结"与"台湾结"的出现有其政治现实面的成因，清廷割让台湾给日本时，虽有对祖国与台湾关系的反省文字出现，但当时面对的是清楚的异邦，反省也限于文化、地域层次与殖民政策，"台湾情结"只存在少数知识分子的意识中，其时的"台湾结"与"中国结"间具有相当的同构型，真正二"结"异质性的出现，是1949年后两岸局势变动所造成的。国民党政府迁台三十多年，政治现实面临许多两难处境：其一，历史传统认同于中国文化，但两岸政治的仳离使得台湾民众无法认同中国大陆；其二，教育与大众传播的内容以文化传统中国为趋向，但现实环境又着眼于台湾，使得社会化过程所提供的价值无法一致；其三，政治资源分配冲突与法统问题，被转移到省籍差异上；其四，省籍次文化的存在，使省籍差异无法缩小。这些两难均显示出了"台湾结"与"中国结"的纠葛。然而，"台湾结""中国结"与"台湾意识""中国意识"密切相关，两种情结非截然对立、互不重叠，中间部分允许有重叠的可能。不少倾向"中国结"者，虽认同中国历史文化，但也强调台湾经验的重要；倾向"台湾结"的意见里，也有人既认同台湾土地，又不否定中国历史文化与台湾的关系。

不过，1987年解严之前的"台湾意识"，虽具文化与乡土内涵，却未必具有"民族主义式"的政治要求。②然而，解严后的"台湾意识"，却是对应于"中共之中国意识"的"台湾住民意识"或是

① 池焕德：《台湾：一个符号斗争的场域——以台湾结、中国结论战为例》，硕士学位论文，台湾东海大学社会学研究所，第48—76页。

② 以1987年为界，之前的台湾民族主义运动为政治主导的选举促进路线时期，阶段性目标为建立一个主张"住民自决"的政党；之后称为联合阵线时期，乃后物质主义运动、政治民主化运动、历史主体性建构运动与新国家命名运动联合阵线的运动阶段。若不以运动实践，而以运动的论述来区分阶段，则前者称为"住民自决"运动时期，后者称为"制宪建国"运动时期。

"台湾主体意识"，已具有构成台湾民族主义的成分。

1986—1991 年，民进党受外部环境变化及其党内派系竞争的影响，逐步确立其以"台湾主体意识"为核心的政治论述，从而有了 1991 年"台独党纲"① 的出现。另外，执政的国民党为了响应民进党与民间社会要求改革的呼声，也开始了一连串民主化的措施。国民党在民主化过程中，势必要面对国家定位（或共同体标识）的问题，因此，民主化也开启了国民党走向"本土化"的途径，于是产生了 1993—1999 年国民党与民进党竞逐"台湾主体意识"的历程。

1988 年李登辉接任台湾地区领导人之后，逐步开展了具有浓厚"实用主义"② 意味的"台湾主体"建构工程。③ 1993 年，李登辉正式提出"生命共同体"与"中华民国在台湾"的国家认同论述，之后便多次以国民党主席或台湾地区领导人身份强调"生命共同体"概念。1994 年，李登辉指称国民党政权是外来政权，且长期由外省人主导。到 1996 年，李登辉的就职演说已不再提"一个中国"，而

---

① "台独党纲"，指台湾民进党 1991 年 10 月 13 日"第五届第一次全国党员代表大会"通过修订"党纲"中的一个条文："台湾主权独立，不属于中华人民共和国，且台湾主权不及于中国大陆，既是历史事实，又是现实状态，同时也是国际社会之共识。台湾本应就此主权独立之事实制宪建国，才能保障台湾社会共同体及个别国民之尊严、安全，并提供人民追求自由、民主、幸福、正义及自我实现之机会。"

② 赖建国认为，最重要就是 1991 年宣布终止"动员戡乱时期临时条款"，把过去两蒋时代从"中国意识"出发，视台湾为地方政府的立场，完全扭转，因为终止动员戡乱体制，即不再将中共视为叛乱团体，放弃过去争正统的想法，从而肯认在台湾的"中华民国"具有政治主体性，无须等到"中华民国"统一全中国之后，才能取得国家主体地位。这个动作一方面从两蒋时代传统主义或理想主义的大陆观，转变成现实主义的大陆观；另一方面，也从对"台湾"的自我流放、自我逃避的态度，改变成自我肯定、自我确认，将丧逸已久的"中华民国"政治主体性重新抓回，放置在这块岛屿之上，由此建构起"台湾"的政治主体地位。参见赖建国《台湾主体意识发展与对两岸关系之影响》，硕士学位论文，台湾政治大学东亚研究所，1997 年，第 159—160 页。

③ 从李登辉或国民党高层决策阶层的诸多谈话中，可以了解其倡导的"台湾主体"建构工程，主要是服务于以下两方面：一是维持国民党的执政地位；二是未来中国的统一。因此可以将国民党的意识形态定位成"务实主义的中国意识"或者"实用主义的台湾意识"。

是强调"中华民国是一个主权国家","中华民国在台澎金马地区"①。1999 年，接受"德国之声"广播公司访问时，李登辉明确指出，要"将两岸关系定位在国家与国家，至少是特殊的国与国的关系"。"特殊两国论"的抛出，标志着"台湾主体意识"的扬升达到了历史最高点。

2000 年，台湾地区领导人选举首次出现政党轮替，以"台湾之子"自居的民进党候选人陈水扁胜出。这次选举结果被许多人解读为台湾人"主体意识"的胜利。之所以如此，与民进党的竞选策略有关，民进党以公投捆绑大选，乃至在地方宣传中打出"台湾人与中国人"竞选口号。② 执政之后，"扁当局"采取了一系列举措：鼓励对"台湾主体意识"文化的研究；在中小学教科书上标记台北市为"首都"；推动"台湾正名运动"，2003 年起在中华民国护照封面加注"TAIWAN"；2004 年官方印制的地图"中华民国全图"不再包括大陆；2005 年把政府及其网站上的名称变更为"中华民国（台湾）总统府"；2007 年 1 月修改历史教科书内容，将中国史和台湾史分开，并把"我国""本国""大陆"改称"中国"；同年 2 月中华邮政更名为"台湾邮政"，中国石油股份有限公司更名为"台湾中油股份有限公司"，中国造船股份有限公司更名为"台湾国际造船股份有限公司"。这一连串举措的目的均为强化台湾的"主体意识"。结果也如民进党政府所愿，各种民调均显示，自认为是台湾人的数字节节上升，远超过自认为是中国人的比例。③

2008 年大选国民党获胜，执政的马英九政府虽承认"一个中国"原则，但强调的是"以台湾为主，对人民有利"的原则推动两

① 李登辉在就职演说中说"中华民国本来就是一个主权国家"，"四十多年来，海峡两岸因为历史因素，而隔海分治，乃是事实"，"由于中共始终无视于中华民国在台澎金马地区存在的事实，致使海峡两岸关系的发展，时生波折"。
② 苏瑶崇：《从日本决战体制下的台湾到主体意识的发展》，2004 年度财团法人交流协会日台交流センター歴史研究者交流事业报告书，第 1 页。
③ 纪舜杰：《认同的危机：台湾主体意识的崩解》，淡江大学"纪念三一四反侵略日谈台湾面临的主权危机"，第 86—87 页。

岸政策。八年任期中，马英九一再强调这一原则，强调与大陆签订的各种协议都是秉持这一原则。的确，马英九的政策、言论充分体现了"以台湾为主"的理念，他说："只要我们秉持'台湾精神'，善用我们的优势，并坚持'以台湾为主，对人民有利'的施政原则，我们一定可以把台澎金马建设为举世称羡的乐土、我们引以为傲的美丽家园。"① "国家的前途、台湾的未来，都掌握在我们二千三百万人手中，由我们自己来决定。我们要以实力捍卫中华民国主权，以行动维护台湾尊严，以智慧打造台湾未来，让我们共同开创下一个百年盛世！"② 这说明"以台湾为主"已经成为马英九的核心理念，他也力图要把这一理念建构成为以"'中华民国'（或台湾）是一个'主权国家'""台湾前途要由2300万台湾人来决定"为核心的"台湾主体意识"。实际上，这种建构还贯穿于马英九当局政策主张的许多方面，所谓"不统不独不武""维持现状""两岸超稳定结构""主权互不承认，治权互不否认""不应合作保钓""南海不合作"等，也都是"台湾主体意识"的建构与强化。

随着"台湾主体意识"日益高涨，国民党政治主张向本土化位移，向台湾化方向转化，不再有两岸政治上的统一思维与主张。2012年初，马英九在大选中获胜后发表的当选感言，充分揭示了国民党当局在"台湾主体意识"影响下政治主张的"台湾化""本土化"与"去统化"倾向。马英九参选的是"中华民国总统"，也是第十三任"中华民国总统"。可是，马英九在当选感言中完全以"台湾"概念为核心论述，只提到一句"中华民国"，而且是"我会用生命来捍卫中华民国的主权"，这不符合马英九一贯坚持与强调的"中华民国"的法统与体制。整个当选感言，充满着强烈的"台湾路线""台湾人民""台湾新历史""台湾梦"与"为台湾奋斗"等以"台湾主体"与"台湾价值"为核心的台湾观念与主张，

---

① 马英九2012年就职演说。
② 2011年马英九纪念辛亥革命百年讲话。

完全架空了法理上的"中华民国",将包含"两岸一中"与终极统一的"中华民国"抛到了九霄云外。

2016 年,民进党再次大选胜利后,继续建构"台湾主体意识"。蔡英文指出,"台湾主体意识"已经成为台湾社会的共识,她把所谓"'中华民国'是台湾,台湾是'中华民国'"当作"台湾共识"的核心。其实早在当选之前,就有学者概括蔡英文"台湾共识"的核心价值是"台湾是一个'主权独立'的'国家',其'国号'为'中华民国','主权'及于台、澎、金、马,'中华民国'政府与中华人民共和国政府是互不隶属的政权关系"①。

二 "台湾主体意识"日渐扬升的原因分析

"台湾主体意识"是社会的产物,它的建构与形成是正常的必然的现象。意识是社会的产物,是由于外界事物的作用而引起的,是人们在参与社会实践的基础上,对客观事物的一种反映。因此,考察"台湾主体意识"必须从它产生的社会条件进行具体的历史的分析。

第一,修正两蒋时期的结构性不均衡。蒋介石、蒋经国时期,为保障其独裁统治,通过对国家机器的掌控,造成了台湾 20 世纪 50 年代以后许多结构性的不均衡。政府人事结构上,机构内的首长以外省人为主,而在政府机构的军公教人员的考试中,国民党思想如总理遗教、三民主义、蒋介石思想等则占有重要分量。在这一背景下,政府的政策则往往对军公教人员有利,特别是在社会福利政策方面。经济方面,国民党有所谓党营企业,其触角则遍及金融、工矿、建设、文化、新闻媒体等各方面产业。凭借政治上的优势,国库与党库相通,一般民间企业无法与其竞争。在此情况下,国民

---

① 范世平:《蔡英文主导下的民共新关系》,《旺报》2014 年 4 月 17 日。

党成为全世界较富裕的政党，估计其资产在最盛期达到了数千亿元以上。① 文化方面，国民党建立以"中国"为中心的文化观，使有"中国文化背景"及会说北京话的外省人具有绝对的竞争优势，而只会说台湾方言（包括原住民语、客家话、闽南话）的人在竞争上处于不利地位，台湾地方的文化被鄙弃与毁灭。区域方面，一切建设以外省人集中的北部为中心，北部有大学、博物馆等良好的文教设施，而南部除农田外，以高污染的工业生产为中心。这些工厂在南部排放污染，却在台北纳税。北部人享受建设的成果，南部人忍受工业污染的后果。这些国民党统治下政治、经济、社会、文化、区域方面严重的扭曲与不均衡，自然而然地促成了"中国 vs. 台湾"的构图。当台湾经济快速发展之后，台湾人政治参与的愿望不断高涨，其参与的重要方面，就是修正上述结构上的不均衡。早期，只是争取个别性问题的改善，成效有限。进入 20 世纪 90 年代后，逐步将构造改革、宪政改造及国家认同三方面要求相结合，形塑台湾主体的意象，成效大增。其结果的典型体现，就是 2000 年大选中民进党候选人陈水扁的胜出。2004 年大选提出公投与制宪议题，可以说是将台湾过去潜藏的历史问题表面化。陈水扁虽然险胜，但其得票过半数，增加率超过上次大选 10%，这实源于长久以来"台湾主体意识"的发展结果。

第二，台湾民众生活在台湾这块土地上，生活在这一特定的社会环境中，他们认同台湾的社会、政治、经济、文化制度，表明他们与台湾有归属关系，以台湾为生命共同体，并且以此与未生活在台湾地区的人们区分开来，这是正常的。台湾学者刘性仁指出："台湾主体意识并没有错，它可以说是一种最原始的本能，一种在地的认同，对于周遭环境的关怀与爱护，这再自然也不过。"② 陈孔立指出："如果生活在台湾地区而不认同台湾，或不能建立起命运

---

① 刘进庆：《台湾战后经济分析》第二章"工业过程——国家资本及国家财政的收夺过程"。台北：人间出版社 1995 年版。

② 刘性仁：《评台湾青年世代的主体意识及其影响》，《中国评论》2012 年 6 月。

共同体，那么，他们有可能认同中国（包括大陆）并与大陆建立命运共同体吗？"①

第三，台湾问题的由来，最重要的因素是台湾长期维持着一个"代表全中国"的架构，一直保留着"中华民国"的称号，即一个"国"的架构。凡是一个"国"所要有的东西它都有（"总统""政府"、议会、军队、"宪法""国旗""国歌"、护照等），为了体现一个"主权国家"，就需要一个作为"国"的主体意识。过去的"中国意识"（那时"中华民国"占据了联合国的席位，在国际上代表中国）和现在的"台湾主体意识"就是这种社会历史条件下的产物。

第四，它是现阶段两岸关系的必然产物。两岸关系的发展需要经历一个长期的过程，参考建构主义理论，大约需要经过霍布斯文化（敌对关系）、洛克文化（对手关系）、康德文化（朋友关系）、家人文化等阶段。② 目前还处在前面两个阶段，双方有很大的差异与分歧，台湾不可能与大陆相一致，他们感到有必要建构"主体意识"，与大陆区隔开来，以免"主权受损"，以免"被大陆吞并"。学者周少来写道："台湾年轻人一般都认为：自己出生和成长于台湾的民主化之后，自由开放的民主多元社会在他们看来是'理所当然'；年轻一代与大陆更少保持历史和血缘的联系；而在台湾自由多元的舆论环境中，从媒体中所看到有关大陆的新闻报道更多是负面的问题；自己从小所受的教育更加强调台湾的'主体性'；而对大陆的政治体制介绍则更加突出所谓的'一党专制'和'威权发展'的方面。"③ 这就是说，在两岸关系的现阶段，两岸政治制度不同，存在许多差异，在重大政治难题尚未解决之前，台湾建构"台湾主体意识"显示与大陆的差异是必然的现象。

---

① 陈孔立：《台湾民意与群体认同》，九州出版社 2013 年版，第 162 页。
② 王贞威：《家人：两岸关系新文化的结构探析》，《台湾研究集刊》2014 年第 3 期。
③ 周少来：《台湾民众的国家认同倾向及其对两岸政策的影响》，《江苏师范大学学报》2014 年第 2 期。

三　对策研究

　　"台湾主体意识"的建构既然是正常的、必然的，尽管台湾不同政党对主体意识有不同的诠释，但它已经成为台湾社会的主流意识，为大多数人所接受，不会因为外界的反对而消亡。相反地，大陆方面如果对"台湾主体意识"展开批判，必然会引起台湾民众的不满。陈淞山指出："高举民族大义，强化中华民族的政治认同，对台湾认同采取排他性的政治策略与布局，其实是适得其反的谬误思考，更会激化台湾民心的反弹与愤怒。"① 看来"坚决反对"的做法对于两岸关系和平发展是没有好处的。我们应当承认差异、尊重差异、包容差异，而不要提出"聚同化异"之类的主张，因为所谓"化异"显然是要把对方的"异"化掉而"聚"入我方的"同"中来，而不可能是把我方的"异"化掉而"聚"入对方的"同"中去。"化异"就是要消灭差异，这既不可能也无必要，更不符合"尊重台湾的社会制度、价值理念与生活方式"的精神。

　　有人主张用"推进两岸经济关系的发展，建构两岸经济共同体，实现两岸经济的一体化"的办法，来打破"台湾主体意识"思维。但是，事实已经证明，两岸经济关系的紧密发展，并不能解决政治分歧，也不能促进相互认同。俞新天指出："显然，克服障碍不能只讲经济'让利'，再好的经济政策也不可能让所有的人受益和满意，社会的、心理的、思想的问题不可能纯靠经济来解决。"② 唐永红指出：两岸经济一体化"有助于推进两岸和平统一，但并非两岸和平统一的充分条件"，"两岸经济合作与一体化发展过程中，台湾方面在主观意愿上将可能不仅不会通过采取正面的言行推进经

---

① 陈淞山：《两岸关系发展的困局与机遇》，《美丽岛电子报》2013 年 3 月 15 日。
② 俞新天：《世界权力转移特点及其对两岸关系的影响》，《台海研究》2014 年第 2 期。

济合作与一体化向政治合作与一体化方向外溢发展，而且可能通过
采取负面的言行抑制这种外溢发展"①。此外，有人认为应当加强两
岸交流，以此来"化解""台湾主体意识"。实际上，交流交往确实
有助于相互了解，但它并不必然导致相互认同，相反地，可能由于
相互了解的加深，对彼此的差异会有更加广泛深入的了解，从而更
加巩固了既有的主体意识。正因为"台湾主体意识"是在特定的社
会历史条件下形成的，它不可能被产生于不同社会历史条件下的中
国主体意识所取代。

　　"台湾主体意识"是会随着社会历史条件的变化而改变的。陈
芳明考察了"台湾意识"从日据时期到现代的发展过程，提出如下
看法："台湾意识并非是封闭的，也并非是静态的，而是动态地在
不同历史阶段接纳不同族群的参与并认同。"② 当今在两岸关系和平
发展的条件下，以"台独意识"为核心的主体意识不得不有所改
变，随着和平发展的深化，两岸必然会逐步增进共识、增进互信，
因而朝着台湾认同与中国认同相连接的方向发展将是一种可能的趋
势。有的台湾学者已经指出："台湾主体意识若被误用或是滥用，
恐怕对台湾来说是祸而非福，连带影响两岸关系、经济发展、开放
程度落实、文化创新、社会学习与成长等这些层面，甚至会变成保
守主义、反动主义、排他主义与保护主义的代言人，对于正要迈向
卓越发展的台湾社会，绝非好事。因此我们应当正确理解台湾主体
意识，并通过正确的渠道及信息正确的传播，告知青年世代什么是
真正的台湾主体意识，否则倘若继续放任下去，未来必将造成难以
弥补的遗憾。"③ 这说明克服与摆脱排斥大陆的主体意识也将成为可
能的趋势。陈淞山主张："让两岸和平发展的交流与融合自然形成
'认同台湾'就是'认同中华'的价值观，并积极创造其与'中华
认同'或'中国认同'相联结的文明价值，以此来建构两岸的'文

---

① 唐永红：《两岸经济合作的政治效应问题探讨》，《台湾研究》2014 年第 4 期。
② 陈芳明：《文化认同与民族主义》，《文讯》2014 年第 339 期。
③ 刘性仁：《评台湾青年世代的主体意识及其影响》，《中国评论》2012 年 6 月。

明共同体'。"① 这是一种善意的理性的期待。

总之，"台湾主体意识"已经成为台湾社会的主流意识，一方面它刻意与中国大陆区分开来，对于两岸关系和平发展是不利的；另一方面它是现阶段两岸关系客观现实的主观反映，是一种正常的必然的现象。在社会历史条件未发生重大变化的情况下，它是不会自行消亡的，也不会被另一种主体意识所取代。"台湾主体意识"的发展有两种可能：一是让它恶性发展，造成台湾与大陆敌对的局面，那对于两岸人民来说，将是严重的灾难；二是尊重差异、包容差异，正确地面对差异、处理差异，通过交流交往，增进共识、增进互信，在共同建构两岸关系和平发展的进程中，朝着"认同台湾"与"认同中国"互相连接的方向发展，这应当是两岸人民共同的愿景。

参考文献

［1］陈孔立：《台湾民意与群体认同》，九州出版社 2013 年版。

［2］纪舜杰：《认同的危机：台湾主体意识的崩解》，淡江大学"纪念三一四反侵略日谈台湾面临的主权危机"，2011 年。

［3］苏瑶崇：《从日本决战体制下的台湾到主体意识的发展》，2004年度财团法人交流协会日台交流センター歷史研究者交流事业报告书。

［4］池焕德：《台湾：一个符号斗争的场域——以台湾结、中国结论战为例》，硕士学位论文，台湾东海大学社会研究所，1997 年。

［5］赖建国：《台湾主体意识发展与对两岸关系之影响》，硕士学位论文，台湾政治大学东亚研究所，1997 年。

［6］刘进庆：《台湾战后经济分析》，台北：人间出版社 1995 年版。

［7］范世平：《蔡英文主导下的民共新关系》，《旺报》2014 年 4 月

---

① 陈淞山：《两岸关系发展的困局与机遇》，《美丽岛电子报》2013 年 3 月 15 日。

17 日。

[8] 陈芳明:《文化认同与民族主义》,《文讯》2014 年 1 月。

[9] 陈淞山:《两岸关系发展的困局与机遇》,《美丽岛电子报》2013 年 3 月 15 日。

[10] 刘性仁:《评台湾青年世代的主体意识及其影响》,《中国评论》2012 年 6 月号。

[11] 唐永红:《两岸经济合作的政治效应问题探讨》,《台湾研究》2014 年第 4 期。

[12] 王贞威:《家人:两岸关系新文化的结构探析》,《台湾研究集刊》2014 年第 3 期。

[13] 俞新天:《世界权力转移特点及其对两岸关系的影响》,《台海研究》2014 年第 2 期。

[14] 周少来:《台湾民众的国家认同倾向及其对两岸政策的影响》,《江苏师范大学学报》2014 年第 2 期。

东北亚区域安全机制建构与中国策略

金　新

摘要： 推进东北亚区域安全机制建设，已成为地区各国的现实需要和政策共识。东北亚区域安全机制，以维护地区和平稳定、保障各国共同安全和规范各国对外行为为主要目标。包容平等、合作共赢、综合治理和协商一致，应成为东北亚区域安全机制的基本原则。集体安全模式、军事联盟模式和多边合作模式，是东北亚区域安全机制的几种备选模式。但唯有多边安全合作机制，是东北亚区域安全机制最为合理的模式选择。东北亚区域安全机制构想的具体落实，需要遵循以经促政、循序渐进的路线。依托六方会谈框架，提高制度化水平，亦是其可行路径。在东北亚区域安全机制建构中，中国应当成为坚定的支持者和积极的参与者。

关键词： 东北亚；区域安全；安全机制

东北亚作为中、美、日、俄四大国战略利益交汇与碰撞的地带，是当前国际社会安全形势最为严峻的地区之一。利益关系的复杂性和权力结构的动态性，使得当前错综复杂的地区安全问题难以在现有安全结构之下得到有效解决。东北亚地区缺少区域合作和地区安全的、有效的和常设性的制度性安排，分散的权力结构使既有的利益冲突难以得到有效协调和控制。① 推进区域安全合作，构建地区安全机制，成为东北亚各国不可回避的现实需要。东北亚各国基于国

---

① 黄凤志、金新：《中国东北亚安全利益的多维审视》，《东北亚论坛》2011 年第 2 期。

家利益的考量，也纷纷主张推动地区安全机制建设。推动建设东北亚地区安全机制的客观需要与主观愿望都已具备，对这一安全机制的规范性探讨和实证性研究成为必要。这里主要从目标与原则、结构与功能、模式选择和建构路径等方面对东北亚地区安全机制做一浅析。

一 东北亚地区安全机制的目标与原则

（一）东北亚地区安全机制的目标

（1）维护东北亚地区和平稳定

和平和发展已成为当今时代的主题，但冷战结构仍困扰着东北亚地区。各种历史遗留问题持续发酵，热点问题间或升温，领土争端难以解决。尤其是朝鲜半岛，更是成为东北亚地区的"火药桶"。"朝鲜、韩国、与之相邻的三个大国，以及美国相互之间进行着特殊的博弈，这种博弈作为冷战在微观世界的残余，几乎没有改变。"①为东北亚国家进行理性沟通和合作搭建有效平台，为和平解决各国的矛盾冲突提供可行路径，管控国际危机，防止区域战争，成为东北亚地区安全机制的目标所在。若东北亚地区安全机制得以良性运行，可使地区紧张局势得到有效缓解，朝核问题等地区热点问题得到和平解决，可能出现的地区军事冲突与核军备竞赛得到切实消除，进而促进各国关系的稳定发展。东北亚地区安全机制，通过东北亚各国制度化的协调与合作，维护和平稳定的地区秩序，为东北亚各国的发展与繁荣提供有利的外部环境。

（2）保障东北亚各国共同安全

"国际安全机制最基本的目的是满足成员国的安全需要"②，东

---

① ［英］巴里·布赞、［丹］奥利·维夫：《地区安全复合体与国际安全结构》，潘忠岐等译，上海世纪出版集团 2010 年版，第 144 页。

② 唐永胜、徐弃郁：《寻求复杂的平衡——国际安全机制与主权国家的参与》，世界知识出版社 2004 年版，第 15 页。

北亚地区安全机制的首要目标，在于保障域内各国的共同安全。"在经济全球化条件下各国命运休戚与共，国际社会应增强共同安全意识，既要维护本国安全，又要尊重别国安全关切。"[①] 当前随着区域化的发展，国家行为体的安全利益越来越具有地区性特征，东北亚地区亦不例外。东北亚各国面临着相同的地区安全形势和共同的安全威胁，包括安全困境、领土纠纷所造成的军事安全威胁，能源短缺、经贸争端所形成的经济安全威胁，生态破坏、气候变化所带来的环境安全威胁，等等。在传统安全领域，东北亚地区军备控制成效甚微，甚至出现逆裁军势头。特别是在核军控领域，已然陷入困境。在朝核问题上，相关各方若不能有效沟通和妥善处理，将会对东北亚地区安全产生深刻的负面效应，甚至有增加地区核竞赛的可能性，加剧对东北亚各国安全的挑战。东北亚地区安全机制，应能够缓解和消除地区安全困境，降低地区战争爆发的可能性，使东北亚各国面临的安全威胁和恐惧得以消解。

（3）规范东北亚各国对外行为

国际机制的最大功能是"制约和调节国际社会角色的行为"[②]，国际安全机制作为安全领域的一种制度性安排，应发挥制约和调节相关国际行为体对外行为的作用。在东北亚地区安全机制缺失的现状下，各国对外行为的不可预测性较高，国家间互信缺失，安全领域盛行零和博弈。东北亚地区安全机制的建立和有效运行，将促使一系列具有普遍约束力的原则、规则和规范的形成，从而约束域内各国的对外行为。东北亚地区安全机制的良性运行，可使各国将安全领域的行为规范逐渐内化为自身理念，使各国在内在理念的有效规制下展开对外活动，进而提高东北亚国家安全行为和安全互动的可预测性。

---

① 《中国的和平发展》白皮书，国务院新闻办公室（http://www.scio.gov.cn/zfb-ps/ndhf/2011/201109/t1000032_3.htm）。

② Stephen Krasner（ed.），*International Regime*，Cornell University Press，1983，p.62. 转引自倪世雄等《当代西方国际关系理论》，复旦大学出版社2004年版，第376页。

（二）东北亚地区安全机制的原则

（1）包容平等原则

东北亚地区安全机制，首先应明确内向型安全机制的定位，秉持包容和平等的基本原则。一方面，应坚持包容原则，建设能覆盖东北亚所有国家的安全架构，而非针对本区域特定国家的外向型对抗性机制。东北亚地区安全机制的建构，不能以加剧地区内的矛盾与纠纷、分裂与对抗为代价。另一方面，应坚持平等原则，"坚持国家不分大小、强弱、贫富一律平等"①，反对借助地区安全机制谋求东北亚霸权的意图与行为，避免出现支配性大国主导地区安全机制。东北亚地区安全机制的构建，不能把本国意志强加于他国，而应实现东北亚地区各国的平等协商与合作。

（2）合作共赢原则

"合作共赢，就是要倡导人类命运共同体意识，在追求本国利益时兼顾他国合理关切，在谋求本国发展中促进各国共同发展"②。东北亚地区安全机制，应保障东北亚各国通过国际合作实现自身安全利益的最大化，使各方共同获益。国际社会的无政府状态，使各国将维护国家安全利益视为一种零和博弈，这在缺乏安全机制的东北亚地区更为凸显。东北亚国家一贯通过自助方式维护国家安全利益，最主要的手段便是提升自身的军事实力，这使得东北亚各国深陷地区性安全困境难以自拔。但目前，东北亚地区存在一系列的地区安全问题，域内各国面临着诸多共同威胁，任何国家单凭一己之力无法应对，国家间必须进行安全合作。东北亚地区安全机制能确保本地区国家在机制框架下沟通信息、协调利益，避免安全领域的零和博弈，推动各国的安全合作，进而在安全机制的制度性保障下，实现东北亚国家间的互惠互利、合作共赢。

---

①② 《十八大报告》（全文），新华网（http://www.xj.xinhuanet.com/2012-11/19/c_113722546_11.htm）。

（3）综合治理原则

东北亚地区安全机制，应全面应对区域内的传统安全威胁与非传统安全挑战，实现地区安全的综合治理。在传统安全领域，东北亚地区冷战残余依旧明显，地区冲突威胁未消，安全困境难以缓解；在非传统安全领域，东北亚地区经济安全、社会安全、环境安全等方面问题错综复杂，新的安全威胁不断衍生。本地区非传统安全"关注的重点在于：金融危机、能源短缺、生态环境恶化、恐怖主义和大规模杀伤性武器扩散、非法移民、流行疾病等问题"①。非传统安全问题威胁的跨国性和解决的艰巨性，使得东北亚各国已经无法单独应对。面对共同的非传统安全威胁，各国需要在地区安全机制的框架下，立足于区域综合安全，通过广泛的安全合作，共同治理威胁地区安全的各种问题。

（4）协商一致原则

东北亚地区安全机制，应在地区各国协商一致的原则下，实施安全合作、解决安全问题。东北亚地区安全对东北亚各国利益均有重要影响，只有兼顾域内所有国家的安全利益，东北亚安全机制才能得以有效运转。在东北亚地区安全机制构架下，各国应进行充分沟通与协商，充分表达本国诉求，协调各方安全利益，以达成一致共识，在此基础上开展多边安全合作。东北亚安全机制，应重视契约与共识，在地区各国协商所达成共识的基础上，解决具体的安全问题，使各国安全利益得到有效护持。

二 东北亚地区安全机制的结构与功能

（一）东北亚地区安全机制的结构

东北亚地区安全机制，应具备完整的机制结构，以实现全方位、

---

① 肖晞：《东北亚非传统安全：问题领域及合作模式》，《东北亚论坛》2010 年第 2 期。

多层次、多渠道的地区安全合作，全面应对和有效解决东北亚地区存在的各种安全问题。在新安全观之下，地区安全机制不再是单向度的简单模式，而是包含多样化的合作模式。"新安全观的合作模式应是灵活多样的，包括具有较强约束力的多边安全机制、具有论坛性质的多边安全对话、旨在增进信任的双边安全磋商，以及具有学术性质的非官方安全对话等。"① 东北亚地区安全机制，应是涵盖多样化合作模式的复合结构。其具体结构，可从横向的治理领域和纵向的主体层次两个维度进行探讨。

（1）东北亚地区安全机制的横向结构

完备的东北亚地区安全机制，从横向结构上看，至少应包含危机管理机制、核不扩散机制、军备控制机制等构成要素。一是危机管理机制。在东北亚地区，中美、中日、中韩、朝韩、日韩、日俄、美俄等多对双边关系中普遍缺乏战略互信，安全利益上存在对立与竞争，地区安全局势的不确定性较高。当前的东北亚，朝鲜半岛问题长期存在，双边领土纠纷间或升温。在这种安全态势之下，东北亚地区存在着随时出现国际危机与冲突的可能。在东北亚地区安全机制框架中，应建立完善的双边和多边危机管理机制，形成处理危机的制度化磋商渠道，以避免危机升级，维护地区和平与稳定。

二是核不扩散机制。朝核问题的存在对东北亚地区造成了严重的负面影响，甚至使东北亚地区难以排除核扩散与核军备竞赛的危险。"在东北亚地区建立有中、美、俄、日、韩、朝、蒙共同参与的核不扩散机制，对东北亚各国的安全是重要保证。"② 东北亚地区安全机制建设的一个重要内容，是以《不扩散核武器条约》和《全面禁止核试验条约》为基石，在地区范围内强化核不扩散机制，以

① 《中国关于新安全观的立场文件》，中华人民共和国外交部（http：//www. fm-prc. gov. cn/mfa_ chn/ziliao_ 611306/tytj_ 611312/t4549. shtml）。

② 黄凤志、高科、肖晞：《东北亚地区安全战略研究》，吉林人民出版社2006年版，第400页。

确保东北亚地区的核安全。

三是军备控制机制。除核军控之外，常规武器的军备控制对东北亚而言也十分重要。东北亚地区存在数以百万计的武装，集结了全球范围内最强大的军事力量和最先进的军事装备。东北亚军备控制成效甚微，甚至出现了逆裁军势头，安全困境难以消解。特别是近年来随着中国的崛起和军事现代化，美国加速了军事战略重心的转移，推行"重返亚太"战略，强化了在东北亚地区的前沿军事部署，这加剧了东北亚安全局势的不稳定性和地区军备竞赛的风险。有效的军备控制机制成为东北亚地区安全的客观需要。

（2）东北亚地区安全机制的纵向结构

从纵向结构上看，东北亚地区安全机制须既包含政府间机制，又包含非政府层面的第二轨道机制。一是政府间机制。政府层面的官方机制是东北亚地区安全机制的主要组成部分。东北亚地区安全机制虽然可以包含多种国际行为体的共同参与，但主权国家一直是——而且在可预见的将来仍将是——东北亚地区安全合作的核心主体。地区安全机制无疑应以政府间安全合作与对话机制为主导。现阶段，基于各国政府间对话的六方会谈是东北亚安全协商与合作的核心机制。

二是第二轨道机制。第二轨道机制由半官方和民间人士共同参与，其参与者包括现任或去职的政府官员、政府智囊机构的研究人员、相关领域的学者以及商界精英等。第二轨道机制的参加者由于其特殊的个人背景或公职身份，与各自政府的安全政策决策层之间存在着个人或组织层面的关系。① 第二轨道机制能够影响东北亚国家政府的安全政策。在东北亚安全机制中容纳第二轨道外交的渠道与平台，可以为地区安全问题的对话与协商提供一个辅助性机制，有助于东北亚各国的安全协调与合作。

---

① 喻常森：《"第二轨道"外交与亚太地区安全合作》，《东南亚研究》2003 年第 5 期。

（二）东北亚地区安全机制的功能

（1）冲突管理功能

东北亚地区存在一系列影响安全秩序稳定并可能导致国际冲突的矛盾与问题，包括美国霸权与中国崛起之间的结构性矛盾，朝鲜半岛的问题，中国台湾问题，以及东北亚国家间错综复杂的领土纠纷，如中日钓鱼岛之争、日韩竹岛（独岛）之争、日俄北方四岛（南千岛群岛）之争等。例如在海洋安全领域，仅 2010 年一年，东北亚地区便发生了 3 月的天安舰事件，9 月的钓鱼岛撞船事件和 11 月的延坪岛炮击事件等多次海上摩擦。2012 年一年，中日、日俄、日韩岛屿争端均一度升温。冲突与对抗频发成为当前东北亚安全形势的显著特征。冲突管理是东北亚地区安全机制的重要功能。冲突管理的内涵涵盖冲突预防、冲突避免、冲突遏制、冲突转化、冲突和解和冲突解决等多方面。① 冲突管理囊括国际冲突的整个周期，包括冲突前的预防、冲突中的处理和冲突后的和平构建。东北亚地区安全机制致力于防止危害地区安全秩序的国家间冲突，避免东北亚国家间冲突的升级与扩散，减弱国家间冲突对东北亚区域的负面效应。东北亚地区安全机制的有效运行，使区域内部冲突得到了有效的预防和控制，避免了域内国家间的大规模武力冲突，最大限度地实现了区域和平与稳定。

（2）安全保障功能

保障东北亚地区安全，不能寄希望于霸权稳定或者均势和平，霸权稳定模式在东北亚并不能完全实现，东北亚安全体系中也难以形成能够制衡区域外霸权力量的地区性均势。中国的迅速崛起和美国"重返亚太"实施"再平衡"战略，更是激化了东北亚地区体系内部结构性矛盾。在东北亚地区，单纯依靠体系结构的作用难以得到有效的安全保障，必须诉诸国际制度即东北亚地区安全机制。东

---

① Niklas Swanström, *Regional Cooperation and Conflict Management*: *Lessons from the Pacific Rim*, Department of Peace and Conflict Research, Uppsala University, Report No. 64, 2002, p. 20.

北亚地区安全机制为东北亚各国提供安全保障，消除对地区安全造成负面影响的安全威胁与挑战。这种安全保障功能，既涵盖了传统安全领域，又涵盖了非传统安全领域。传统安全保障功能表现为东北亚地区安全机制通过东北亚各国间的协调与合作，防止和消除东北亚政治安全和军事安全领域存在的威胁与隐患。非传统安全保障功能表现为东北亚地区安全机制处理和解决东北亚经济安全、社会安全、生态安全等领域存在的问题与挑战。

（3）信任构建功能

东北亚地区各国间长期受意识形态对立或历史恩怨的影响，彼此猜疑和恐惧，普遍将对方认定为潜在威胁。中美、中日、中韩、朝韩、日韩、日俄、美俄等多对双边关系普遍缺乏战略互信，加剧了东北亚地区安全态势的对抗性和地区安全合作的滞后性。[①] 消除相互猜忌，构建战略互信，是东北亚地区安全机制的又一重要功能。地区安全机制通过制度性的沟通和交流，传达可靠信息，增加各方透明度，消除对彼此战略意图的误判，避免信息不对称所造成的安全困境。东北亚地区安全机制的有效运行，可以逐步化解地区各国间不必要的误解、猜疑、恐惧和敌视，增进彼此了解和信任，为进一步地区安全合作奠定基础。东北亚地区安全机制的运行，有助于实现我国"通过协商对话增进信任、减少分歧、化解纠纷，避免使用武力或以武力相威胁"的政策目标。[②] 随着近年来东北亚地区热点问题的屡屡升温，建设具有信任构建功能的东北亚地区安全机制的重要性和紧迫性更加凸显。

---

① 黄凤志、金新：《中国东北亚安全利益的多维审视》，《东北亚论坛》2011 年第 2 期。

② 《中国的和平发展》白皮书，国务院新闻办公室（http：//www. scio. gov. cn/zfb-ps/ndhf/2011/201109/t1000032_ 3. htm）。

三 东北亚地区安全机制的模式选择

国际安全机制具有多种具体模式，包括集体安全模式，如联合国；军事联盟模式，如北大西洋公约组织；多边合作模式，如上海合作组织等。国际安全机制模式的形成，取决于成员国家间的权力结构、利益关系、共有观念、制度惯性、外部环境以及国内政治等多方面的动因。东北亚地区安全机制的模式选择，应从本区域具体的历史的国际关系现实出发，既不能盲目追求脱离现实的理想主义模型，又不能刻板固守零和博弈的权力政治教条。

（一）东北亚地区安全机制模式：比较与选择

集体安全模式、军事联盟模式和多边合作模式，是东北亚地区安全机制的几种备选模式。这里分别从应然的规范层面和实然的实践层面，对这些模式进行具体考察，从而揭示多边合作是东北亚地区安全机制最为合理的模式选择。

（1）集体安全模式

集体安全是"以集体的力量威慑或制止其内部可能出现的侵略者和侵略行为的办法来保护每一个国家的国家安全的一种安全保障体系"①。东北亚集体安全机制，是一种脱离现实的理想化模式。从规范角度考量，它符合平等包容、合作共赢等原则，能够消解东北亚地区的安全困境，维护东北亚各国安全及地区和平。但从现实角度考量，构建东北亚集体安全机制并不是一种合理的选择。一方面，集体安全机制有其本身无法规避的内在缺陷，正如基辛格所揭示的，"集体安全的弱点在于各国的利益极少一致，安全也很难做到无懈可击。因此一个全面性集体安全制度，其成员同意坐视不管

---

① 倪世雄等：《当代西方国际关系理论》，复旦大学出版社 2004 年版，第 376 页。

的可能性大于采取联合行动的可能性"①。另一方面，东北亚地区错综复杂的安全环境决定了在可预见的未来仍无法构建有效的集体安全机制。东北亚地区利益矛盾与纷争根深蒂固，战略互信与认同严重缺失。东北亚地区还存在多种相互交错、彼此制约的双边关系和三角关系，使地区安全体系中难以形成域内国家协同一致合力威慑和遏制特定对象国的集体行动。集体安全机制的构建难以突破利益关系的困境。

（2）军事联盟模式

联盟是"两个或多个主权国家之间利用武力对付外来威胁而形成的一种正式联合"②。东北亚地区现已存在美日、美韩两对双边军事联盟，美国甚至将这种联盟关系视为"亚洲安全的基础"③，不断加以强化。但不论从应然还是实然的层面考察，军事联盟模式的东北亚安全机制都并非是一种合理的选择。从应然的规范层面看，军事联盟机制违背了平等包容、合作共赢的基本原则。从其性质来看，军事联盟具有封闭性和排他性，联盟国家排斥他国共同参与地区安全事务，无法将东北亚区域内的所有国家都容纳到联盟之内；从其目标来看，军事联盟意欲达到的并非是所有国家平等的共同安全，而是单方面的绝对安全；从其手段来看，军事联盟以第三方为对象国，追求超越对象国的军事优势，与合作共赢的原则相背离。从实然的实践层面看，东北亚地区存在美、日、韩海洋势力与中、俄、朝大陆势力的隐形对立和美、中、日、俄四大国的战略竞争关系，大国间战略利益的结构性冲突决定了它们在各自安全战略定位与选择上的冲突性，军事联盟机制将安全利益的护持建立在对第三方产生负面影响的基础上，片面谋求联盟国家的安全，无法顾全东

---

① ［美］亨利·基辛格：《大外交》，顾淑馨、林添贵译，海南出版社1998年版，第81页。

② Glenn H. Snyder, *Alliance Politics*, Ithaca：Cornell University Press, 1987, p. 4.

③ National Security Strategy, May 2010, The White House（http：//www. whitehouse. gov/sites/default/ files/rss_ viewer/national_ security_ strategy. pdf）.

北亚各国利益，难以得到域内所有国家的支持，反而会进一步恶化地区安全态势。

（3）多边合作模式

国际安全机制的多边合作模式，将多边主义与合作安全理念相结合，为东北亚地区安全机制的建设提供了可行的方案。多边主义是一种"依据普遍行为原则，协调三个或三个以上国家的制度形式"①。合作安全主要指"多元的参与主体以合作的手段、渐进的方式、多样的渠道谋求实现相互间安全利益的最大化"②。综合二者的多边合作模式，是东北亚地区安全机制最为合理的模式选择，兼具规范意义上的可取性与实践意义上的可行性。就规范维度而言，多边安全合作模式是一种包容而非排他的机制模式，在其制度框架内能够有效协调东北亚各国利益，能够在平等的基础上，立足于协商与合作的基本行为准则，通过安全对话与合作的方式解决地区安全问题，增进互信，实现东北亚各国的共同安全。就实践维度而言，东北亚地区是一个大国战略利益交汇之处，各国间存在错综复杂、彼此牵制的利益关系，需要在多边主义的制度框架下，通过安全合作的路径加以有效协调。这种方案在当前条件下也最有可能获得各方的支持。在集体安全模式和军事联盟模式都不具备价值可取性或现实可行性的情况下，多边安全合作模式是唯一适应东北亚现有安全结构的安全机制模式。

（二）东北亚多边安全合作机制：设想与实践

正如约翰·鲁杰所指出的，由于没有安全关系上多边主义的制度性安排，亚太地区已难以适应全球政治所发生的根本变化。③东北亚地区的这一缺陷尤为突出。多边安全合作机制是东北亚地区必

---

① John Gerald Ruggie （ed.）, *Multilateralism Matters: The Theory and Praxis of an International Form*, New York: Columbia University Press, 1993, p. 11.

② 宫玉涛：《合作安全视角下的东北亚安全机制建构》，《教学与研究》2011 年第 9 期。

③ ［美］约翰·鲁杰：《对作为制度的多边主义的分析》，载约翰·鲁杰主编、苏长和等译《多边主义》，浙江人民出版社 2003 年版，第 4 页。

要且可能的安全机制模式选择。事实上，东北亚各国也曾提出很多基于多边合作模式的地区安全机制的设想。美国提出过"新太平洋共同体""分区安全机构"和"东北亚安全论坛"等多种安全形式；日本曾主张效仿"东盟论坛"的做法，建立"东北亚论坛"；韩国等东北亚六国参加"东北亚地区论坛"，并主张现阶段宜首先构建相当于"小多边主义"（Minilateralism）的中、美、韩三角合作体制①；俄罗斯亦曾提出建立东北亚地区冲突调解中心、东北亚多边磋商机制和六国集体安全体制等设想。

东北亚国家建构多边安全合作机制的探索与实践已经初步展开。涉及东北亚安全的多边合作或对话机制现已为数不少。政府层面的官方机制包括朝核问题六方会谈（SPT），以及中、日、韩三方在"10＋3"框架内的合作机制，此外覆盖了东北亚多国的东盟地区论坛（ARF）、东亚峰会（EAS）和亚洲合作对话（ACD）也为东北亚国家的对话与协商提供了机制渠道。此外还有一些在东北亚多边安全协商与合作中起辅助作用的非政府层面的第二轨道机制，如亚太安全合作理事会（CSCAP）、东北亚合作对话会（NEACD）、北太平洋安全保障三级论坛、中美日三边关系学术研讨会、美日俄安全对话等。

在这些多边合作或对话机制中，朝核问题六方会谈无疑是东北亚地区多边安全合作的核心机制。六方会谈机制若能长期顺利运行，无疑对东北亚安全机制的构建具有积极意义。东北亚地区制度化安全架构的缺失需要六方会谈由一种临时的、松散的实体转换为永久性的东北亚地区安全机制。② 可以说，六方会谈框架不仅是解决朝核问题的核心机制，而且是东北亚多边安全机制的雏形。若朝核问题在六方会谈框架下最终能够得到妥善解决，则六方会谈的多

---

① 孙春日：《从〈韩国的国家战略 2020〉看韩国对今后 15 年东北亚安全机制的预期》，《当代亚太》2006 年第 11 期。

② *North Korea's Security Policy：Implications for Regional Security and International Export Control Regimes*，Danish Institute for International Studies Report，July 2008，p. 31.

边协商机制将可能外溢到东北亚区域其他安全议题，如半岛永久和平机制的建立和东北亚安全合作的推进等，为未来制度化的东北亚地区多边安全合作机制奠定基础。

四 东北亚地区安全机制的建构路径

在东北亚这样一个安全困境仍未化解、安全关系十分复杂的地区，建设有效的地区安全机制，面临着一系列棘手的问题，必然会经历一个长期而波折的过程。地区安全机制的建构，既是一个历史演进的客观过程，又是一个理性设计的能动过程。东北亚地区安全机制的建设，离不开作为理性行为体的东北亚各国的自觉行为。因此有必要设计一个具体而可行的路径，以落实东北亚地区安全机制的构想。

（一）以经促政，循序渐进

米特兰尼曾指出，"在某一功能领域进行的合作，将会推动合作态度的改变，或者使合作的意向从一个领域扩展到其他领域，从而在更大的范围内进行更深入的合作"[①]。域内各国在构建东北亚多边安全合作机制的过程中，受到地区性安全困境的严重制约。因此加强经济领域的多边合作，以区域经济合作推动区域政治与安全合作，成为东北亚地区安全机制建构的理性选择。东北亚各国间存在着复杂交错的相互依赖关系，在资金、资源、技术、劳动力、市场等生产要素和经济结构方面有着较大的互补性，这提升了地区经济合作空间，减少了地区经济合作的阻力。环黄渤海地区、环日本海地区以及图们江流域等次区域经济合作也相继展开。特别是2007—2009年全球金融危机以后，合作维护金融安全已成为东北亚国家的

---

① 转引自［美］詹姆斯·多尔蒂、小罗伯特·普法尔茨格拉夫《争论中的国际关系理论》，阎学通、陈寒溪译，世界知识出版社2003年版，第551页。

现实任务。东北亚区域经济合作的困难远小于区域安全合作。

当前的国际关系早已不再是单纯的高级政治领域的政治军事关系，而是政治、经济、军事、社会、文化等多维度相互交错而形成的复杂系统。东北亚各国在经济领域的多边合作，可以逐步拓展到能源安全、生态环境保护以及打击跨国犯罪等非传统安全领域。通过这些领域的交流与合作，建构信任与认同，并建立非传统安全治理的区域治理机制。进而将这些领域的合作进一步向传统安全领域外溢，拓展共同利益，逐步深化东北亚各国对地区利益共同体理念的认同，将通过对话、协商与合作解决矛盾纷争内化为各国遵循的区域行为规范。通过全方位、多层次、跨领域的合作网络，扩大共识，推动东北亚地区安全机制的建设。

东北亚地区安全机制的建构，应秉持循序渐进的方针。首先，在对话的议题与合作的领域上应从易到难，渐进推动。在地区安全机制建设中，先从东北亚各国存在较大共同利益、易于达成集体共识的问题领域入手，逐步拓展利益契合点，扩大目标一致性，培养国家间合作习惯，推进安全机制发展。其次，在制度化程度方面应从低到高，逐步推进。国际机制包括正式机制与非正式机制，东北亚地区安全机制可以先从非正式的、临时性的、较为松散的协商机制开始，随着合作的不断深入而持续提高制度化水平，最终建立具有常设组织机构的、正式的东北亚多边安全合作机制。最后，注重安全机制建构进程中"时间的渐次性"和"空间的层次性"，可以"先加快中日韩之间的制度性合作，使之成为东北亚合作的核心与先导，然后向全区扩展为新型合作机制"①。

（二）依托六方会谈框架，提高制度化水平

安全机制非无源之水，构建东北亚地区安全机制，不能脱离现有的合作基础和制度安排，而应选择性地依托和利用现有基础，推

---

① 黄凤志、高科、肖晞：《东北亚地区安全战略研究》，吉林人民出版社 2006 年版，第 380 页。

动其发展和演进。在东北亚地区，最符合多边安全合作机制特性的便是朝核问题六方会谈机制。推动建设东北亚地区安全机制，需要充分依托六方会谈的机制架构。六方会谈机制是目前东北亚地区最为可行的多边安全合作制度框架。中、美、日、俄、朝、韩六国能够在六方会谈框架内集中表达和协调各国的安全利益。在六方会谈现有机制基础之上，推动其朝着更具普遍意义的多边安全合作机制方向发展，提高其制度化水平，是建构东北亚地区安全机制的可行性路径。当前，六方会谈机制面临着诸多现实问题与困境，甚至会谈能否持续下去也受到了质疑，但"对话协商是解决半岛有关问题的唯一有效途径"①，六方会谈机制在解决朝核问题、维护东北亚地区和平与稳定方面发挥着无法替代的作用。

尽管目前六方会谈机制处于停滞状态，但这种停滞状态不符合相关各国的根本利益。为重启六方会谈，相关各方已经展开积极接触。中国明确表示"六方会谈是平衡解决各方关切、实现半岛无核化的有效平台。希望有关各方保持接触对话，继续致力于通过谈判解决分歧，争取早日重启六方会谈"②。2011 年 7 月 28 日至 29 日，朝美两国代表在纽约举行了双边会晤，以商讨恢复停顿已久的六方会谈；10 月 24 日至 25 日，两国代表团在日内瓦举行了第二轮会晤，继续就朝鲜核项目以及恢复六方会谈的相关问题进行接触。虽然朝鲜 2012 年的两次卫星火箭试射和 2013 年 2 月的第三次核试验，使东北亚安全局势一再紧张，但六方会谈重启的希望仍未破灭。2013 年 6 月 19 日，朝鲜在中朝首次战略对话中再次表态"愿与有关各方举行对话，参加包括六方会谈在内任何形式的会谈，希望通过谈判和平解决核问题"③。尽管朝美博弈仍是重启六方会谈无法回

---

① 《第 67 届联合国大会中方立场文件》，中华人民共和国外交部（http://www.fmprc.gov.cn/chn/pds/wjb/zzjg/t9700916.htm）。

② 同上，http://www.fmprc.gov.cn/chn/pds/wjb/zzjg/t970916.htm.

③ 《朝鲜愿意重启六方会谈 希望和平解决核问题》，人民网（http://yn.people.com.cn/GB/news/world/n/2013/0620/c228495-18900563.html）。

避的现实问题，但随着中国"穿梭外交"的斡旋努力和朝美双边对话的磋商进展，重启新一轮的会谈存在相当程度的可能性。

当前的六方会谈机制，仍是一种松散的、非正式的地区安全机制。"它只是相关各方为解决朝核问题而建立起的一个临时性的、松散的协商机制，制度化程度很低。它没有国际组织所具备的常设机构，没有正式国际机制所存在的成员国间'有法律约束力的权利与义务关系'，甚至没有明确的会谈时间安排。"① 构建东北亚地区安全机制的首要步骤是重启陷于停滞状态的六方会谈，并将其确立为一种固定的机制。在妥善解决朝核问题的基础上，推动六方会谈机制的制度化发展。在这一制度架构下，各国就地区安全问题定期进行协商，并逐步扩大议题范围，就更广泛的地区安全问题展开对话与合作，使其逐渐发展成为真正的东北亚多边安全合作机制。

（三）充分发挥中国作用，积极参与机制建构

在东北亚地区安全机制建设中，中国应当成为坚定的支持者和积极的参与者。东北亚地区安全机制的建设符合中国的现实利益与现行政策。东北亚的和平与安全，能够为中国自身发展提供一个稳定的周边环境。同时以合作共赢为原则的东北亚地区安全机制，也符合中国一贯的对外政策主张。中国一向主张"地区各国相互尊重、增进互信、求同存异，通过谈判对话和友好协商解决包括领土和海洋权益争端在内的各种矛盾和问题，共同维护地区和平稳定"②。积极参与东北亚地区安全机制建构，有利于中国国家安全利益的实现；而中国的积极参与，也将对东北亚地区安全机制建构起到重要的积极作用。

东北亚各国间的战略互信是进行地区安全合作的基础。中国若要在地区安全机制的建设中发挥应有作用，首要一步是构架国家间

---

① 黄凤志、金新：《朝核问题六方会谈机制评析》，《现代国际关系》2012 年第 12 期。

② 《中国的和平发展》白皮书，国务院新闻办公室（http：//www.scio.gov.cn/zfb-ps/ndhf/2011/201109/t1000032_ 3. htm）。

的信任，消除东北亚各国对中国崛起的担忧。中国作为地区大国和地区安全机制的主要参与者，若不能化解域内国家对自身的疑虑，将很难推动东北亚多边安全合作机制的构建。中国应树立负责任的大国形象，以更加积极的姿态参与国际事务，充分发挥在提供地区公共产品与应对地区安全问题中的作用，以实际行动打消东北亚周边国家对自身的疑虑。特别是在区域性的非传统安全问题上，积极承担大国责任是消除误解、增进互信的重要策略。中国应"坚持与邻为善、以邻为伴，巩固睦邻友好，深化互利合作，努力使自身发展更好惠及周边国家"①。唯其如此，方能消解"中国威胁论"的影响，为国家利益的实现和地区安全的维护创造有利条件。

在构建政治互信的基础上，中国可以和地区各国携手推进东北亚多边安全合作机制的建设。现阶段中国应从两方面努力：一是加强与东北亚其他国家的经济合作，推进自由贸易区建设，促进地区一体化进程，以经促政，推动地区合作机制的功能性外溢；二是积极展开外交斡旋，说服相关各国尽快重返六方会谈，推动六方会谈机制的重启与良性运行。在求同存异、对话协商的原则下，促成各方达成合作共识，提升六方会谈的制度化程度。在中国和其他各国的共识与努力之下，东北亚地区安全机制将不断完善，从而为推进东北亚地区安全合作和维护各国安全利益提供制度保障。

参考文献

[1] ［英］巴里·布赞、［丹］奥利·维夫：《地区安全复合体与国际安全结构》，潘忠岐等译，上海世纪出版集团 2010 年版。

[2] ［美］亨利·基辛格：《大外交》，顾淑馨、林添贵译，海南出版社 1998 年版。

[3] ［美］詹姆斯·多尔蒂、小罗伯特·普法尔茨格拉夫：《争论

---

① 《十八大报告》（全文），新华网（http://www.xj.xinhuanet.com/2012 - 11/19/c_ 113722546_ 11. htm）。

中的国际关系理论》，阎学通、陈寒溪译，世界知识出版社
2003 年版。

[4] 唐永胜、徐弃郁：《寻求复杂的平衡——国际安全机制与主权
国家的参与》，世界知识出版社 2004 年版。

[5] 黄凤志、高科、肖晞：《东北亚地区安全战略研究》，吉林人民
出版社 2006 年版。

[6] 孙春日：《从〈韩国的国家战略 2020〉看韩国对今后 15 年东
北亚安全机制的预期》，《当代亚太》2006 年第 11 期。

[7]《中国的和平发展》白皮书，国务院新闻办公室（http：//
www. scio. gov. cn/zfbps/ndhf/2011/201109/ t1000032_ 3. htm）。

[8]《十八大报告（全文）》，新华网（http：//www. xj. xinhuanet.
com/2012 – 11/19/c_ 113722546_ 11. htm）。

[9]《中国关于新安全观的立场文件》，中华人民共和国外交部
（http：//www. fmprc. gov. cn/mfa _ chn/ziliao _ 611306/tytj _
611312/t4549. shtml）。

[10] Niklas Swanström, "Regional Cooperation and Conflict Manage-
ment: Lessons from the Pacific Rim", Department of Peace and
Conflict Research, Uppsala University, Report No. 64, 2002.

[11] Glenn H. Snyder, *Alliance Politics*, Ithaca: Cornell University
Press, 1987.

[12] National Security Strategy, May 2010, The White House（ht-
tp：//www. whitehouse. gov/sites/default/ files/rss _ viewer/na-
tional_ security_ strategy. pdf）.

[13] John Gerald Ruggie（ed.）, *Multilateralism Matters: The Theory
and Praxis of an International Form*, New York: Columbia Univer-
sity Press, 1993.

中国东亚海洋安全战略刍议

金 新

摘要：近年来，中国东亚海洋战略环境出现恶化迹象。中国有必要制定合理可行的东亚海洋安全战略，以实现本国海洋安全利益的有效护持。中国的东亚海洋安全战略应首先厘清战略目标间的轻重缓急，规划战略目标的先后次序，明确海洋政治安全、军事安全、经济安全、社会安全和环境安全五个维度的近期目标与中长期目标。这一战略应坚持"有限海权"的战略原则与"积极防御"的战略方针。实施该战略的具体政策路径可包括：加强海军现代化建设，适度推进海权力量发展；在海洋争端中采取差异化政策；加强对海洋领土的有效管控和主权宣示；提高中国海洋资源开发能力，加强对南海油气资源的实质性开发；处理好同域外强国特别是美国的关系；从敏感度较低的非传统安全领域着手，推进国际海洋安全合作；积极推动海洋安全制度构建。

关键词：海洋安全；安全战略；东亚安全

进入 21 世纪第二个十年以来，中国在东亚地区面临的海洋战略环境出现恶化迹象，海洋安全利益面临严峻挑战。中国应制定长期性、综合性的东亚海洋安全战略，以应对环境变化进程中所面临的利益威胁，实现海洋安全利益的有效护持。这里试谋划中国东亚海洋安全战略的可行方案，探寻应对战略环境变化、维护海洋安全利益的有效战略途径。

一 东亚海洋安全战略：目标的序列规划

确定战略目标是安全战略制定的第一步。[①] "战略目标是一定时期内国家安全战略所要达成的最终结果，是国家安全战略制定和实施的出发点和归宿"[②]。安全战略的目标主要在于对国家安全利益的保障，化解现实风险，消除安全威胁与安全恐惧。战略目标是国家"为维护国家安全而要达到的全局性结果"[③]，应结合宏观的战略环境和具体的安全利益来设定。主观目标应当与客观现实相契合，既要适应外部环境，又要符合本国实力。中国东亚海洋安全战略的根本目标，在于维护东亚海洋安全利益，为国家发展营造有利的周边海洋安全环境，避免区域海洋安全秩序朝不利于中国海洋安全利益的方向演化。

海洋安全战略的目标主要在于缓解和消除海洋安全利益面临的威胁与挑战。正如丹尼斯·德鲁（Dennis M. Drew）和唐纳德·斯诺（Donald M. Snow）所指出的，"制定和执行战略主要涉及处理危险和减少危险"[④]。在利益需求解析与安全威胁研判的基础上，中国东亚海洋安全战略可厘清战略目标间的轻重缓急，规划战略目标的先后次序。根据安全利益的不同领域和国家发展的不同阶段，可将东亚海洋安全战略目标分解为若干子目标和阶段性目标。这些子目标主要包括海洋政治安全、军事安全、经济安全、社会安全和环境安全五个维度。而阶段性目标则包括近期目标与中长期目标两个方面。这里将"近期"界定在 21 世纪第二个十年之内，即 2020 年以

① ［美］丹尼斯·德鲁、［美］唐纳德·斯诺：《国家安全战略的制定》，王辉青译，军事科学出版社 1991 年版，第 16 页。
② 郭新宁：《论中国国家安全战略方针》，《外交评论》2006 年第 2 期。
③ 周丕启：《大战略分析》，上海人民出版社 2009 年版，第 15 页。
④ ［美］丹尼斯·德鲁、［美］唐纳德·斯诺：《国家安全战略的制定》，王辉青译，军事科学出版社 1991 年版，第 1 页。

前的"重要战略机遇期"之内；将"中长期"界定为 2020 年至"基本实现现代化"的 21 世纪中叶。

首先是海洋政治安全领域的战略目标。海洋政治安全利益主要在于维护国家主权统一和领土完整，维护领海主权和海洋权益。就近期而言，海洋领土争端是战略重点。在钓鱼岛争端和南海争端中，中国需遏止日本、菲律宾等国对中国海洋主权的挑衅行为，捍卫国家主权，避免海洋权益遭到进一步侵害。巩固和扩大海洋维权成果，以常态化巡航和主权宣示强化对黄岩岛的实际控制，并加强对钓鱼岛的实际控制。避免东海、南海海洋争端遭到域外霸权国家即美国的介入和干预。在钓鱼岛问题上，中国的立场"是明确的、一贯的，维护国家主权和领土完整的意志坚定不移"①。应坚决防范日本在钓鱼岛问题上的挑衅行为，使日方承认领土争议事实。在南海问题上，应坚持双边原则，避免南海问题进一步多边化和国际化。防止东盟国家的联合趋势，避免多数周边国家走向同中国的对立。此外，在台海问题上近期的目标主要在于维持现状，增进交流，防独促统，避免分裂。就中长期而言，主要战略目标是解决岛屿争端和海洋划界争端，收复被占岛屿和岩礁，实现对钓鱼岛和南沙群岛的全面管控，维护领土完整。同时应致力于解决台湾问题，实现国家最终统一。

其次是海洋军事安全领域的战略目标。近期的战略目标在于保障海上疆界安全稳定，防范本国领土遭受来自海洋方向的袭击和入侵；预防和管控国际海上危机，将出现的海上摩擦与冲突控制在可控的范围内，避免海洋争端升级，避免海上军事冲突；维持海洋安全环境的总体缓和，为国家和平发展营造良好的外部环境。中长期的战略目标则在于发展东亚区域性海权，成为具有全球影响力的区域性海权强国，消除来自海洋方向的安全威胁，实现国家海洋方向

---

① 《钓鱼岛是中国的固有领土》，2012 年 9 月，中华人民共和国国务院新闻办公室（http：//www. scio. gov. cn/zfbps/ndhf/2012/Document/1225272/1225272. htm）。

的长久安全。

再次是海洋经济安全领域的战略目标。中国的东亚海洋经济安全以海洋资源安全与海洋运输通道安全为重点。近期的战略目标在于维护国家海洋资源不受掠夺性开发，提升中国海洋资源自主开发能力；保障海上通道安全，保护能源、资源与对外贸易的航运安全，保障国家经济社会可持续发展。中长期的战略目标在于建成较发达的海洋经济，实现对相关海域海洋资源的充分开发利用；保障马六甲海峡等重要海上通道不受制于人。

最后是海洋社会安全与海洋环境安全领域的战略目标。就海洋社会安全而言，近期的战略目标主要在于通过区域海洋非传统安全合作遏制南中国海与马六甲海峡的海盗活动，防范海上恐怖主义袭击，打击偷渡、贩毒、走私等海上跨国犯罪行为；中长期的战略目标主要在于推动区域海洋社会安全治理的制度化建设，切实保障东亚海域的公共安全。就海洋环境安全而言，近期的战略目标主要在于提高治理力度，在中国近海减轻海洋环境污染与海洋生态破坏，避免海洋生态环境的进一步恶化；中长期的战略目标主要在于通过国际合作治理，初步消除东亚海域的环境污染，实现区域海洋生态平衡。

二　东亚海洋安全战略：原则与方针选择

战略原则与方针是战略实施所应遵循的总体准则和基本依据，是实现战略目标的总的策略。中国的东亚海洋安全战略，应坚持"有限海权"的战略原则与"积极防御"的战略方针。

（一）有限海权原则

中国应以维护安全与权益为宗旨，发展有限的区域性海权，不可盲目追求扩张性的远洋海权。"对东亚国家而言，海权越来越成为维护国家海洋利益和国家主权的重要资源手段。"① 中国的东亚海洋安全战略有必要对发展何种的海权做出明确规划。中国海权发展面临北起阿留申群岛、南至大巽他群岛的"第一岛链"的地理封锁。中国应以近海为重点，发展近海战略优势，实现太平洋第一岛链内的制海权。特别是应确保对领海和专属经济区的绝对控制能力。同时应适度建设远洋海军，将海上威慑力延伸至"第二岛链"，拓展在西太平洋的防御纵深，保障海上交通线的安全。中国应通过循序渐进路线实现海权的和平崛起，保持海权发展的有限性，不应谋求排他性的海权扩张。

作为陆海复合型国家，中国具有天然的地缘政治劣势，地理条件决定了中国难以具有美国这种海洋国家所具有的安全盈余。"中国所面临的来自陆地和海洋的多方向的、多样性的安全压力决定了海权的有限性及其满足主权需求的性质，中国的综合国力也根本无法建立美国式的全球海洋权力。"② 欧洲陆海复合型强国谋求远洋海权的战略实践无不以失败告终。作为大陆国家的苏联，"冷战"时期盲目追求远洋海权，最终成为拖垮其自身的重要根源。这些历史案例为中国的海权发展提供了深刻的警示与教训。

中国的海权发展坚持有限海权原则，不仅是由本国的地缘政治特性限定的，还是由本国的现实利益决定的。中国海洋安全利益的核心内容在于维护主权而非追求霸权，"中国海权发展的性质不会超出作为一个陆海复合型国家捍卫海洋主权的需求"③。中国的海权发展应将重点置于主权权利空间范围之内。即使在未来国力更强的情况下，中国也不应追求全方位的远洋海权，不应采取扩张性的海洋安全战略，以免重蹈德国和苏联覆辙。

---

① Suk Kyoon Kim, "Understanding Maritime Disputes in Northeast Asia: Issues and Nature", *The International Journal of Marine and Coastal Law*, Vol. 23, No. 2, 2008.

② 刘中民：《关于海权与大国崛起问题的若干思考》，《世界经济与政治》2007 年第 12 期。

③ 刘中民：《国际海洋形势变革背景下的中国海洋安全战略———种框架性的研究》，《国际观察》2011 年第 3 期。

有限海权原则是中国在当前战略环境中维护海洋安全利益的理性选择。一方面，中国需要妥善处理同海上霸权国家——美国的关系，避免直接挑战现有国际秩序和美国太平洋海权。正如布热津斯基所揭示的，"进行自我克制以免引起本地区的恐惧肯定是符合中国的自身利益的"①。中国应坚持和平发展，避免军备竞赛和军事对抗。应认识到美国海上力量在东亚海域的存在，在今后较长的历史时期内仍将是一个无法改变的现实，且这种域外力量在一定程度上有利于控制区域海洋安全秩序的过度恶化。"在中国实力相对美国还有很大不足的情况下，中国不具备经营周边的条件，而应继续以较大的力度忍耐。"② 另一方面，中国需要化解周边国家特别是与中国不存在海洋争端的国家对中国的猜疑与恐惧，规避周边国家对中国崛起的联合制衡。中国应避免采取过于强势的军事外交政策，从而把多数周边国家推向美国一边，增强美国及其联盟体系对中国的防范与制衡力量，进一步恶化海洋安全环境与和平崛起的整体战略环境。清晰透明的有限海权原则，有利于减轻美国和周边邻国对中国海洋安全利益护持不必要的猜忌心理与对抗行为。

（二）积极防御方针

中国的东亚海洋安全战略应继续坚持积极防御方针。中国在军事战略上始终坚持积极防御方针，坚持防御性国防政策。正如习近平主席所强调的，"中国始终奉行防御性的国防政策，不搞军备竞赛，不对任何国家构成军事威胁"③。"防备和抵抗侵略，保卫领陆、内水、领海、领空的安全，维护国家海洋权益"，是新时期中国国防政策目标的重要内容。④ "军事战略是国家安全战略的核心组成部

---

① ［美］兹比格纽·布热津斯基：《大棋局：美国的首要地位及其地缘战略》，中国国际问题研究所译，上海人民出版社1998年版，第151页。

② 周方银：《周边环境走向与中国的周边战略选择》，《外交评论》2014年第1期。

③ 《习近平在莫斯科国际关系学院的演讲》（全文），2013年3月，新华网（http://news.xinhuanet.com/world/2013－03/24/c_124495576_5.htm）。

④ 《2010年中国的国防》，2011年3月，中华人民共和国国务院新闻办公室（http://www.scio.gov.cn/zfbps/ndhf/2011/Document/883535/883535_2.htm）。

分，而军事战略方针在相当程度上就是国家安全战略方针"，也是中国海洋安全战略的基本方针。中国海军"积极防御、近海作战"的战略方针应继续坚持。近海防御战略并非中小国家的近岸防御型战略，也非美国式的远洋进攻型战略。近海是我国海洋利益的主要汇集区，应成为中国海洋安全战略的重心所在。

中国在海洋战略环境变化背景下的利益护持，应坚持积极防御的海洋安全战略方针。一方面，中国须提高本国防御能力，加强海军建设，增强维护国家海洋安全利益的战略实力，以保障国家主权统一和领土完整，应对可能发生的军事冲突和局部战争。另一方面，中国须增强积极防御中的主动性，消除东亚海域的安全隐患，管控海上冲突，避免战争发生。中国应积极应对各种安全威胁，努力消除威胁本国海洋安全利益的各种不稳定因素，做到防患于未然。为此中国需要积极改善国家海洋安全利益所面临的国际环境。中国有必要"坚持与邻为善、以邻为伴、睦邻友好的方针，发展同周边国家和亚洲其他国家的友好合作关系，积极开展双边和区域合作，共同营造和平稳定、平等互信、合作共赢的地区环境"①。中国应坚持"互信、互利、平等、协作"的新安全观，推动海洋安全领域的协调与合作，缓解海洋安全领域的紧张态势，降低周边国家对中国的猜疑与恐惧，塑造良好的海洋安全环境。

三 东亚海洋安全战略：实施的政策路径

海洋安全战略目标的落实与战略原则、方针的实施，需要中国统筹各领域战略实力与资源，综合运用多种战略手段，发挥自身的"巧实力"。具体而言，中国东亚海洋安全战略的实施可从以下政策

---

① 《中国的和平发展》，2011年9月，中华人民共和国国务院新闻办公室（http://www.scio.gov.cn/zfbps/ndhf/2011/Document/1000032/1000032_2.htm）。

路径加以推进：

第一，加强海军现代化建设，适度推进海权力量发展。军事实力是海洋安全利益护持的坚实后盾。要切实维护东亚海洋安全利益，中国首先应大力加强海军建设。中国应继续建设具有远洋作战能力的现代化海军，推进海军由机械化舰队向信息化舰队发展，提高打赢信息化条件下的海上局部战争的能力，提高新军事环境下空海一体化作战能力。海军建设应继续按照近海防御的战略要求，"注重提高近海综合作战力量现代化水平，发展先进潜艇、驱逐舰、护卫舰等装备，完善综合电子信息系统装备体系，提高远海机动作战、远海合作与应对非传统安全威胁能力，增强战略威慑与反击能力"[1]。特别是应注重发展以核潜艇为基础的非对称威慑，形成具有战略威慑效能的防御性海上力量。

在加快海军现代化建设的基础上，中国应实现近海战略优势，确保黄海、东海和南海制海权，拓展战略空间，加大防御纵深，增强保护本国领海和海洋合法权益的能力。中国海上威慑能力应及于马六甲海峡，从而保护中国海上通道与航线安全。中国还须加强海军力量的非战争运用，"结合日常战备为国家海上执法、渔业生产和油气开发等活动提供安全保障，分别与海监、渔政等执法部门建立协调配合机制，建立完善军警民联防机制"[2]。同时，应注重海权发展的适度性，避免直接挑战美国霸权利益，引起不必要的战略环境恶化。应提高海军建设透明化程度，改变封闭性军事思维，积极开展同周边国家和域外强国的军事合作，增进同各国的军事互信。

第二，在海洋争端中采取差异化政策。一方面，对东海、南海海洋争端应实施区别化应对。在东海钓鱼岛争端中，中国应做好争端长期激化的准备，加强对争议岛屿和海域的实际控制，防止日本挑衅。中国应坚持领土主权问题不可让步的立场，遏止日本对钓鱼

---

① 《中国武装力量的多样化运用》，2013 年 4 月，中华人民共和国国务院新闻办公室（http：//www. scio. gov. cn/zfbps/ndhf/2013/Document/1312844/1312844_ 1. htm）。

② 同上，http：//www. scio. gov. cn/zfbps/ndhf/2013/Document/1312844/1312844_ 6. htm。

岛及其附属岛屿的实际控制。中国可利用日本与俄罗斯、韩国之间的矛盾，以"北方四岛"（南千岛群岛）和"竹岛"（独岛）争端实现对日本的战略牵制，同时须防范日本将东海争端与南海争端挂钩的图谋。此外，还有必要推动建立中日海上危机管理机制，以应对可能的突发事件，实现对海上冲突的有效控制。但双方的互不信任仍是中日之间实现真正合作的一个重要障碍。[1] 在南海海洋争端中，中国则应尽量避免争端持续升温，规避这些争端当事国联合美国势力进一步加强对中国的制衡，防止海洋安全环境的全面恶化。

另一方面，在南海争端中，对东盟国家应采取差异化政策。越南、菲律宾、马来西亚、文莱和印度尼西亚五个同中国存在争端的东盟国家之间在南海问题上也存在一系列矛盾，如越南同其他四国之间、菲律宾与马来西亚之间、马来西亚同文莱之间等都存在岛礁主权或海洋划界争议。表1列举了东盟五个南海声索国的主权主张，其中多有重叠之处。

表 1　　　　　　　　　南海争端中东盟五国的主权主张[2]

国家	南海主权主张
越南	南沙群岛全部和西沙群岛全部的主权
菲律宾	黄岩岛、南沙 33 个岛礁（所谓卡拉延群岛）的主权
马来西亚	其大陆架内的南沙岛礁主权
文莱	南通礁主权
印度尼西亚	无岛礁主权要求

中国可利用这些国家间的内部矛盾纵横捭阖，维护本国利益。

---

① Emma Chanlett‐Avery, Kerry Dumbaugh, William H. Cooper, *Sino‐Japanese Relations: Issues for U. S. Policy*, CRS Report for Congress, December19, 2008, http://www. fas. org/sgp/crs/row/ R40093. pdf.

② South China Sea Region, January 2000, United States Energy Information Administration (http://www. eia. doe. gov)；刘中民：《世界海洋政治与中国海洋发展战略》，时事出版社 2009 年版，第 437 页。

中国应继续推动双边协商谈判，分化东盟集体立场，避免东盟"以一个声音说话"①。特别是在制定南海行为准则的磋商进程中，应继续坚持既定的"双边"原则立场，避免南海问题进一步多边化和国际化。对于缅甸、老挝、柬埔寨、泰国、新加坡等东盟非主权声索国，应积极与其发展双边关系，避免这些国家对越南、菲律宾等声索国的全面支持。

第三，加强对海洋领土的有效管控和主权宣示。一方面，中国应强化对现阶段实际控制岛屿、岛礁的管辖，进一步设置主权标志，加强对相关岛礁的管理与维护。特别是应在设立三沙市的基础上，继续加强对南沙等岛屿领土的行政管理和有效控制。另一方面，中国应坚持对争议领土的主权宣示，继续完善常态化巡航机制，发展水面与空中的立体化巡航，加大海洋执法力度，扩大海上巡航范围。在钓鱼岛和南海诸岛争议海域保持海上军事存在，强化对领海和专属经济区的战略控制。对日本、菲律宾等国在海洋领土争端中的挑衅行为，应实施强有力的反制性措施。此外，还有必要尽早阐明"九段线"实际意涵，公布南海诸岛特别是南沙群岛领海基线，进一步明确南海领海与海域管辖范围，并加快推进海洋划界谈判进程。

第四，提高中国海洋资源开发能力，加强对南海油气资源的实质性开发。中国应加强在东海、南海等海域的油气勘探开发，在坚持"主权属我"基础上，积极推动对争议海域海洋资源的共同开发。现阶段我国在周边海域的海洋资源开发，仍存在诸多不足之处，技术水平较低，开采规模较小。特别是中国深海作业能力不强，300—3000米的油气开采技术仍处于起步阶段。中国企业"拥有在浅水区域运作的丰富经验，但却缺乏在深水区域运作的经验和

① 蔡政文：《南海情势发展对我国国家安全及外交关系的影响》，行政院研究发展考核委员会印编，2001年，第41页。

技术"①。在南海油气资源开发上，中国在"北纬17度以南的海域基本上没有涉足"②。中国有必要继续提高本国技术水平，加大对周边海域特别是南海油气资源的勘探开发力度，推进相关油气区块的国际招标。2014年3月底，中国在南海的第一个深水海上天然气项目"荔湾3-1"气田正式投产，中国的深海能源开发迈出历史性的一步。中国开展实质性的单边自主开发，一方面可以减缓海洋资源的大规模流失，另一方面可以提升中国在资源竞争中的话语权，形成对相关国家的压力，促成"搁置争议，共同开发"。待海洋资源领域合作条件成熟，中国可选定若干权利主张交叠海域展开共同开发。"随着勘察和钻探合作的进展，各当事方间的协议是可能达成的，这将建立行为指导和规范，避免冲突，解决争议"③。资源开发合作将提高海洋安全秩序的有序程度。

第五，处理好同域外强国特别是美国的关系。美国、印度、澳大利亚等东亚区域外大国或中等强国纷纷介入东亚海洋安全事务。特别是作为海上霸权国家的美国，在亚太"再平衡"战略之下积极介入东亚海洋争端，表面持"中立"态度，实则支持日本、菲律宾等同中国存在海洋领土争议的声索国，以牵制中国，遏制中国海权的崛起。中国欲维护本国海洋安全利益，减弱源自区域外部的安全压力，就需要处理好同美国等域外强国的双边关系。中美"新型大国关系"的构建，为两国在东亚海洋安全领域的协调与合作创造了新的契机。两国在维护海洋安全秩序稳定方面存在共同利益。正如罗伯特·卡普兰（Robert D. Kaplan）所指出的，中美两国在打击海盗、恐怖主义和应对灾害等问题上存在合作空间，两国还可以在海上运输通道开展联合巡逻，以确保能源运输安全。④"只要中美双方

---

① ③ Leszek Buszynski & Iskandar Sazlan，"Maritime Claims and Energy Cooperation in the South China Sea"，*Contemporary Southeast Asia*，Vol. 29，No. 1，2007.

② 曹云华、鞠海龙主编：《南海地区形势报告（2011—2012）》，时事出版社2012年版，第75页。

④ Robert D. Kaplan，*Monsoon*：*The Indian Ocean and the Future of American Power*，New York：Random House Trade Paperbacks，2011，p. 291.

相互尊重彼此的核心利益和安全关切，不触碰对方战略底线，两国就有化解矛盾、开展海上合作的基础。"① 中国有必要保障同美国合作机制特别是军事安全对话渠道的顺畅运行，促进两国在海洋安全领域的交流与沟通。如中美海洋军事安全磋商机制，便是两国间的一座重要桥梁，② 促进了两国的对话与协商。开展同美国的海洋安全合作，特别是在海洋非传统安全领域的合作，有利于增强两国战略互信，缓和双边利益矛盾。

第六，从敏感度较低的非传统安全领域着手，推进国际海洋安全合作。东亚海域诸多跨国性的海洋安全问题，是东亚海洋安全秩序中各国家主体所共同面临的安全威胁与挑战，需要各国共同努力，合作应对。中国可以在打击海盗和海上恐怖主义，打击海上偷渡、贩毒、走私等跨国犯罪行为，保护海洋生态环境，实施海上防灾救灾、海上救援等非传统安全领域，广泛参与和积极推进国际合作。坚持睦邻友好，加强与周边国家在非传统安全领域的海洋安全合作，提供更多的海上公共产品。特别是应加强与扼守重要海上通道国家的海洋安全合作，包括在马六甲海峡安全上积极参与海峡护航合作等。东亚海洋安全合作可先从低敏感的功能领域切入，为解决难度更高的问题创造条件，由易到难渐进推动，逐步扩大合作领域，提高合作水平，实现安全合作的"外溢"效应。在维护本国海洋安全利益的同时，中国还须适当关照他国的海洋安全利益，寻找各方利益的契合点，构建东亚海洋安全"利益共同体"。海洋安全合作的深入展开，可使中国同相关国家增进互信，建构认同，推进海洋争端的和平解决，实现东亚海域的综合安全、共同安全和合作安全，从而维护地区和平与稳定，使中国海洋安全利益得以更好地实现。

---

① 李繁杰：《中美海上矛盾与合作前景》，《国际问题研究》2013 年第 6 期。
② "U. S. Pacific Command Hosts Maritime Safety Meeting with China," *News Release*, June 3, 2000, U. S. Pacific Command Public Affairs（http：//www. pacom. mil/news/news 2000/te107－00. htm）.

第七，积极推动海洋安全制度构建。当前东亚海洋安全领域制度化水平仍处于较低层次，既没有专司海洋安全事务的区域组织，又没有具有实质约束力的安全机制。为更好地维护本国海洋安全利益，中国有必要推动东亚区域性海洋安全组织和海洋安全机制的构建，并提高在制度建构中的话语权和实质影响力。一方面，东亚地区亟须建立海上危机管理机制，实现对海上危机的有效管控，降低冲突爆发和升级的风险；另一方面，东亚还可建立一些区域性的海洋安全组织，例如曾被倡议的"东亚海洋委员会"等，[①] 以处理东亚地区的海洋问题。中国应认识到，"'韬光养晦'这一做法所能达到的效果，却只是战术性的，即仅仅依靠行为上的低姿态，达不到从根本上缓解美国和周边国家的疑虑与担忧的战略效果"[②]。只有在安全制度架构下与周边国家加强对话与沟通，开展协调与合作，才能增进战略互信，减少彼此分歧，降低相互猜疑。提高东亚海洋安全秩序的制度化程度，可以促进各方观念的转变和利益的协调，制约和调节各国在海洋安全领域的行为，推进区域海洋安全合作，消除各国共同面临的安全威胁，降低海域战争爆发的可能性，维护东亚海域的和平与稳定。当然，现阶段东亚海洋安全制度建设仍面临着利益冲突与互信缺失带来的严重阻碍，但制度化程度的提高是符合中国海洋安全利益的，中国应积极加以推进。

参考文献

[1]［美］丹尼斯·德鲁、唐纳德·斯诺：《国家安全战略的制定》，王辉青译，军事科学出版社 1991 年版。

[2]［美］兹比格钮·布热津斯基：《大棋局：美国的首要地位及其地缘战略》，中国国际问题研究所译，上海人民出版社 1998 年版。

---

① Suk Kyoon Kim, "Maritime Security Initiatives in East Asia: Assessment and the Way Forward", *Ocean Development & International Law*, Vol. 42, No. 3, 2011.

② 周方银：《周边环境走向与中国的周边战略选择》，《外交评论》2014 年第 1 期。

［3］曹云华、鞠海龙主编：《南海地区形势报告（2011—2012）》，时事出版社 2012 年版。

［4］周丕启：《大战略分析》，上海人民出版社 2009 年版。

［5］周方银：《周边环境走向与中国的周边战略选择》，《外交评论》2014 年第 1 期。

［6］李繁杰：《中美海上矛盾与合作前景》，《国际问题研究》2013 年第 6 期。

［7］刘中民：《关于海权与大国崛起问题的若干思考》，《世界经济与政治》2007 年第 12 期。

［8］刘中民：《国际海洋形势变革背景下的中国海洋安全战略——一种框架性的研究》，《国际观察》2011 年第 3 期。

［9］郭新宁：《论中国国家安全战略方针》，《外交评论》2006 年第 2 期。

［10］《习近平在莫斯科国际关系学院的演讲（全文）》，2013 年 3 月，新华网（http：//news. xinhuanet. com/world/2013 – 03/24/c_ 124495576_ 5. htm）。

［11］《2010 年中国的国防》，2011 年 3 月，中华人民共和国国务院新闻办公室（http：//www. scio. gov. cn/zfbps/ndhf/2011/Document/883535/883535_ 2. htm）。

［12］《中国的和平发展》，2011 年 9 月，中华人民共和国国务院新闻办公室（http：//www. scio. gov. cn/ zfbps/ndhf/2011/Document/1000032/1000032_ 2. htm）。

［13］《中国武装力量的多样化运用》，2013 年 4 月，中华人民共和国国务院新闻办公室（http：//www. scio. gov. cn/zfbps/ndhf/2013/Document/1312844/1312844_ 1. htm）。

［14］Robert D. Kaplan, Monsoon：*The Indian Ocean and The Future of American Power*, New York：Random House Trade Paperbacks, 2011.

［15］Suk Kyoon Kim, "Maritime Security Initiatives in East Asia：Assessment and the Way Forward", *Ocean Development & International Law*, Vol. 42, No. 3, 2011.

[16] Suk Kyoon Kim, "Understanding Maritime Disputes in Northeast A-sia: Issues and Nature", *The International Journal of Marine and Coastal Law*, Vol. 23, No. 2, 2008.

[17] Leszek Buszynski & Iskandar Sazlan, "Maritime Claims and Energy Cooperation in the South China Sea", *Contemporary Southeast Asia*, Vol. 29, No. 1, 2007.

[18] Leszek Buszynski & Iskandar Sazlan, "Maritime Claims and Energy Cooperation in the South China Sea", *Contemporary Southeast Asia*, Vol. 29, No. 1, 2007.

[19] "U. S. Pacific Command Hosts Maritime Safety Meeting with China", News Release, June 3, 2000, U. S. Pacific Command Public Affairs (http: //www. pacom. mil/news/news2000/te107 - 00. htm) .

[20] Emma Chanlett - Avery, Kerry Dumbaugh, William H. Cooper, Sino - Japanese Relations: Issues for U. S. Policy, CRS Report for Congress, December19, 2008 (http: //www. fas. org/sgp/crs/row/ R40093. pdf) .

中国—东盟安全治理：模式、困境与出路

金 新

摘要：中国与东盟在安全互动进程中初步形成了自身的安全治理模式。该模式的主要特征一是治理主体层面国家中心性强，二是治理机制层面制度化程度弱。当前由于中国—东盟关系中的阻碍因素，以及治理体系自身的缺陷，安全治理模式的有效运行面临着双重困境：治理主体间利益的冲突和互信的缺失，导致了安全治理的行动困境；治理体系的低制度化，导致了安全治理的效能困境。南海安全治理便是这种双重治理困境的一个典型案例。在今后的中国—东盟安全治理实践中，化解治理行动困境的出路在于通过中国—东盟命运共同体的构建，实现治理主体间关系的良性发展；化解治理效能困境的出路在于通过地区安全架构的建设，提升制度化程度，实现治理体系的结构性变革。

关键词：地区安全治理；治理模式；治理困境；中国—东盟命运共同体；地区安全架构

近年来，随着周边安全环境日趋复杂，地区安全治理在中国周边外交中的重要性不断凸显。2014 年 5 月，习近平主席在第四次亚信峰会的主旨发言中指出，"应该通盘考虑亚洲安全问题的历史经纬和现实状况，多管齐下、综合施策，协调推进地区安全治理"①。

---

① 《习近平：积极树立亚洲安全观　共创安全合作新局面》，2014 年 5 月，中国外交部官方网站（http://world.people.com.cn/n/2014/0521/c1002-25046183.html）。

2016 年 4 月，习近平在亚信第五次外长会议开幕式上强调应"凝聚共识，促进对话，加强协作，推动构建具有亚洲特色的安全治理模式"[①]。地区安全治理成为中国周边外交的一项重要课题。特别是中国—东盟安全治理，随着南海争端等热点问题的升温，对改善中国周边安全环境的意义愈加重大。基于共同、综合、合作和可持续安全理念的安全治理，是中国与东盟国家共同应对安全风险与挑战，维护地区和平与稳定的有效途径。但目前学界对中国周边安全治理的研究仍处于起步阶段，特别是对中国—东盟安全治理的现状与前景尚缺乏深入系统的考察。中国—东盟安全治理存在何种基本模式？在此模式下，当前的治理实践面临着哪些困境与挑战？化解困境的出路与对策又何在？对这些问题的解答，能够为推进地区安全治理、构建中国—东盟命运共同体提供有益的学术支持，具有服务我国外交实践的现实意义。

一 中国—东盟安全治理的现有模式

中国与东盟在地区安全领域面临着一系列共同的威胁与挑战，双方为加以应对和解决，在长期的安全互动进程中初步形成了具有自身特色的安全治理模式。当前中国—东盟安全治理模式，可从外在结构和内在特征两个方面加以解析。

（一）治理模式的外在结构

安全治理是一个多层次、多主体的架构，中国—东盟安全治理在实践进程中形成了一个松散但相对完整的治理体系。任一治理体系均包含治理主体、治理对象和治理的机制架构三个基本要素，这些要素的组合状况构成了中国—东盟安全治理模式的外在结构。

---

① 《习近平在亚信第五次外长会议开幕式上的讲话》（全文），2016 年 4 月，中国外交部官方网站（http://www.fmprc.gov.cn/web/ziliao_674904/zyjh_674906/t1359235.shtml）。

1. 治理的主体与对象

中国—东盟安全治理的主体可分为两类：主权国家和非国家行为体。作为主权国家的中国和东盟十国是安全治理的核心主体，在地区安全治理中发挥着主要作用。中国—东盟安全治理机制架构的形成、治理实践的推进和实际效能的产生，均是以主权国家间的协调与合作为基础的。此外一些非政府组织（NGO）和个人等非国家行为体也通过多种渠道参与到治理实践中来，对地区安全问题的协商与应对发挥了有益的辅助性作用。特别是第二轨道机制，参与者主要是一些半官方和民间人士，包括现任或去职的政府官员、政府智囊机构的研究人员、相关领域的学者以及商界精英等，在地区安全治理中具有值得重视的积极功能。

中国—东盟安全治理的对象主要是中国与东盟共同面临的安全问题，可分为传统安全问题和非传统安全问题两类。传统安全问题主要包括政治安全和军事安全两方面，非传统安全问题则包括经济安全、社会安全和环境安全等。① 具体而言，当前中国与东盟共同面临的传统安全问题主要是国际危机的隐患、地区冲突的风险和军备竞赛的可能；非传统安全问题则主要包括贩毒、偷运非法移民、海盗、恐怖主义、武器走私、洗钱、国际经济犯罪和网络犯罪等。② 环境安全也是中国—东盟非传统安全治理的重要对象，中国—东盟领导人会议曾多次提出加强环境合作，共同应对环境安全威胁。

2. 治理的机制架构

安全治理的机制架构，由一系列具有解决地区安全议题功能的制度性安排构成。通过这些制度性安排，各治理主体可以实现对话、协商与合作，从而维护安全秩序，消除安全威胁。由于中国—

---

① 将安全问题划分为政治、军事、经济、社会和环境五个领域，可参见 Barry Buzan, *People, States and Fear* (2nd ed.), Boulder: Lynne Rienner, 1991, pp. 19 – 20.

② 《中国与东盟关于非传统安全领域合作联合宣言》，2013 年 7 月，国务院新闻办公室官方网站（http://www.scio.gov.cn/ztk/xwfb/2014/31239/xgzc31249/Document/1375883/1375883.htm）。

东盟关系的复杂性，安全治理的机制架构也呈现出多层次性。"'中国—东盟关系'并不是真正意义上的双边关系，而是一种由中国和东盟及其成员国构成的'双边'与'多边'关系的'混合体'"①。按照所覆盖关系范围的广狭，中国—东盟安全治理的机制架构可划分为三个层次：

第一层是中国与东盟共同参与的泛区域性安全机制。此类安全机制通常以东亚、亚洲或亚太为地理范围，并非针对中国—东盟安全治理而构建，但在中国—东盟安全治理中发挥着重要作用。这些机制既包括综合性的安全机制，如1994年成立的东盟地区论坛（ARF）、1997年建立的东盟—中日韩对话机制（"10+3"）、2002年创设的亚洲合作对话（ACD）、2005年启动的东亚峰会（EAS）和2010年设立的东盟防长扩大会议（"10+8"）等；又包括针对特定安全议题的专门性安全机制，如"10+3"武装部队非传统安全论坛及救灾研讨会等。中国与东盟还有一些共同参与的地区性安全规制，例如2003年中国正式加入的《东南亚友好合作条约》，② 以及2006年生效的《亚洲地区反海盗及武装劫船合作协定》等。除了政府层面的制度机制，中国—东盟安全治理还存在一系列非官方层面的第二轨道机制，如亚太安全合作理事会（CSCAP）、亚太圆桌会议（APR）和亚洲安全大会（香格里拉对话，SLD）等。在这一层次的制度性安排中，东盟地区论坛在中国—东盟安全治理上发挥了关键性的作用。

第二层是中国与东盟全体成员国之间的安全机制。这些制度性安排由中国和东盟合作构建，虽然数量有限，但在安全治理体系中的地位和功能值得重视。自1991年中国与东盟开始正式对话以来，

---

① 郑先武：《中国—东盟安全合作的综合化》，《现代国际关系》2012年第3期。

② 该条约也构建了由各缔约国部长级代表组成的高级理事会机制，负责斡旋和调停地区争端。见 "Treaty of Amity and Cooperation in Southeast Asia", January 2016, ASEAN Secretariat（http://asean.org/treaty-amity-cooperation-southeast-asia-indonesia-24-february-1976/）.

双方已建立了一系列协商机制与安全制度。传统安全领域有 2002 年签署的《南海各方行为宣言》、2010 年启动的中国—东盟防务与安全对话等；非传统安全领域有 2002 年发表的《关于非传统安全领域合作联合宣言》，2004 年签署的《非传统安全领域合作谅解备忘录》，2005 年创建的中国—东盟海事磋商机制会议和 2011 年建立的中国—东盟环境保护合作中心等。

第三层是中国与东盟部分成员国之间的安全机制。这一层次的制度性安排虽在地理范围上并未覆盖整个中国与东盟区域，但多系针对中国—东盟关系中的特定安全议题而构建，是中国—东盟安全治理体系的有机组成部分。这些安全机制既有多边机制，例如 2005 年提出的大湄公河次区域生物多样性保护走廊倡议、2011 年启动的中老缅泰湄公河流域执法安全合作机制等；又有双边机制，例如 2011 年签署的《关于指导解决中华人民共和国和越南社会主义共和国海上问题基本原则协议》，以及中国与一些东盟国家建立的防务安全对话磋商机制等。

（二）治理模式的内在特征

中国—东盟安全治理在治理体系结构的基础上形成了现有模式，但外在结构只是治理模式的"硬件"，内在特征方构成治理模式的"软件"。同欧洲等其他地区的安全治理实践相比较，中国—东盟安全治理不仅具有国际安全治理的共性，还具有自身治理模式的特性。具体而言，其最主要的特征表现在两个方面：

一是治理主体的国家中心性强。鲜明的国家中心主义色彩是中国—东盟安全治理的一个显著特征。虽然治理主体的多元性是地区安全治理的重要属性，但是与安全治理发展程度较高的欧盟等区域相比较，中国—东盟安全治理的主体类型相对单一，多元性较弱。主权国家是当前中国—东盟安全治理最主要的参与者，非国家行为体在治理实践中居于次要地位，作用有限。

治理模式的这一特征是由东亚区域国际体系的特征所决定的。治理主体的多元性是国际体系演化的产物，在当前西方发达国家构成的区域国际体系中，17 世纪以来的绝对主权规范呈现弱化迹象，"权力流散"现象成为历史发展的明显趋势。超越国家中心主义的多元治理也由此成为欧洲安全治理模式的重要特征。但东亚地区社会历史条件迥异于西方，东亚国家多为"二战"后方由殖民地或半殖民地社会经民族解放运动建立的新兴民族国家，区域国际体系中威斯特伐利亚式的主权秩序方兴未艾，非国家行为体在国际事务中的地位与作用较弱。因此中国—东盟安全治理虽然也包含多种治理主体的共同参与，但本质上并非多元政治结构，而是一种国家中心治理模式。

治理模式的国家中心性特征在中国—东盟安全治理中产生了若干现实效应。一方面，中国与东盟国家的共同利益成为地区安全治理体系的基石。在国家中心治理模式之下，国家利益是治理行为的根本动机，各国出于自身利益而参与治理，国家间的共同利益是治理实践得以开展的基础。另一方面，维护国家安全成为中国—东盟安全治理的核心目标。在西方式多元治理模式中，人的安全是比国家安全更为根本的价值诉求，个人是安全价值的最终载体，国家安全成为工具性价值；而在中国—东盟式的国家中心治理模式中，治理价值导向的思想基础是社群主义而非世界主义，国家是安全价值的最终载体，因此在涉及内政的问题上倾向于不干涉原则。

二是治理机制的制度化程度弱。中国—东盟安全治理虽已形成了一系列制度性安排，但整体审视可发现，现阶段机制架构的制度化水平仍处于较低层次。美国学者鲁杰曾将制度化发展水平划分为三个层次：纯粹认知水平的认知共同体；国际机制；国际组织。[①] 中国—东盟安全治理多处于前两个层次，其机制架构中多为带有论坛或宣言性质的、松散的或临时性的治理机制，缺少国际组织所具备的常设机构，缺少具有严格的奖惩机制和实质性约束能力的国际

---

① John G. Ruggie, "International Organization 'I Wouldn't Start from Here if I were You'", in John G. Ruggie (ed.), *Constructing World Polity: Essays on International Institutionalization*, New York: Routledge, 1998, pp. 54 – 55.

制度。

治理模式的这一特征在与其他模式的比较中表现得更为明显。高制度化的安全治理以欧洲最为典型。欧洲地区在安全领域形成了国际组织主导的，由欧盟、北约、欧安组织多支柱共同治理的模式，治理实践的展开以制度体系的常规运行为主。相较于欧洲等安全治理体系相对完善的区域，中国—东盟安全治理并未形成组织化程度高、实际约束力强的地区安全治理架构。正如一些学者所指出的，"东亚区域治理实质上是以国家间协调和谈判为基础的，因而区域治理制度仅仅是这种交流在地区机制下的制度化产物"①。低制度化是中国—东盟安全治理模式在现阶段的一个重要属性。

机制架构的制度化程度弱，对中国—东盟安全治理而言，既是特点又是缺陷。在安全治理制度架构薄弱的条件下，中国与东盟的合作治理中制度规制作用有限，治理发展依靠协商共识推进，国家行为依靠主体自律约束，形成了迥异于欧洲等地区安全治理的自身特性。但同时不应忽视的是，低制度化特征在实践中通常不利于治理效能的提升，是治理体系不够发达的表现。

二　中国—东盟安全治理的双重困境

从 1991 年双方开始正式对话至今，中国—东盟安全治理经历了二十余年的发展历程，构建起了初步的治理体系，并在维护地区安全与稳定方面取得了显著的成效。但由于中国—东盟关系中的一些阻碍因素，以及治理体系自身的缺陷，安全治理的推进仍面临着一系列困难。特别是进入 21 世纪第二个十年以来，随着地区安全环境的嬗变，中国—东盟安全治理的现实困境日益凸显。这种治理困境

---

① 白云真、贾启辰：《新功能主义视域下的东亚区域治理》，《太平洋学报》2013 年第 2 期。

表现在安全治理模式运行的两个不同环节上：一是治理主体的合作行动，二是治理行动的实际效能。

（一）安全治理的行动困境

当前的中国—东盟安全治理虽然形成了多层次的机制架构，但在实际的安全互动中往往合作言语易于达成，治理行动难以推进。相较于层见叠出的相关宣言或协议，中国与东盟之间在许多安全议题（特别是传统安全议题）上的实质性安全合作行动相对滞后和匮乏。治理行动的核心在于国际合作，而中国与东盟之间在安全治理上的合作实践面临着难以克服的困境与挑战。这种治理的行动困境，已成为现阶段中国—东盟安全治理所面临的最突出的问题。这一困境的根源在于，在国家中心治理模式下，作为核心治理主体的中国与东盟国家在相互关系上存在两个显著的问题：利益的冲突和互信的缺失。

首先，治理的行动困境植根于治理主体之间的利益冲突。国家中心性强是中国—东盟安全治理模式的一个重要特征，它符合东亚地区国际社会的特性，与本地区威斯特伐利亚式的主权秩序相适应。但以主权国家为唯一中心的安全治理，在国家之间存在利益分歧与矛盾的情况下，易陷入困境。治理主体的合作意愿是治理行动得以推进的决定性因素，而国际体系无政府状态下的国家遵循自助逻辑，其行为是由理性的利益考量决定的。国家间利益的分歧将使这些治理主体陷入罗伯特·基欧汉所言的个体理性与集体理性的悖论，[①] 形成安全治理这一"猎鹿博弈"中集体行动的困境。国家间利益冲突的强弱决定着治理实践中合作行动的难易。中国与东盟多国之间，由于南海问题直接涉及主权领土之争，在国家核心利益上存在冲突，利益协调与安全合作的难度较高。

其次，治理的行动困境植根于治理主体之间的互信缺失。近年

---

① Robert O. Keohane, *After Hegemony: Cooperation and Discord in the World Political Economy*, New Jersey: Princeton University Press, 2005, p. 7.

来，随着中国的加速崛起，"中国威胁论"在东盟国家一直甚嚣尘上。东盟国家对实力不断增强的中国存在较大的担忧和疑虑，缺乏合作治理所必需的国际信任。加之中国与菲律宾、越南等多国在南海问题上存在的矛盾冲突，互信的缺失成为中国—东盟安全治理中不可忽视的负面因子。在"中国威胁论"的氛围下，东盟将权力均衡视为地区安全的必要条件，推行"大国平衡"战略，积极引入美国等其他大国力量制衡中国。特别是进入 21 世纪第二个十年以来，随着中国崛起的加速和南海争端的升温，多数东盟国家对中国的疑虑不断加剧，其安全战略中制衡中国的考量明显增加。"东盟的地区安全观正从过去强调地区各国普遍参与的'合作安全'向加强内部合作、引入外部力量平衡中国的单边安全方向发展。"① 安全治理的合作行动变得更加困难。

以南海争端为例，可以更直接地考察中国—东盟安全治理的行动困境。南海争端是中国与东盟之间最核心的安全议题之一。南海问题上存在中国大陆、越南、菲律宾、马来西亚、印度尼西亚、文莱以及中国台湾地区复杂交错的利益格局，但其中的关键性利益矛盾是中国与东盟诸声索国之间的矛盾。这一矛盾正在政治、经济和安全三个层面上持续深化：

（1）政治层面的利益冲突主要包括两个方面：一是南海岛礁主权归属之争，二是海域划界之争。特别是南沙群岛目前仍处于多方分别控制的局面，东盟一些声索国极力推动争端的多边化和国际化，以抵制中国的双边解决路径。中国与诸声索国间在主权与海域管辖权上的利益矛盾业已固化。

（2）经济层面的利益冲突则主要在于南海海洋资源特别是油气资源的竞争。南海油气储量极为丰富，已知含油盆地面积几乎占南海大陆架总面积的 50％，石油总储量约为 230 亿—300 亿吨，天然

---

① 张哲馨：《新安全观与中国和东盟的安全困境》，《国际展望》2014 年第 3 期。

气总储量约为 20 万亿立方米。① 东盟诸声索国多为经济发展较快的新兴经济体，资源需求量不断扩大，同中国间的利益矛盾不断深化。

（3）安全层面的利益矛盾则植根于南海的地缘安全价值。对中国而言，南海是海上通道安全的关键，石油进口总量的 80% 和外贸运输总量的 60% 均经由南海运输。② 同时，南沙群岛距中国大陆有数百海里的战略纵深，对中国地缘安全而言意义重大。对南海声索国而言，南海岛礁可在本土之外形成一道海上防线，实现军事防御重心的前移，在战略上可作为遏制中国的棋子。双方安全利益上的矛盾，随着中国的日益崛起和诸声索国对中国疑虑的加剧而不断加深。

南海问题上国家之间深刻的利益矛盾，加之认知层面原有的不信任感，使东盟国家很难与中国达成实质性的治理合作，南海安全治理陷入行动的困境。东盟一致认为"南海争议已成为地区安全重大威胁"③。为应对这一问题，东盟南海声索国倾向于内部合作，一致对华。"在菲律宾、越南等南海争端方的推动下，东盟在南海问题上往往采取先行内部'协商一致'，而后与中国进行政治博弈的模式，竭力对外展示东盟在南海议题上的'集团方式'。"④ 同时，东盟国家还积极引入美国、日本、印度等域外大国的力量，谋求在南海争端中实现对中国的制衡。在此种情势下，中国与东盟国家之间针对南海问题的合作治理行动难有重大进展，南海争端的解决仍遥遥无期。

---

① 《南海油气资源丰富 堪称第二个"波斯湾"》，2012 年 7 月，中国国土资源部（http：//www. mlr. gov. cn/xwdt/mtsy/difang/201207/t20120711_ 1120052. htm）。

② 王历荣：《印度洋与中国海上通道安全战略》，《南亚研究》2009 年第 3 期。

③ "ASEAN Security Outlook 2013"，2013 - 10 - 17，ASEAN Secretariat（http：//www. asean. org/resources/publications/asean - publications/item/asean - security - outlook - 20139）.

④ 葛红亮、鞠海龙：《"中国—东盟命运共同体"构想下南海问题的前景展望》，《东北亚论坛》2014 年第 4 期。

（二）安全治理的效能困境

中国—东盟安全治理的另一重困境是效能的困境。具体表现是治理行动很难完成预期的治理目标，即使治理主体的协调与合作得以实施，安全治理的实际效能也相对有限，甚至存在治理失灵的问题。现阶段的中国—东盟安全治理，在这一方面仍存在不少明显的缺陷：治理能力弱，治理体系能耗较高、效率低下，很难达到预期的治理效果。

安全治理的效能困境根源在于治理体系的低制度化，现有治理机制的制度化程度弱，有效治理所必要的安全制度相对匮乏。当前中国—东盟安全治理体系的制度化水平仍处于较低层次，缺乏完善高效的地区安全架构，既没有专司安全事务的国际组织，又没有具有实质约束力的安全机制。低制度化的特性使治理模式的运行无法有效规制治理主体的行为，治理行动并未真正实现管控和化解各类安全风险的治理目标。特别是在传统安全议题上治理效果更不理想，中国—东盟安全治理难以确保有效的冲突管理和安全保障。低制度化的安全治理已经难以适应治理实践的现实需要。

中国与东盟在南海问题上的安全治理便是一个典型案例。为实现南海安全与稳定这一共同的利益与目标，中国与东盟国家展开了一系列对话、协商与合作，构建了多种安全机制，推进了南海安全治理的发展。例如 2011 年 7 月，中国与东盟国家通过了《落实〈南海各方行为宣言〉指导方针》，承诺"共同促进和平稳定和互信以及确保和平"[①]；10 月，中越签署了关于解决两国海上问题的基本原则协议，表示将通过谈判和友好协商方式解决两国海上争议。但由于缺少具有实际规制能力的制度性安排，这些治理实践并未取得理想的成果，南海岛屿之争仍然冲突频发，形势不容乐观。

现阶段，南海安全治理的成效极为有限。南海之争以中越、中

---

① 《中国与东盟国家就落实〈南海各方行为宣言〉指导方针达成一致》，2011 年 8 月，中国外交部（http://www.fmprc.gov.cn/mfa_chn/wjbxw_602253/t844329.shtml）。

菲之间的争端相对突出。① 中菲两国海上摩擦不断，冲突多次升级。近年来，菲律宾在南海问题上不断挑衅中国，两国多次发生海上对峙。如2011年菲律宾军舰与中国渔船在礼乐滩附近海域的冲突，2012年菲海军舰艇与中国海监船在黄岩岛的对峙，2013年两国军舰在仁爱礁的对峙，2014年两国船只再次在仁爱礁出现对峙。中越之间也多次发生海上冲突与摩擦。如2011年中国渔政船与越南油气勘探船发生冲突；2012年中国渔船与越南武装舰船在争议海域发生摩擦，越南舰船非法驱逐中国船只；2013年中国的公务船只与越南渔船发生摩擦。东盟相关国家还纷纷调整海洋安全战略，倾力发展海洋力量，加大海军建设力度。南海问题上形成"逆裁军化"趋势，进一步加剧了南海争端中的不确定性。

三　中国—东盟安全治理的未来出路

中国—东盟安全治理在治理行动与效能上的双重困境，使治理模式的运行面临着严重的障碍与挑战。探寻走出困境的未来出路，成为当前一个紧迫而重要的研究问题。中国—东盟安全治理的未来发展，可从两个层面逐步化解现有的治理困境：①化解安全治理的行动困境，需要实现治理模式的量变，即治理主体间关系的良性发展。具体而言，主要是深化相互依存与集体认同，推进中国—东盟命运共同体的构建。②化解安全治理的效能困境，需要实现治理模式的质变，即治理体系的结构性变革。具体而言，主要是提升制度化程度，推动地区安全架构的建立和发展。

（一）以命运共同体构建化解治理的行动困境

中国—东盟命运共同体的构建，是化解安全治理行动困境的有

---

① Rory Medcalf & Raoul Heinrichs, *Crisis and Confidence: Major Powers and Maritime Security in Indo – Pacific Asia*, Lowy Institute for International Policy, June 2011, p. 22.

效路径。"命运共同体"的构建是新时期中国周边外交的重要内容。习近平总书记提出中国要与周边国家建设命运共同体，主张"把'中国梦'同周边各国人民过上美好生活的愿望、同地区发展前景对接起来，让命运共同体意识在周边国家落地生根"①。在中国—东盟关系上，习近平于 2013 年 10 月在印度尼西亚国会发表了题为《携手建设中国—东盟命运共同体》的演讲，提出通过讲信修睦、合作共赢、守望相助、心心相印、开放包容等方面的努力，"携手建设更为紧密的中国—东盟命运共同体，为双方和本地区人民带来更多福祉"②。

在国家中心治理模式短时段内不会改变的情况下，中国—东盟命运共同体的构建，有利于消解利益冲突，减轻战略互疑，从而推动地区安全合作，化解治理的行动困境。一方面，命运共同体的构建能够使中国与东盟各国成为深度相互依存的利益相关者，增强共同利益，弱化利益分歧；另一方面，命运共同体的构建能够使中国与东盟各国内化共同体认同，增进战略互信，减轻东盟国家对中国的疑虑。在中国—东盟命运共同体之下，随着共同安全利益的强化和集体战略信任的增长，各国在追求本国安全利益时，将能够兼顾他国的安全利益关切，克服"猎鹿博弈"之下集体行动的困境，化解治理主体共同行动的难题。在安全治理实践中，各国在特定安全议题上的合作行为将更易于达成，进而保障地区安全公共产品的充分供给。

中国—东盟安全关系目前仍面临着物质层面的利益冲突与观念层面的互信缺失带来的严重阻碍，为促进治理主体间关系的良性发展，推动命运共同体的构建，双方需要在这两方面分别采取积极举措。在物质层面，中国与东盟国家需要通过全方位的安全对话与协商，探寻利益契合点，增进共同利益。在安全利益存在分歧的问题

---

① 《习近平谈治国理政》，外文出版社 2014 年版，第 299 页。
② 《共同谱写中国印尼关系新篇章　携手开创中国—东盟命运共同体美好未来》，《人民日报》2013 年 10 月 4 日。

上，中国可在求同存异的基础上加强与东盟国家的交流与沟通，推动利益协调与安全合作。在观念层面，中国与东盟国家需要深化互信机制和信任措施建设合作，坚持践行亚洲安全观，通过良性的安全互动减少彼此分歧，降低相互猜疑，增进相互理解与信任，消解东盟国家对中国的疑虑和担忧。中国与东盟国家应深入落实"2+7合作框架"，进一步提升中国—东盟战略伙伴关系，在命运共同体构建与安全治理发展相互促进的良性循环中，化解治理的行动困境。

（二）以地区安全架构建设化解治理的效能困境

中国—东盟地区安全架构建设，是化解安全治理效能困境的有效路径。当前中国与东盟所面临的地区安全环境日趋复杂，国际战略竞争不断加剧，对有效治理架构的功能性需求日渐增加。中国—东盟之间现有的安全机制虽然为数众多，相互交叠，覆盖广泛，但缺乏合理整合，机制运行情况不佳，制度化程度较弱，在地区安全事务中的实际治理效能相对低下，难以适应地区安全形势和各国安全利益的实际需要。强化顶层设计，加强中国—东盟诸安全机制之间的协调，建设适应地区安全治理现实需要的综合性安全架构，成为一项必要而紧迫的议程。正如习近平总书记所倡导的，"搭建地区安全和合作新架构，努力走出一条共建、共享、共赢的亚洲安全之路"①。李克强总理也曾指出，亚太地区"建立一个符合地区实际、满足各方需要的区域安全架构势在必行"②。

中国—东盟地区安全架构建设，有利于推动安全治理的制度化发展，实现治理体系的结构性变革，从而克服治理失灵现象，化解治理的效能困境。作为安全领域的统合性制度安排，地区安全架构的建立和有效运行，将会提高中国—东盟安全治理的制度化程度。

---

① 《习近平：积极树立亚洲安全观 共创安全合作新局面》，2014 年 5 月，中国外交部官方网站（http：//world. people. com. cn/n/2014/0521/c1002 - 25046183. html）。

② 《李克强总理在第八届东亚峰会上的讲话》（全文），2013 年 10 月，中央政府门户网站（http：//www. gov. cn/guowuyuan/2013 - 10/11/content_ 2591020. htm）。

而制度化程度的提高，一方面可以在地区安全治理中形成一系列具有普遍约束力的原则、规则和规范，约束和调节治理主体的安全行为，提高国家间安全互动的可预测性；另一方面还可以促进各治理主体观念的转变和利益的协调，进而推动国际安全合作。因此地区安全架构建设有利于中国和东盟各国应对共同面临的安全威胁，实现对地区冲突的有效预防和管控，提高安全治理的实际效能。

当前的中国—东盟安全治理，应顺应对治理制度架构的现实需求，加强安全治理的顶层设计与制度创新，建设地区安全架构，推动治理模式的完善。为实现这一目标，中国与东盟国家应在以"互信、互利、平等、协作"为核心思想的新安全观基础上，加强安全协商与合作，积极推动现有安全机制的整合与升级，构建覆盖治理体系全体成员，实现对传统安全与非传统安全诸领域综合治理的区域性安全制度。正如有学者所指出的，地区安全架构建设可以"以东盟地区论坛或某一其他机制为基础，提高对话级别，探讨综合性安全架构的形式"，"以建立制度化、有常设机构的地区安全合作组织为长远目标，逐步推进"①。就近期而言，中国与东盟国家之间亟须建立早期预警机制和危机管理机制，以实现对安全危机的预防与管控，降低潜在的冲突爆发与升级的风险，有效维护中国与东盟共同安全环境的稳定。通过地区安全架构建设的逐步推进，中国—东盟安全治理可强化治理能力，提升治理效果，最终化解治理的效能困境。

四　结语

当前的东亚地区，国际冲突与危机等传统安全威胁长期存在，

---

① 王缉思：《亚太地区安全架构：目标、条件与构想》，《国际安全研究》2016 年第 1 期。

生态破坏、恐怖主义、跨国犯罪等非传统安全挑战日益凸显，地区安全治理亟待加强。中国—东盟安全治理模式虽已初具雏形，但仍存在不少缺陷，在治理实践中面临着行动与效能的双重困境。中国与东盟各国有必要推动安全治理模式的发展和完善，以制度化的安全治理体系克服地区安全困境，应对各类安全风险。地区安全治理符合中国的安全利益，中国应成为中国—东盟安全治理的积极推动者，实现安全治理发展、命运共同体构建和地区安全架构建设的相互促进、共同发展。唯有治理体系与模式不断臻于完善，方能更好地维护本国安全利益，促进地区和平与稳定，保障中国与东盟之间共同、综合、合作和可持续的安全，实现地区安全的善治。

参考文献

[1]《习近平谈治国理政》，外文出版社 2014 年版。

[2] 王缉思：《亚太地区安全架构：目标、条件与构想》，《国际安全研究》2016 年第 1 期。

[3] 郑先武：《中国—东盟安全合作的综合化》，《现代国际关系》2012 年第 3 期。

[4] 白云真、贾启辰：《新功能主义视域下的东亚区域治理》，《太平洋学报》2013 年第 2 期。

[5] 张哲馨：《新安全观与中国和东盟的安全困境》，《国际展望》2014 年第 3 期。

[6] 王历荣：《印度洋与中国海上通道安全战略》，《南亚研究》2009 年第 3 期。

[7] 葛红亮、鞠海龙：《"中国—东盟命运共同体"构想下南海问题的前景展望》，《东北亚论坛》2014 年第 4 期。

[8]《共同谱写中国印尼关系新篇章　携手开创中国—东盟命运共同体美好未来》，《人民日报》2013 年 10 月 4 日。

[9]《习近平：积极树立亚洲安全观　共创安全合作新局面》，2014 年 5 月，中华人民共和国外交部（http://world. people. com.

cn/n/2014/0521/c1002 – 25046183. html）。

[10]《习近平在亚信第五次外长会议开幕式上的讲话（全文）》，2016 年 4 月，中华人民共和国外交部（http：// www. fmprc. gov. cn/web/ziliao_ 674904/zyjh_ 674906/t1359235. shtml）。

[11]《李克强总理在第八届东亚峰会上的讲话（全文）》，2013 年 10 月，中央政府门户网站（http：//www. gov. cn/guowuyuan/ 2013 – 10/11/content_ 2591020. htm）。

[12] Robert O. Keohane, *After Hegemony*：*Cooperation and Discord in the World Political Economy*, New Jersey：Princeton University Press, 2005.

[13] Rory Medcalf & Raoul Heinrichs, "Crisis and Confidence：Major Powers and Maritime Security in Indo – Pacific Asia", *Lowy Institute for International Policy*, June 2011.

[14] "ASEAN Security Outlook 2013", 2013 – 10 – 17, ASEAN Secretariat（http：//www. asean. org/resources/publications/asean – publications/item/asean – security – outlook – 20139）.

群体化：新兴大国参与全球
气候治理的路径选择*

赵 斌

摘要：气候变化已成为国际问题中的热点与难点，且由于其长期性、不确定性和公共问题属性，也已成为典型的政治议题。全球气候问题呼唤全球气候治理，以巴西、南非、印度和中国为代表的新兴大国，形成了"抱团打拼"的态势，群体化参与全球气候治理。这种路径选择，源自结构和进程层次。全球气候制度结构是一种松散耦合的机制复合体，对参与主体缺乏有效的规约，变革成本较高，存在多层治理和复杂决策的困境；新兴大国的主体进程，则表现为协调作用突出、基础四国松散联合主导、多群体间相互重叠，因而群体化参与全球气候政治实践平台。

关键词：全球气候政治；全球气候治理；新兴大国；群体化

一 问题的提出

尽管全球公害事件时有发生且触目惊心，然而截至 20 世纪 60 年代，人类的环境保护意识仍处于沉寂状态。1962 年，美国生物学界首次对以"征服自然"为核心理念的主导思想提出了质疑之声，批评破坏环境的工业利益集团，人们的环境保护意识开始觉醒。与

---

* 本文发表于《国际论坛》2017 年第 2 期。

20 世纪 60 年代仍处于"冷战"的历史大背景同步，整个欧亚大陆都开始反思人类过往经济增长模式的代价效应。及至 70 年代初期，1972 年厄尔尼诺现象爆发，南亚、澳大利亚、中美洲、东亚以及苏联都受到了冲击，进而出现全球性的粮食短缺，同年，罗马俱乐部报告《增长的极限》（*Limits to Growth*）问世，影响深远。这一年，在瑞典的斯德哥尔摩还召开了首次联合国人类环境会议，把每年 6 月 5 日定为"世界环境日"，开启了世界各国商讨人类环境问题的先河。[①]

　　面对环境恶化这一日益严峻的事实，人类开始意识到环保的重要性，并在国家与联合国层面开始商讨环境议题。气候变化问题[②]最早也是作为环境保护问题之一而被科学家提出的，直到 1988 年，联合国环境规划署和世界气象组织成立"政府间气候变化专门委员会"（IPCC），气候变化议题才逐步上升至国家战略与外交政策的高度。同时，气候变化问题还因其长期性、不确定性、公共问题属性而成为典型的全球问题，不妨称其为全球气候政治。同时，全球化和相互依存态势自 20 世纪六七十年代以降强化突进，使国际政治逐步演化为世界政治[③]，呈现"复合相互依赖"，气候变化议题因之获得了一定的上升空间（由"低级政治"逐步上升为"高级政治"）。

---

　　① 斯德哥尔摩会议引发了全球关注，使环境议题首次嵌入国际政治，并逐渐成为国际研究和政策讨论的重要分支。参见 Neil Carter，"Climate Change and the Politics of the Global Environment"，in Mark Beeson and Nick Bisley（eds.），*Issues in 21st Century World Politics*，Basingstoke：Palgrave Macmillan，2013，p. 177.

　　② 根据 IPCC 报告，准确地说气候变化问题应更侧重于指涉"人为气候变化"（Anthropogenic Climate Change），即至少包含两层意思：人为的温室气体排放将导致显著的全球升温；人类活动已明显地改变全球气候。参见 IPCC，"Climate Change 2001：Synthesis Report"，24 – 29 September 2001，https：//www. ipcc. ch/pdf/climate – changes – 2001/synthesis – syr/english/question – 1 to9. pdf.

　　③ 世界政治，或曰全球政治，指的是政治关系在时空上的拓展和延伸，其中的政治权力和政治行为跨越了主权民族国家的边界，也正是在全球化的时代意义上，"世界政治"与"国际政治"在政治权力主体、议题领域、结构特征等方面存在差异。参见 David Held et al.，*Global Transformations：Politics，Economics，and Culture*，Stanford：Stanford University Press，1999，p. 49.

因而，"任何国家的温室气体排放都对他国产生了代价效应"，人们不得不在全球政治互动体系中给予气候政治一定的话语空间；关于气候变化的探讨促成了相互依赖的社会和政治网络，形成了以多边反馈为特征的全球复杂系统。① 如此一来，全球气候政治呼唤全球气候治理，而全球气候治理自然离不开世界政治中的重要行为体之广泛参与，当前国际政治中的大国，尤其是新兴大国（巴西、俄罗斯、印度、中国和南非），在气候变化这一带有复合相互依赖色彩的议题领域中凸显其重要作用，对全球气候政治的走向与气候治理的成效影响深远。可以想见，世界政治中的全球治理需求，尤其如气候政治，为新兴大国提供了"新"的"用武之地"；同时，新兴大国之"兴"，则在于其大国身份仍从西方主导之国际体系中生发而来，且这种"兴起"仍在发展中，带有不确定性。② 因而，下文将从概念辨析入手，并从结构与进程两个维度讨论新兴大国气候政治群体化③这一路径选择。

二　新兴大国气候政治群体化：概念辨析

所谓新兴大国气候政治群体化，从现象学意义上来看，从早期的"G77 + 中国"到当前凸显主导作用的基础四国（BASIC）（即巴西、南非、印度和中国），新兴大国在全球气候政治中呈现出群体

---

① Robert Keohane and Joseph Nye, *Power and Interdependence (4th Edition)*, New York：Longman，2011，pp. 30，262.

② 这里关于新兴大国之"新"与"兴"的理解，主要受到理查德·内德·勒博（Richard Ned Lebow）论著的启发。参见 Richard Ned Lebow, *A Cultural Theory of International Relations*, Cambridge：Cambridge University Press，2008，pp. 545 – 546.

③ 就本文拟讨论的主题而言，"全球气候政治中的新兴大国群体化"（The Emerging Powers' Grouping in Global Climate Politics）这一表述似更为准确，但为避免因"……的"式中文定语频繁使用而可能造成语句冗长甚或歧义，笔者倾向于一概使用"新兴大国气候政治群体化"来指代巴西、南非、印度和中国等新兴大国"抱团打拼"参与全球气候治理和气候政治互动（特别说明除外）。

化（Grouping）的"抱团打拼"之势。① 这里，我们仍有必要对核心概念进行界定。显然，群体和群体化，是本文所涉及的核心命题。

群体，作为一个社会学和社会心理学概念，它指的是两个以上行为体之间相互影响、相互依赖的集合。根据这一定义，群体的特性在于：群体内的适当行为（Appropriate Behavior）由规范（Norms）决定；个体的行为和责任由群体内的角色（Roles）来确定；群体内的交流结构（Communication Structure）决定了群体内的话语状况（Who Talks to Whom）；权力结构（Power Structure）则决定了群体内成员的权威分配状况和影响大小。② 1956 年，美国社会心理学家所罗门·阿希（Solomon Asch）进行了一项有关群体的从众（Conformity）研究。该研究发现，群体规模（Size）和群体一致（Unanimity）是影响个体从众的重要因素。其中，群体规模越大，追随个体可能越多，但当这个群体的规模达到一定的程度，从众性不再增强；群体一致会受到极少数异议（Dissenter）的冲击。如此一来，对于行为体个体而言，（参与）群体化的动因主要在于：个体希望被群体接受，或者担心被群体所拒绝，因为群体往往能产生规范社会影响（Normative Social Influence）；群体能为个体提供信息，即群体能产生信息社会影响（Information Social Influence）。个体希望通过群体化而获取物质或社会报酬；个体向往群体（认同群体的吸引力），并愿意成为该群体的成员。③

具体到本文，群体是指全球气候政治中的不同国家群体，包括

---

① 以"群体化"而非"集团化"来诠释"G77 + 中国"、基础四国等在气候政治中的"抱团打拼"之势，意在诠释一种形成中的，且带有非确定性的准集体身份。参见赵斌《新兴大国气候政治群体化的形成机制——集体身份理论视角》，《当代亚太》2013 年第 5 期，第 112 页。

② "Social Psychology：Groups"，http：//www. sparknotes. com/psychology/psych101/socialpsychology/section8. rhtml.

③ 参见 Solomon Asch，"Studies of Independence and Conformity：A Minority of One against a Unanimous Majority."，*Psychological Monographs*，Vol. 70，No. 9，1956，pp. 1 – 70.

欧洲联盟、伞形国家、小岛屿国家联盟、七十七国集团、基础四国、金砖国家等。换言之，组成这类群体的基本单位是国际关系中的国家行为体，且同时这些群体内的国家间关系除了欧盟之外，都不能算作严格意义上的共同体/联盟。①

群体化，即单个国际关系行为体如主权民族国家对某个群体的参与。根据符号互动论②和社会心理学有关群体的认识，影响群体化的关键变量在于：其一，群体化的背景或曰叙事情境③，一种叙事情境直接为某个群体的形成提供了活动舞台，比如一个社会/共同体的组织结构，为个体的社会化提供了行动场域和话语时空；其二，行为体是否参与互动，也就是说，群体化还须受到个体本身的

---

① 事实上目前只有欧盟这一特例在较高程度上实现了某种集体身份的内化，其在气候政治议题领域的表现亦概莫能外。参见赵斌《全球气候政治中的美欧分歧及其动因分析》，《华中科技大学学报》（社会科学版）2013 年第 4 期，第 85 页。

② 符号互动论的基本原则在于：人的施动性（Human Agency）、互动决定（Interactive Determination）、符号化（Symbolization）、突现（Emergence）。其中"突现"不同于复杂系统论有关复杂性的界定，而意指社会生活中的过程与非习惯方面，不仅关注社会生活的组织与结构，而且指涉其意义与情感；"突现"使社会生活的新形式与系统意义，乃至社会组织现下的结构转型成为可能。参见 David A. Snow，"Social Movements"，in Larry T. Reynolds and Nancy J. Herman – Kinney（eds.），*Handbook of Symbolic Interactionism*，New York：Alta Mira Press，2003，pp. 812 – 824. 符号互动论之于本文有关群体化议程的方法论意义，主要在于"互动"，比如新兴大国群体内部的互动，以及伞形国家和欧盟等发达国家群体、小岛屿国家和最不发达国家等其他发展中国家，这些国家群体分别与新兴大国之间的气候政治互动，可以说为新兴大国群体化提供了内外动因。而且，符号互动论最重要的意义在于，互动对于身份的强化/再造，本文也是在这种意义上对群体间互动进行论证。此外，"互动"也有助于使本文的分析更具动态性。

③ 所谓叙事情境（Narrative Scenario），本是语言学中的一个常用概念，即行为体叙事或行动时所处的话语背景和活动舞台，是包含了时空场域的客观存在。将"叙事情境"迁移运用到社会科学当中，可以形象地描绘研究对象所处的复杂情境。具体到气候政治的"叙事情境"，则既整合了全球、区域、国家等地理空间维度，又涉及社会、经济、环境、技术、能源等动因的混合结构，这些要素的存在甚或相互作用，从客观上限定了行为体应对气候变化时的活动舞台。参见 IPCC，"Narrative Scenarios and Storylines"，https：//www. ipcc. ch/ipccreports/sres/emission/index. php? idp = 12；Ayami Hayashi et al. ，"Narrative Scenario Development based on Cross – impact Analysis for the Evaluation of Global – warming Mitigation Options"，*Applied Energy*，Vol. 83，No. 10，2006，pp. 1062 – 1075；Sabrina Scherer，Maria A. Wimmer and Suvad Markisic，"Bridging Narrative Scenario Texts and Formal Policy Modeling through Conceptual Policy Modeling"，*Artificial Intelligence and Law*，Vol. 21，No. 4，2013，pp. 455 –484.

身份选择和意愿的影响，现代的政治行为体并非政治社会化的囚徒，而往往有进行选择之权利；其三，互动本身可能对群体化产生过程动力，即群体的形成与群体化的维系，其动力来自该群体内部的行为体之间以及该群体与他群之间的持续互动。

此外，下文讨论新兴大国群体化，还将在方法论意义上借用"结构""进程"这两个"标签"。其中，结构（Structure）既可以指代一种补偿机构，在系统输入不断变化的情况下保持结果的一致性，又可以指一系列约束条件；① 所谓进程/过程（Process），按照过程建构主义理论的解释，指的是产生社会意义的持续的实践互动关系，这是一种运动中的关系，是复杂且相互关联的动态关系复合体，其基础是社会实践。② 那么，从理论上看，现有的全球气候政治虽仍运行于国际无政府状态中③，但由于气候政治本身所具有的自反性和"复合相互依赖"特征，仅强调物质力的结构约束，似仍难以解释全球气候政治中的分歧现象等国际社会事实（如发展中国家与发达国家群体之间的"南北对立"，其他发展中国家与新兴大国之间的分化，传统大国与新兴大国之间的对垒，等等）。从结构与进程的角度观之，这种经验与理论的双重困惑，在一定程度上是（有意或无意）忽视气候政治结构/进程，或割裂二者间联系所导致的。可见，群体化的形成，是其内外动因相互作用的动态运行过程。鉴于此，下文拟从结构和进程这两大层面进行诠释。

---

① 参见 Kenneth Waltz, *Theory of International Politics*, New York：McGraw - Hill, 1979, Chapter 4.

② Qin Yaqing, "Relationality and Processual Construction：Bringing Chinese Ideas into International Relations Theory", *Social Sciences in China*, Vol. 30, No. 3, 2009, p. 9.

③ 作为一个重要的分析前提，笔者亦接受无政府状态这一带有先验色彩的理论假定。有关对该假定的批判和质疑，参见 Alexander Wendt, "Anarchy is What States Make of it：The Social Construction of Power Politics", *International Organization*, Vol. 46, No. 2, 1992, pp. 391 - 425; Alexander Wendt, *Social Theory of International Politics*, Cambridge：Cambridge University Press, 1999；谭再文：《国际无政府状态的空洞及其无意义》，《世界经济与政治》2009 年第 11 期，第 78—80 页。

三　新兴大国气候政治群体化的结构分析

近 30 年来的气候变化治理实践告诉我们，世界政治的主要行为体一直在为构建一个强有力的综合监管体制而努力。这些多层治理的努力自然建立起了一个个狭窄而集中的监管机制，罗伯特·基欧汉（Robert Keohane）和戴维·维克托（David Victor）称之为"气候变化机制复合体"（The Regime Complex for Climate Change）。[①] 作为现有国际体系（国际格局＋国际秩序）中崛起的新兴大国，自然仍受限于（并可能反作用于）形成中的全球制度结构，这种气候变化机制复合体或曰全球气候制度，当前主要由《联合国气候变化框架公约》（UNFCCC）和《京都议定书》（及其京都机制）（Kyoto Protocol and the Kyoto Mechanisms）组成。也就是说，宏观上，为分析新兴大国群体化参与全球气候治理的叙事情境，我们有必要首先把握形成中的气候变化机制复合体及其对于新兴大国群体化的结构性意义。

就当前可能形成的全球气候制度结构而言，其主要特点有：松散耦合的机制复合体、对参与主体缺乏有效的规约、变革成本较高、存在多层治理和复杂决策的困境。

第一，松散耦合的机制复合体。由 UNFCCC 和《京都议定书》等构成的联合国气候变化机制建构路径，反映了国际社会就应对气候变化难题所做的制度建设努力。但是，从客观实际来看，当前确实不存在可以限制气候变化的一体化综合机制，相反，存在一种松散耦合（Loosely Coupled）[②] 的特定机制——气候变化机制复合体。

---

① Robert Keohane and David Victor, "The Regime Complex for Climate Change", *Perspectives on Politics*, Vol. 9, No. 1, 2011, p. 8.

② 耦合指的是构成系统的各子系统之间的动态关联。进而，松散耦合则说明耦合的子系统之间虽有一定的相互联系但并不紧密，即彼此仍保持相互独立，动态关联程度不高。有关松散耦合的定义，参见 Karl E. Weick, "Educational Organizations as Loosely Coupled Systems", *Administrative Science Quarterly*, Vol. 21, No. 1, 1976, pp. 1－19.

这种气候变化机制复合体，是参与全球气候政治的各行为主体一直以来为建立一个强有力的整合的综合监管机制（Integrated Comprehensive Regulatory Regime）而努力的结果。于是，构成气候变化机制复合体的要素之间，或多或少彼此相互关联，有时相互强化，有时也会发生冲突。[①]

第二，对参与主体缺乏有效的规约。应对气候变化的两个主要协议是《联合国气候变化框架公约》和《京都议定书》。然而，气候变化政治并不拘泥于联合国条约和令人瞩目的多边谈判。事实上，相比于多数区域的、国家的和地方层次的政策和标准，作为气候变化政治重要组成部分的所谓全球承诺，其严格性自然要弱得多。[②] 毕竟，对于单个政治行为体而言，干扰因素往往在于"合作"是否将真的可以改善自己的整体福利。[③] 更何况，UNFCCC 可以说是"不带剑的契约"（Covenant without a Sword），因为它几乎没有针对不履约行为的制裁机制，当然也不同于强有力的政府治理/带剑的契约（Covenant with a Sword）和市场机制（Market Mechanism）路径。[④] 既然缺少了制裁机制，那么让各国政府付出高额成本去实施减排政策以建设全球的、非排他性的气候公共环境，其可靠性难免令人怀疑。诚如霍布斯（Thomas Hobbes）的《利维坦》（Leviathan）中所言，"不带剑的契约如一纸空文，它毫无力量去保护任何人的安全"[⑤]。此外，国内环境规范、地方环境压力敏感性、国内政

---

① Robert Keohane and David Victor, "The Regime Complex for Climate Change", p. 8.

② Liliana B. Andonova and Ronald B. Mitchell, "The Rescaling of Global Environmental Politics", *Annual Review of Environment and Resources*, Vol. 35, 2010, pp. 255 – 282.

③ Joshua L. Weiner and Tabitha Doescher, "A Framework for Promoting Cooperation", *Journal of Marketing*, Vol. 55, No. 2, 1991, pp. 38 – 47.

④ Elinor Ostrom, James Walker and Roy Gardner, "Covenants with and without a Sword: Self – Governance is Possible", *American Political Science Review*, Vol. 86, No. 2, 1992, pp. 404 – 417; Suraje Dessai and Emma Lisa Schipper, "The Marrakech Accords to the Kyoto Protocol: Analysis and Future Prospects", *Global Environmental Change*, Vol. 13, No. 2, 2003, pp. 149 – 153.

⑤ Thomas Hobbes, *Leviathan or The Matter*, *Forme*, *Power of a Common – wealth Ecclesiasticall and Civill*, London: Andrew Crooke, 1651, p. 131.

治压力和民主水平等也都对国家的（国际）遵约意愿具有重要的影响。①

第三，变革成本较高。全球气候制度的柔性，以上文所述基欧汉和维克托所表达的国际制度乐观主义来看，这种松散的制度框架似乎有利于行为体根据情势变化而适时调整政策。然而，由于不同的行为体在不同时期应对气候变化实际行动的关注点有所不同，可以称之为路径依赖和组织实践。事实上，由于行为体的动机不同，主要"领导者"基于自身的目的和利益来建构部分的制度，一旦他们这样做，会很容易安于现状，从而抵制对既定安排的根本改变，因为改变组织结构的成本是高昂的。②

第四，存在多层治理和复杂决策的困境。气候变化议题，其本身至少具有三大显著特点：长期性、广泛的公共问题属性、高度的不确定性。全球气候政治制度，可以说是对气候变化这些问题特征的制度回应。一方面，应对气候变化需要多层治理（Multi - leveled Governance）。因为气候变化的公共问题属性，气候治理不能仅局限于个人、团体或民族国家等传统的思维模式。相反，包括地区与国家的、国内与国际的，乃至全球社会的层次都应整合到气候治理之中，并让这些治理层次之间保持相互关联。尽管当前我们所讨论更多和较为认同的还是国际层次的气候治理，尤其是"公约—议定书"治理模式，然而其他层次气候治理的不同形式也并不鲜见。换言之，气候制度的平行和垂直演化同步。③ 不过，自 1992 年以来，由《联合国气候变化框架公约》和《京都议定书》构成的全球气候制度建构路径，仍然是当前的重点和难点，只不过所取得的成果往

---

① Nives Dolšak, "Climate Change Policy Implementation: A Cross - Sectional Analysis", *Review of Policy Research*, Vol. 26, No. 5, 2009, pp. 551 – 565.

② Robert Keohane and David Victor, "The Regime Complex for Climate Change", p. 21.

③ Jacqueline Peel, "Climate Chang Law: The Emergence of a New Legal Discipline", *Melbourne University Review*, Vol. 32, No. 3, 2008, pp. 922 – 979; Jonathan B. Wiener, "Something Borrowed for Something Blue: Legal Transplants and the Evolution of Global Environmental Law", *Ecology Law Quarterly*, Vol. 27, No. 4, 2001, p. 1295.

往不尽如人意。另一方面，气候变化治理还需要在不确定性中的决策。也就是说，由于气候变化议题的高度不确定性，决策者需要考虑方方面面，进行复杂决策。其中，影响决策者的不确定性因素至少包括信息、机制、目标等，在这些要素都不充分、不完整的前提下，决策者仍不得不回答一些难题。比如，如何对现状和未来进行预估评价？应对气候变化的最好的制度形式是什么？什么样的政策工具可以用来制定气候政策？温室气体减排与适应气候变化的目标当如何确定？可见，借助法律和政策工具，气候变化治理存在决策困境，从而难免会使气候制度建构的有效性和合理性大打折扣。[①]

　　可见，全球气候制度是一种气候变化治理的制度回应，而制度的建构本身是一个浩大的工程，回落到行为体自身尤其是气候政策决策者，还往往会面临复杂决策困境。而且，多层治理和复杂决策还同时面临着国家中心主义和国家利益观的挑战。作为一种形成中的国际制度，其在诸多层面还有待进一步发展和完善。同时，正因为这种先天不足的国际制度结构，全球气候政治的无政府状态更为明显，气候变化议题上的世界政治权力构成亦因之趋于流散化；气候政治群体化和碎片化现象并存。换言之，全球气候制度结构的"无力"和"权力流散"，从根本上反映的是全球气候治理失灵。因此，新兴大国的群体化进路，在这种已然失灵和失序的后现代世界中，事实上也不过是一种找寻出路的尝试或曰探索。

四　新兴大国气候政治群体化的进程分析

　　全球气候政治系统与进程，为新兴大国提供了时势场域和活动舞台。而且，全球气候政治系统无异于一个复杂系统，其显著特征

---

① Jiunn – rong Yeh, "Emerging Climate Change Law and Changing Governance", in He Weidong and Peng Feng (eds.), *Climate Change Law: International and National Approaches*, Shanghai: Shanghai Academy of Social Sciences Press, 2012, p. 29.

在于无政府状态下的全球气候环境公共物品供求。同时，如上文所述，当前所形成的全球气候制度结构，对行为体缺乏有效的规约，全球气候政治格局大体上形成了所谓的南北两极；在全球气候政治进程中，新兴大国群体逐步形成了"抱团打拼"之势，全球气候外交呈现出大国博弈与多边协调的特征。其中，新兴大国之于"G77＋中国"、基础四国、非正式国际机制（如 BRICS，G20）下的气候政治互动等，需要从历史比较中进行考察，以全面地、动态地分析新兴大国气候政治群体化进程。

自"G77＋中国"初始，有关"公正性和社会考量"（Equity and Social Considerations）可视为七十七国集团和中国共同捍卫 UNF-CCC 的一大功绩，并以《京都议定书》规定有关发达国家明确减排指标为主要阶段性成就。[1] 然而"G77＋中国"随后逐步分化为基础四国（BASIC）、最不发达国家（LDCs）、非洲国家群体（African Group）、小岛屿国家联盟（AOSIS）、美洲玻利瓦尔联盟（ALBA）和欧佩克（OPEC）等（如表 1 所示）。其中，BASIC 自形成以来，几乎每次的四国联合声明，都不忘强调其与 G77 之间的合作/谈判之重要性。换言之，尽管就 BASIC 本身而言，基础四国与 G77 大多数成员国所面临的形势已有较大差别，然而四国从未完全放弃原属 G77 阵营的群体身份，因之当前 BASIC 和 G77 成了时空上平行，而形式上又尽量保持一致的既耦合又独立的两大群体。[2] 与此同时，基础四国间深化气候合作，也使得原有的金砖国家平台在应对气候变化这一"新"问题时面临议程的复杂化。自 2009 年 6 月的俄罗斯叶卡捷琳娜堡会晤起，金砖国家不断发表联合声明，以推动各气候谈判缔约方有关减缓和适应措施方面的合作进程。此外，就连

---

① Bert Bolin, *A History of the Science and Politics of Climate Change*, Cambridge: Cambridge University Press, 2007, pp. 94 – 95.

② María del Pilar Bueno, "Middle Powers in the Frame of Global Climate Architecture: The Hybridization of the North – South Gap", *Brazilian Journal of Strategy & International Relations*, Vol. 2, No. 4, 2013, p. 205.

G20 这样的国际经济合作机制，包含新兴大国和传统发达国家群体在内的广大成员国也可能具有继续协商讨论气候议题的可能，并使其有可能成为正式国际气候机制乃至制度化建设进程外的一种必要补充。通过（经济—气候）议题间的关联，以一种《联合国气候变化框架公约》和《京都议定书》之外的形式来推动适应气候变化如资金转移等议题的进展，不失为一种正式制度外的可贵尝试和（理论上的）有益补充。当然，由于 G20 毕竟只是一种非正式对话机制，因其"非正式"固然具有一定的灵活性，但同样可能因不具有约束力而存在发展瓶颈，其内部仍存在小群体，新兴大国与传统大国间的气候政治博弈因之仍可能延续。[①]

表1　　　　　　　　"G77 + 中国"的子群体

基础四国（BASIC）	由巴西、南非、印度、中国组成，不仅联合抵制北方国家有关减排行动的压力，而且还相应提出颇具雄心的国内气候变化政策
最不发达国家（LDCs）	由49个最不发达国家组成，其"特殊情况"得到 UNFCCC 公认，因之在气候变化谈判中，须妥善考虑这些国家的脆弱性和适应需求
非洲国家群体（African Group）	由53个非洲国家组成，其在 UNFCCC 谈判进程中的态度和部长级会议声明，乃至2009年巴塞罗那气候会谈和哥本哈根会议期间的集体离席退场抗议，都引发了世界关注。该群体既涵盖了对气候公正抱有强烈诉求的国家，也包括一个新兴大国即 BASIC 成员国（南非），以及不少 LDCs 成员国和若干 OPEC 成员国
小岛屿国家联盟（AOSIS）	由42个小岛国家联合而成，包括一些非 G77 成员国如图瓦卢和新加坡。自1991年气候谈判初始，AOSIS 就积极联合，其"共同命运"感极强，强调雄心勃勃的（减排）目标、气候机制的全面效果、环境政策包含适应需求的完整性

① 张海冰：《二十国集团机制化的趋势及影响》，《世界经济研究》2010年第9期，第11页；朱杰进：《二十国集团的定位与机制建设》，《阿拉伯世界研究》2012年第3期，第32页。

续表

美洲玻利瓦尔联盟（ALBA）	由拉丁美洲国家组成的地区合作组织，其前身为 2001 年由委内瑞拉提出的美洲玻利瓦尔替代计划，2009 年正式更名为美洲玻利瓦尔联盟。该群体的气候政治立场主要表现为委内瑞拉、玻利维亚、厄瓜多尔、古巴和尼加拉瓜等国的协调一致，ALBA 群体活跃于 2009 年气候谈判，是一新生力量，其成员国尤其强调谈判中的公正与民主，并主张北方国家承担有关减缓气候变化的责任，外交辞令则以反美和反殖民主义为特征
欧佩克（OPEC）	由 12 个石油输出国组成，以沙特阿拉伯为首，OPEC 已经成了立场相当一致、财力雄厚的战略联合群体，经常在气候谈判中扮演"麻烦制造者"（Obstructionist）的角色。不过，OPEC 国家并不经常提出群体声明，而总是分头行动（但气候政治立场却较为统一）

资料来源：Antto Vihma, Yacob Mulugetta and Sylvia Karlsson – Vinkhuuyzen, "Negotiating Solidarity? The G77 Through the Prism of Climate Change Negotiations", *Global Change, Peace and Security*, Vol. 23, No. 3, 2011, p. 325, 笔者根据该文献表 2 整理而得。

新兴大国气候政治群体化，其特点突出表现为新兴大国协调作用突出、基础四国松散联合主导、多个群体之间相互重叠。

第一，从 2009 年以来，新兴大国群体参与全球气候治理，并持续发挥国际政治影响力，巴西、南非、印度和中国之 BASIC 群体协调作用尤其突出。从客观上来讲，全球气候政治进程的缓慢低效，原本也需要国际体系中的大国为之做出些许改变，为全球气候治理注入"正能量"；从主观上来看，近年来成长起来的新兴大国，也有推动全球治理改革创新的需要或意图，从而让全球治理向善治方向演进，而气候变化议题领域是其中的关键一环。因而从客观与主观条件来看，新兴大国协调作用较为突出。

不论从理论探讨还是从实践层面而言，2009 年哥本哈根大会似乎都颇令人失望。但是，就主体角色而言，新兴大国尤其是巴西、南非、印度和中国在国际气候政治博弈当中的兴起，本身算是难得的进步。因为就这几个新兴大国的统一立场来看，都以"全球南方"（Global South）的利益关切为己任，且极力捍卫《联合国气候变化框架公约》和《京都议定书》（及其京都机制）的主要原则，特别是"各自能力"和"共同但有区别的责任"原则，等等，为广大发展中国家世界谋福利。

作为传统，成长起来的 BASIC 群体通过部长级会议的形式，强调共有气候政治立场，例如"双轨制进程"、减缓与适应保持一致、资金技术转移和能力建设支持须由发达国家提供、多边谈判协调的重要性等。德班会议以来形成的"德班平台"，为《京都议定书》的走向指明了方向，如通过绿色气候基金和技术机制，新兴大国因之继续坚持多边主义，以推动发达国家用资金和非资金方式支持发展中国家的产品和服务发展。这方面较为典型的例子可见于欧盟的航空业，将欧盟与非欧盟运输公司纳入排放权交易体系。作为回应，中国禁止自己的航空公司加入欧盟所谓的航空碳排放计划，反对欧盟将他国进出欧盟的国际航班纳入排放交易体系，并主张在联合国气候变化谈判和国际民航组织多边框架下通过充分协商来解决国际航空碳排放的问题。而且，中国和俄罗斯还就此发表共同声明，反对就航空排放采取"任何单边、强制性、未经双方同意的做法"，认为欧盟征收航空碳关税"侵犯了其他国家的主权，也将损害正在蓬勃开展的气候变化国际合作"；2012 年 2 月 14 日举行的第十次部长级会议，基础四国联合声明反对欧盟征收航空碳税，印度和巴西一致批评欧盟"以气候变化为名行单边贸易保护之实"，显然这违背了气候变化应对中所应遵循的"公平"原则。① 可见，在全球气候政治互动及群体化进程当中，新兴大国的协调作用较为突出。

第二，在新兴大国气候政治群体化的各个阶段，即由"G77 + 中国"到 BASIC，再到非正式国际机制下的气候政治互动（如 BRICS 和 G20），BASIC 在其中逐渐占据主导地位，但这种带有准集体身份特征的政治联合仍较为松散。

---

① 曹慧：《碳关税：以"气候变化"为名》，《世界知识》2012 年第 5 期。

在"G77＋中国"的发展历程中，随着中国、巴西、印度、南非的综合实力增长，以及发展中国家阵营内部的分化，BASIC 群体在其中"脱颖而出"并占主导。同时，在后续的 UNFCCC 谈判进程和 BASIC 各成员国自身的气候政治实践中，努力主导谈判议程，捍卫"共同但有区别的责任"原则和发展中国家之发展优先性，呼吁全球气候政治公正，以推动新的全球气候制度形成。

应当承认，基础四国成员之间仍存在分歧的可能，但即便如此，为了增强新兴大国作为群体的国际政治影响力并有效参与全球事务，BASIC 作为难得的大国协调平台，仍为中国、印度、巴西、南非等尽量维系着。如此一来，一方面，我们必须认识到新兴大国在气候政治进程中的"抱团打拼"正能量态势；另一方面，还需要清醒意识到这种政治联合的战略考虑甚或策略意图，亦即联合仍较为松散，远未达到经典的国际政治联盟/结盟的程度。只能说，基于具体议题导向下的新兴大国气候政治合作，倾向于渐进推进和制度化发展，例如有关发达国家须承担强制减排义务之前提要求，发展中国家的资金和能力建设支持方面现实及未来政治发展诉求，联合国多边互动机制的延续，等等。

BASIC 联合本身较为松散。在新兴大国气候政治群体化进程当中，BASIC 逐渐占据主导地位，但这种联合事实上是对新兴大国既有的多边主义立场可能遭遇挑战的某种回应，这种回应使得气候政治国际舞台上的"群体化"式"俱乐部外交"色彩加重。① 这里首要的挑战在于 BASIC 作为松散的气候政治联合，主要通过成员国以部长级会议和联合声明的形式，重申新兴大国在全球气候政治问题上的立场，相比哥本哈根协议的雄心，进展稍显缓慢与不足。而且，BASIC 在制度化的群体化进程中也存在功能重叠，如 IBSA（印巴南对话论坛）早在 BASIC 形成之前就已通过环境与气候变化工作

---

① Lesley Masters, "What Future for BASIC? The Emerging Powers Dimension in the International Politics of Climate Change Negotiations", *Policy Brief*, No. 95, March 2012, p. 2, http://www.igd.org.za/jdownloads/Global%20Insight/igd_policy_brief_issue_95.pdf.

组开始着手应对气候问题，并建立起旨在深化相互间知识共享与探索共同利益交汇的对话机制。此外，诸如 BRICS 平台下的气候合作，也在这些新兴大国间同步展开。从正向积极的意义来看，多重群体化进程相并行自然有利于拓宽新兴大国间的气候政治合作领域。但是，也应看到，多头并举亦可能使原本联合形式就较为松散的 BASIC 群体"力不从心"，从而导致力量过于分散，所取得的气候政治成就也较为有限。因而，目前这些群体复合化给几个主要新兴大国带来的共同挑战在于，须努力提升这些群体中的国家能力和效率，并为群体化设置清晰的目标议程。

第三，新兴大国气候政治群体化，其表现形式为新兴大国之间的协调，及其与共同他者间的互动，其中的"俱乐部外交"色彩较为明显。这意味着，不仅是 BASIC 平台，其他诸如 G20 乃至 BRICS 等表面看起来似乎与气候议题关系并不直接的非正式国际机制下的气候政治互动同时显现，因而构成了一幅多层复合治理的现实图景。不过，较为明显且突出的外化现象在于，对于新兴大国而言，群体化进程和划界难以表现得"泾渭分明"。也就是说，多个群体之间可能存在相互重叠。

由"G77＋中国"到 BASIC，再到新兴大国参与非正式国际机制下的气候政治互动。尽管就群体化当中的主要角色而言，主要集中为巴西、俄罗斯、印度、中国和南非，且逐渐演化为基础四国占主导地位，然而这些群体化气候政治实践仍在同步延续。尤其如巴西、南非、印度和中国这四国，可谓穿梭于不同的群体，只不过所共同参与的群体组织化程度各异。按照历史发展的纵向逻辑，我们不难看出，"G77＋中国"较具先导性，即使 2009 年哥本哈根大会上涌现出了 BASIC 群体，自然也无法替代"G77＋中国"之于发展中国家联合的重要意义和广泛代表性，因此即使在 BASIC 自群体气候政治发展进程中，与"G77＋中国"尽可能同步，始终也是 BAS-IC 成员国均难以割舍的"从众情结"。但是，就群体化本身而言，显然仍是个难以被"清晰划界"的进程。新兴大国之于气候政治群体化进程中的身份选择也具有多重性。出于大国形象、工具理性考虑，有关"G77＋中国"、BASIC、BRICS 群体之身份选择对主要新兴大国而言，或许仍然还是多选题。

五 结 语

近年来快速成长或曰崛起中的新兴大国，不仅对国际秩序变迁带来了客观影响，也为日趋严峻的全球问题乱局寻求化解之道注入了不小的正能量。就全球气候政治议题而言，新兴大国参与全球气候治理，走出了某种不同于传统（甚至有些僵化）的气候治理"南北两极"治理（即发达国家和发展中国家路径）的"第三条路"：新兴大国群体化参与全球气候治理，从"G77＋中国"、BASIC 到 BRICS 平台下的气候政治合作，为应对全球气候变化集体行动难题贡献智慧，凸显大国责任，护持国际形象，反过来也进一步提升了新兴大国的国际地位。

2015 年的巴黎气候大会，中国和印度等新兴大国的协调作用更为突出，且"抱团打拼"的态势亦更为明显，促成了国际气候政治发展的关键性创新——迈向"自主贡献"阶段；2016 年，《巴黎协定》正式生效，马拉喀什大会又进一步夯实了以该协定为基础的全球气候政治合作。可以想见，在国际气候政治迈向全球气候政治变迁的实践中，新兴大国的参与路径选择尤为关键，既有助于避免国际气候治理进程走向停滞，又可能为新兴大国自身的气候政治参与提供良好的平台，并为迈向全球气候政治发展之实践进程创造条件，充当发达国家和发展中国家群体间气候政治互动的桥梁架构者。

参考文献

[1] 赵斌：《新兴大国气候政治群体化的形成机制——集体身份理

论视角》，《当代亚太》2013 年第 5 期。

［2］赵斌：《全球气候政治中的美欧分歧及其动因分析》，《华中科技大学学报》（社会科学版）2013 年第 4 期。

［3］谭再文：《国际无政府状态的空洞及其无意义》，《世界经济与政治》2009 年第 11 期。

［4］张海冰：《二十国集团机制化的趋势及影响》，《世界经济研究》2010 年第 9 期。

［5］朱杰进：《二十国集团的定位与机制建设》，《阿拉伯世界研究》2012 年第 3 期。

［6］曹慧：《碳关税：以"气候变化"为名》，《世界知识》2012 年第 5 期。

［7］ Neil Carter, "Climate Change and the Politics of the Global Environment", in Mark Beeson and Nick Bisley（eds.）, *Issues in 21st Century World Politics*, Basingstoke：Palgrave Macmillan, 2013.

［8］ David Held et al. , *Global Transformations：Politics, Economics, and Culture*, Stanford：Stanford University Press, 1999.

［9］ Robert Keohane and Joseph Nye, *Power and Interdependence*（4th Edition）, New York：Longman, 2011.

［10］ Richard Ned Lebow, *A Cultural Theory of International Relations*, Cambridge：Cambridge University Press, 2008.

［11］ Solomon Asch, "Studies of Independence and Conformity：A Minority of One against a Unanimous Majority", *Psychological Monographs*, Vol. 70, No. 9, 1956.

［12］ David A. Snow, "Social Movements", in Larry T. Reynolds and Nancy J. Herman－Kinney（eds.）, *Handbook of Symbolic Interactionism*, New York：Alta Mira Press, 2003.

［13］ Ayami Hayashi et al. , "Narrative Scenario Development based on Cross－impact Analysis for the Evaluation of Global－warming Mitigation Options", *Applied Energy*, Vol. 83, No. 10, 2006.

[14] Sabrina Scherer, Maria A. Wimmer and Suvad Markisic, "Bridging Narrative Scenario Texts and Formal Policy Modeling through Conceptual Policy Modeling", *Artificial Intelligence and Law*, Vol. 21, No. 4, 2013.

[15] Kenneth Waltz, *Theory of International Politics*, New York: McGraw – Hill, 1979.

[16] Qin Yaqing, "Relationality and Processual Construction: Bringing Chinese Ideas into International Relations Theory", *Social Sciences in China*, Vol. 30, No. 3, 2009.

[17] Alexander Wendt, "Anarchy is What States Make of it: The Social Construction of Power Politics", *International Organization*, Vol. 46, No. 2, 1992.

[18] Alexander Wendt, *Social Theory of International Politics*, Cambridge: Cambridge University Press, 1999.

[19] Robert Keohane and David Victor, "The Regime Complex for Climate Change", *Perspectives on Politics*, Vol. 9, No. 1, 2011.

[20] Karl E. Weick, "Educational Organizations as Loosely Coupled Systems", *Administrative Science Quarterly*, Vol. 21, No. 1, 1976.

[21] Liliana B. Andonova and Ronald B. Mitchell, "The Rescaling of Global Environmental Politics", *Annual Review of Environment and Resources*, Vol. 35, 2010.

[22] Joshua L. Weiner and Tabitha Doescher, "A Framework for Promoting Cooperation", *Journal of Marketing*, Vol. 55, No. 2, 1991.

[23] Elinor Ostrom, James Walker and Roy Gardner, "Covenants With and Without a Sword: Self – Governance is Possible", *American Political Science Review*, Vol. 86, No. 2, 1992.

[24] Suraje Dessai and Emma Lisa Schipper, "The Marrakech Accords to the Kyoto Protocol: Analysis and Future Prospects", *Global En-

vironmental Change, Vol. 13, No. 2, 2003.

[25] Thomas Hobbes, *Leviathan or The Matter, Forme, & Power of a Common − wealth Ecclesiasticall and Civill*, London: Andrew Crooke, 1651.

[26] Nives Dolšak, "Climate Change Policy Implementation: A Cross − Sectional Analysis", *Review of Policy Research*, Vol. 26, No. 5, 2009.

[27] Jacqueline Peel, "Climate Chang Law: The Emergence of a New Legal Discipline", *Melbourne University Review*, Vol. 32, No. 3, 2008.

[28] Jonathan B. Wiener, "Something Borrowed for Something Blue: Legal Transplants and the Evolution of Global Environmental Law", *Ecology Law Quarterly*, Vol. 27, No. 4, 2001.

[29] Jiunn − rong Yeh, "Emerging Climate Change Law and Changing Governance", in He Weidong and Peng Feng (eds.), *Climate Change Law: International and National Approaches*, Shanghai: Shanghai Academy of Social Sciences Press, 2012.

[30] Bert Bolin, *A History of the Science and Politics of Climate Change*, Cambridge: Cambridge University Press, 2007.

[31] María del Pilar Bueno, "Middle Powers in the Frame of Global Climate Architecture: The Hybridization of the North − South Gap", *Brazilian Journal of Strategy & International Relations*, Vol. 2, No. 4, 2013.

新多边主义视野下的全球
治理与中国的战略选择 *

朱 旭

摘要：全球治理的紧迫现实呼吁新的多边主义。新多边主义是在多边主义基础上发展起来的，是全球公民社会进行国际合作的产物。新多边主义对全球治理的重构正在通过世界无数社会团体的努力，缓慢和艰难地向前发展。全球治理改革仍然处于探索中。作为后来者，中国对待全球治理改革的态度、政策和实践，在一定程度上影响甚至决定着全球治理的未来。已经走上全球治理改革者道路的中国并没有退路，唯有继续扮演改革者的角色，方能争取全球治理改革的实质进展，推动全球治理朝着更加公平正义、合理有效的方向发展。

关键词：新多边主义；全球治理；G20；变革

随着全球化的深入发展和各种全球性问题的迅速蔓延，虽然以国家为中心的治理在全球治理现实中仍然占据着主导地位，但是民族国家在有效应对全球性危机中面临越来越多的新挑战，以国家为中心的多边主义治理也不断暴露出内在的局限性，非政府组织、全球公民网络、全球社会运动和一些跨国社团日益成为全球治理的重

---

* 本文部分内容已发表，参见吴志成、朱旭《新多边主义视野下的全球治理》，《南开学报》2012 年第 3 期；朱旭《全球治理变革的中国担当》，《中国社会科学报》2016 年 10 月 13 日。

要行为体，全球治理的紧迫现实呼吁新的多边主义。

一 新多边主义视野下的全球治理

进入 21 世纪，特别是 2008 年全球金融危机以来，各种全球性问题与危机的蔓延使全球治理面临更多新的挑战。全球金融危机助推世界权力发生转移，促使世界格局发生变化，布雷顿森林体系、世贸组织、经合组织、八国集团等多边治理体系的缺陷日益暴露。面对新的危机日益全球化，世界呼唤新的理念和解决办法。

罗伯特·考克斯在批判的基础上，提出了一个新的概念框架——新多边主义。新多边主义以批判理论为指导，对多边主义提出质疑，认为多边主义"自上而下"的制度性安排无力解决当今世界的全球性问题。"新现实主义者和新自由制度主义者的理论都是'解决问题式'的理论"[1]，自己的理论则用一种独到的批判视角来研究国际组织与多边主义，属于历史唯物主义的"批判理论"。考克斯把霸权和反霸权等概念应用到国际组织研究中，创造了新多边主义，以理解国家和非国家行为体在全球政治经济领域的动态变化，为分析当前世界秩序提供了一种独特工具。

考克斯分析了联合国用中立原则定义多边主义的荒谬。由于现存的多边秩序还有很多缺陷，导致贫富差距越来越大，强权与弱国的对立越来越严重。这正是因为缺少非国家行为体的参与，使弱小国家在联合国无法代表自身利益。因此，主流理论倡导用"解决问题式"的方法研究国际制度非常不合理。[2] 想要理解联合国多边主义问题，必须联系世界秩序的结构变化和多边主义实践的发展。其

---

[1] Robert W. Cox, "Social Forces, States and World Orders: Beyond International Relations Theory", *Millennium*, Vol. 10, No. 2, 1981.

[2] Robert W. Cox, *The New Realism: Perspectives on Multilateralism and World Order*, Basingstoke: MacMillan Press LTD, 1997, p. 247.

中，最明显的是美国霸权的衰弱和社会运动对霸权的抗争，而以国家为中心的联合国多边主义不能反映这些结构变化。

考克斯认为，新多边主义通过零碎改革和重组现有的多边主义制度将很难实现，而一个新多边秩序的建立应该依靠全球层次上大众化动员的成熟以及公民社会的发达。因此，他提出了一种民主改变国际制度的行动方案，认为联合国有改革和发展新多边主义的潜力，这种新多边主义建立在力量弱小的公民社会团体基础上，它将使社会更加平等，权力更加分散，生物圈得到保护，冲突得以减少和消除，文明得到相互认可。真正民主的多边主义是一种在全球层次上起始于基层公民社会的"自下而上"的多边主义。新多边主义代表一种社会运动的尝试，它将"在全球层面重构公民社会和政治权威，'自下而上'地建立全球治理体系"①。

新多边主义关于全球治理的观点主要表现在：第一，全球治理主体主要是全球公民社会和非政府组织等非国家行为体。在新多边主义视野下，除了主权国家，还有其他行为体发挥作用，所有治理层都有非国家行为体的活动空间，这些行为体挑战传统主权观念而使得国际体系更加开放。新多边主义提倡去中心和解中心的做法，认为国家已经无力作为社会、政治、经济生活的管理者。② 它超越"以主权国家为中心"的多边主义，不再把主权国家作为唯一主要行为体。在某些情况下，次国家实体可以不通过国家层面而直接与区域或全球层次建立联系，其结果是四类有国家特性的行为体（全球制度、区域组织、国家和次国家区域实体）和非国家行为体（如非政府组织、跨国倡议网络）组成了一个复杂的关系网。新多边主义强调社会力量是决定未来全球治理的根本因素，这种多中心互动的网络结构使全球治理进程更加开放透明。

第二，全球治理机制基于广泛参与的全球公民社会形式，具有

① Robert W. Cox, *The New Realism: Perspectives on Multilateralism and World Order*, Basingstoke: MacMillan Press LTD, 1997, p. 37.

② 秦亚青：《多边主义研究：理论与方法》，《世界经济与政治》2001 年第 10 期。

多样性和开放性。新多边主义不再把主权国家看作人民利益的唯一代表，认为国家间关系并不能确保国际组织进程的民主与透明。为了防止排外主义，把多元化的利益引入协商进程中，公民社会团体的直接参与就显得非常必要。直接参与决策制定的过程使公众更容易理解协商的内容和对其生活的影响。过去，辅助原则作为一种有力的规范原则试图去协调不同治理层级的关系。新多边主义的复杂性要求一种新的规范原则作为善治的指导原则。根据这一原则，它应该有义务使共同参与决策的各级政府促进他方的合法性和能力。①新多边主义治理意味着不必再问一个政策条款是地区的、联邦的、欧洲的抑或是全球的这样的问题，而应该问：解决这些问题需要政府提供什么样的必要条件？其他层级的政府如何促进这些条件的达成？换言之，不同层级的治理不应该看作是竞争性的活动，而是相互促进的活动。它"更强调行为体的包容性、结构的多元性、运行的开放性以及价值取向的法治性和公正性，是一种用法治化和公正化的普遍规则协调多样化行为体、多元化利益以及协调复杂关系的制度安排，它顺应了全球化和全球公民社会发展需要，具有极其强大的生命力"②。

第三，全球治理模式是"自下而上"的。多极化趋势不只是全球层面权力的分布，也是全球治理参与者及其如何参与的变化。新多边主义的目标就是培育一种全球公民社会参与的"自下而上"的多边主义，在日益全球化的世界里，它为公民社会提供了一个可以发言、可以为其利益进行辩护的空间。由于全球公民社会等非国家行为体"自下而上"的参与，多边主义制度自身的价值规范意义更容易实现。这种治理模式可以克服国家主权的障碍和国家利益的局

---

① M. Landy and S. M. Teles, "Beyond Devolution: From Subsidiarity to Mutuality", in K. Nicolaidis and R. Howse (eds.), *The Federal Vision*, Oxford: Oxford University Press, 2001, p. 414.

② 赵可金：《从旧多边主义到新多边主义——对国际制度变迁的一项理论思考》，《世界经济与政治》2006 年第 7 期。

限性，由于没有现成的框架协议和制度的限制，这种治理模式更具
灵活性。

上述两种多边主义模式的主要差异在于它们的开放度不同。多
边主义模式是一种封闭系统，新多边主义因具有不断改变的不同类
型的行为体而显得更加开放。这些行为体相互作用，形成重叠的网
络。新多边主义对多边主义提出挑战，不仅因为它要求国际制度变
革，还因为它代表着一种不同形式的利益。新多边主义从比较激进
的批判角度研究多边主义，反映了从以国家为中心的研究议程向多
中心甚至反中心方向发展的学术趋势，从而开启了国家之间通过合
作解决全球问题的大门，成为广大发展中国家和发达国家追求广泛
参与和改造国际秩序的重要工具。

2008 年全球金融危机后，世界银行行长罗伯特·佐利克主张新
多边主义参与全球治理。他认为，全球性的挑战需要全球性的解决
方案，我们要超越老的七国集团，通过一个灵活而有力的网络，以
21 世纪的方式实行多边主义，而不是由固定的静态系统组成的新等
级制度。新多边主义必须最大限度地发挥相互依存和相互重叠的行
动者以及公私机构的优势；超越把重点放在金融和贸易上的传统，
囊括其他紧迫的经济和政治问题，如发展、能源、气候变化和使脆
弱的冲突后国家趋于稳定；集合现有国际机构的专长和资源，在必
要时对它们进行改革，并鼓励有效合作和共同行动。[1] 他强调，公
民和公民社会组织参与国家和国际事务非常重要，应着力促进公民
社会的发展，"一个富有活力的公民社会可以监督政府预算，查找
和发布信息，挑战压制经济活动的官僚机构，保护私有财产，监督
各种公共服务的提供情况。公民社会可以保护公民权利受到尊重。
公民社会也可以承担起责任"[2]。潘基文也指出："现在是最需要采

---

① "Robert Zoelick on a New Multilateralism", http: //indistinctunion. wordpress. com/
2008/10/20/robert－zoellick－on－a－new－multilateralism/.

② "The Middle East and North Africa: A New Social Contract for Development", http: //
web. worldbank. org.

取多边行动的时刻，我们正站在悬崖边上。但是我们决不能惊慌失措，也不能让多重危机转变成人民的信任危机……21 世纪的多边主义不仅必须建立在上个世纪的多边主义基础上，而且必须以大刀阔斧的新办法拓宽和深化这种基础。"①

无论是佐利克的主张还是潘基文的呼吁，都可以看到多边主义在全球治理中已经显示出危机。"以主权国家为中心"的多边主义已不适合21 世纪初这种复杂和迅速变化的国际体系。在全球金融危机背景下，全球治理体系的重构是世界地缘战略变化所呈现出的一个主要趋势。新多边主义治理是后霸权时代国际制度或机制创新的一种尝试，是对未来的一种诉求，它既是对现存多边主义体系矛盾的回应，也体现了全球公民社会倡导国际合作的积极性。在后霸权时代，主权国家和国际社会之间必须承认世界和文明的多样性，通过发现共同点以寻求广泛合作。为了促进全球政治经济的健康发展，新多边主义需要建立一种共享的责任感，改革现有不公正和不合理的国际制度，扩大民主和社会参与，建立适应社会多样性的国际制度，增强国际制度的有效性。

二　新多边主义对全球治理的重构

新多边主义的治理具有超国家中心治理、弱者治理、自下而上、普世中心、变革现状的属性。在全球治理中，国家中心治理居于主导地位，而超国家中心治理处于周边、从属地位。两者不仅相互抗衡，也存在互补关系。但随着国家中心治理作用和地位的下降，超国家中心治理虽不能取而代之，却可以发挥对国家治理缺失而产生的补充作用。在全球治理现实中，国家中心治理与超国家中心治理

---

① 潘基文秘书长关于联合国工作的报告，http：//www. un. org/zh/ga/63docs/1/contents. html.

并非相互对立，而是相互承认各自地位，国家与社会运动之间彼此协调，相互借助，以实现一定领域内全球治理的共同目标。①

在全球化深入发展和相互依存的时代，全球治理的新挑战和新形势呼唤着新多边主义。新多边主义对全球治理的重构需要从以下三个方面进行努力：

第一，重视全球公民社会和非政府组织的作用，使全球公民社会和非政府组织作为核心力量而不是辅助力量参与重构全球治理的进程。全球公民社会是全球化和公民社会运动在新形势下相结合的产物。由于经济全球化的快速发展，一方面是全球性问题急剧增加，另一方面以多边主义为基础的组织机制发育相对滞后，导致全球层面的"政府失灵"或者"市场失灵"②，这为全球公民社会参与全球治理提供了巨大空间。如果社会运动、非政府组织、区域性政治组织等被排除在全球治理的含义之外，那么，全球治理形式的动力将得不到恰当的理解。③ 近几十年来，面对日益突出的全球性问题，在各国政府未采取有效行动的情况下，公民社会承担起责任，对它们施加了舆论和道德压力。全球公民社会代表着弱势和边缘群体的利益，在介入全球治理规则的制定，参与资源和价值的分配，促进治理方式的变革，提供公共物品和公益服务，表达特殊社会群体的利益和要求，推动多中心、多层级治理体系的形成等方面发挥着重要作用，它们可以绕过国家权力而实现自主治理。由于更少受制度、传统、利益和程序的束缚，全球公民社会在应对部分危机时比官僚机构更加快捷和灵活。

21 世纪以来，公民社会对世界经济治理、政治民主化和社会发展做出了积极贡献。它不但提高了国际机构的决策透明度和民主程度，还促进了社会保障体系的完善，也是弥补多边主义民主赤字和

---

① ［日］星野昭吉：《全球治理的结构与向度》，《南开大学学报》2011 年第 3 期。

② 陶文昭：《全球公民社会的作用及其变革》，《文史哲》2005 年第 5 期。

③ ［英］戴维·赫尔德：《全球大变革：全球化时代的政治、经济和文化》，社会科学文献出版社 2001 年版，第 70 页。

全球治理民主赤字的重要工具。"全球公民社会意味着新民主，全球治理的框架和一个积极的全球公民社会为不同层次的参与提供了可能性。"① 全球公民社会使全球治理更加民主、公平与公正。非政府组织通过发起各种运动来争取权利，以新多边主义的方式参与决策制定和争端解决。国际非政府组织通过寻求社会变革在各个层面影响全球治理，在创建全球网络、参与多边合作、与主权国家互动和增强公众参与度等领域发挥着重要作用。多边主义是政府与政府的互动，新多边主义除了政府间的互动外，还必须倾听公民社会和非政府组织的声音。因此，在全球治理中，要成功应对危机，就必须使利益攸关方联合起来共同行动，让公民社会和非政府组织作为核心力量参与治理。

第二，推进 G20 机制化建设，借助新兴大国力量调整和加强现行多边架构，使 G20 实现由短期危机救助向长期全球治理转型。金砖国家（BRICS）由于拥有大量的人口和丰富的资源，具有长期稳定增长的巨大潜力，在全球金融危机中显示出很强的抗压性。后危机时代，BRICS 等新兴市场的发展继续表现出强劲势头。在 G20 合作机制内，BRICS 成为新兴市场与发展中国家的代言人。新兴大国的群体性崛起和世界权力的转移使 G8 陷入合法性危机。由于 G8 的构成缺乏代表性，它既无法反映世界经济力量对比变化的现实，也无法完全担负协调全球各方应对危机的责任。"现存的国际机构对目前世界面临的难题已无能为力，改革迫在眉睫，而当前没有比 G20 更好的替代组织。"② 随着新兴大国在全球治理体系中的地位逐步上升，G20 从舞台边缘走到舞台中心，逐步取代 G8 处于全球治理的主体地位。G20 是对发达国家与发展中国家在全球治理中的一种力量整合，显然比 G8 更具有代表性。G20 参与全球治理，表明传统大国和新兴大国共同设定全球治理的议程，为全球合作应对挑

---

① Mary Kaldor, *Global Civil Society: An Answer to War*, Polity Press, 2003, p. 110.
② 哈迪·苏萨斯特洛：《东亚，G20 和全球经济治理》，《第一财经日报》2009 年 3 月 30 日，A14 版。

战提供了一个重要的非正式的协调平台。

作为非正式的国际组织，G20 在应对危机时比那些有着充分合法性和健全制度安排的正式国际组织更加灵活和有效。G20 参与全球治理增加了原有治理机制的合法性，推动了世界主要经济体的合作，促进了全球经济的快速复苏。"G20 自创立以来，积极参与全球性问题的治理，并确立了全球经济治理的一些新的原则和方向。"① G20 在探寻金融危机根源、倡导国际金融机构改革、加强金融监管、反对保护主义、实施刺激经济计划等方面都做出了重大贡献。随着后危机时代的来临，G20 机制的角色也逐渐发生了转变，"将逐步从应对国际金融危机嬗变到促进国际合作，推动世界经济强劲、可持续、平衡增长上来"②。G20 的机制化代表了全球治理重构的一种正确方向。在未来的发展中，G20 各国应坚持互利共赢的原则，继续推进各项改革，积极推动机制化，将非政府组织等私人行为体纳入到互动的范畴，充分反映新兴大国的诉求。"G20 是一个极具代表性的新的国际合作框架基础。它的历史使命不应仅仅局限于解决眼下的国际金融危机，而应随着 21 世纪国际地缘政治的发展变化，肩负起建立国际未来新秩序的使命"③。

第三，采取多层网络治理的综合治理模式，将"自上而下"与"自下而上"的治理方式结合起来，提高全球治理的效率和实效。全球化从国家内部改变了国家权力的基础，并产生了一种多层次的后威斯特伐利亚的世界秩序。国家在这个秩序中仍然是重要的，但只是作为若干权力层次中的一层。因此，所谓"多层"，即指治理主体包括主权国家、全球公民社会、非政府组织和各种跨国社团等多层主体；所谓"网络"，"代表的是一种'多—对—多'结构

---

① John J. Kirton, George M. von Furstenberg, *New Directions in Global Economic Governance: Managing Globalization in the Twenty-first Century*, Ashgate, 2001, pp. 143–144.

② 曹广伟、张霞：《G20 机制的构建及其在后危机时代的角色定位》，《国际展望》2010 年第 6 期。

③ 杨文昌：《G20：多极合作的起点》，《环球时报》2009 年 4 月 8 日，第 11 版。

关系"①，正如哈罗德·雅各布森所言："国家被国际组织编织成的网络所缠绕，这个比喻对于描述当代全球政治体系是恰当而直观的。"② 目前，世界体系正在发生变革，在这个新的体系中，国家逐渐被限制在一个由相互依存和正式及非正式的规制编织成的网络中，而且全球性问题的表现形式与影响不再局限于某些特定区域和领域，各种全球性问题彼此有着错综复杂的联系。国内与国际因素相互交织、相互影响，发展于一国内部的问题随时可能转变为全球性问题。"各种思潮性、体制性问题对国际体系转型的影响远远超越单一领域，成为引发更为强烈的连锁反应的潜在因素，全球性问题的综合性和复杂性不断深化。"③ 要解决这些复杂的全球性问题，需要主权国家与网络中其他组织协调合作和综合治理。

进入 21 世纪，无论全球治理方式还是各国典型的互动方式都在发生着显著的变化。国家中心治理、有限领域治理、网络治理是全球治理的代表性模式，但是它们或多或少都存在局限性。在国际体系中，网络运转依赖的基础是国家行为体与非国家行为体的合作，它具有动态的特点。"与治理相对应，多层级网络治理是在不同层级上，相互独立又相互依存的诸多行为体之间所形成的通过持续协商、审议和执行等方式做出有约束力的决策的过程。"④ 其特点在于治理主体的多元化、运作机制的合作化、治理进程的动态化。在多层网络治理过程中，主权国家与全球公民社会、非政府组织等治理主体组成了一个动态、复杂的网络系统。各个成员在网络系统中通过互动和合作，能够创造出新的解决复杂问题的方法。新多边主义对全球治理的重构需要通过多层网络治理，在不同层次上发挥主权

---

① 朱德米：《网络状公共治理：合作与共治》，《华中师范大学学报》（人文社会科学版）2004 年第 2 期。

② Harold K. Jacobson, *Network of Interdependence: International Organizations and the Global Political System*, New York: Knopf, 1984, p. 516.

③ 赵隆：《试析议题设定对全球治理模式的影响》，《国际展望》2010 年第 3 期。

④ 吴志成：《治理创新——欧洲治理的历史、理论与实践》，天津人民出版社，2003 年版，第 383 页。

国家、国际组织、全球公民社会与非政府组织等治理主体各自的优势。在现存的跨组织关系网络中，多层网络治理使治理主体在信任和互利的基础上，将"自上而下"与"自下而上"的治理方式结合起来，摆脱西方发达国家长期操纵国际组织和全球公民社会组织的局面；使全球公民社会在全球治理中拥有独立的社会和政治空间；减少全球治理中的民主赤字，增强治理的合法性，使治理的运行机制更加灵活和有效。多层网络治理模式为全球治理提供了一种新的视野和方法。

当然，新多边主义治理也遭到了一些批评和质疑，有人认为它具有某种程度的乌托邦色彩，如过高估计各国政府、跨国公司和公民社会部门寻求合作的偏好，过于看重公民社会的积极作用，而对其隐含的危险缺乏有效制约。目前，全球公民社会由于参与机制不完善、自身力量欠缺、行动方式欠成熟，其影响有限，仍然存在多种制约因素。但全球公民社会正在通过自身变革努力获得更加良性的发展。

新多边主义是在多边主义的基础上发展起来的，是对多边主义的补充。然而，新多边主义是逐步改革的产物，是现存多边主义制度的改编，是全球公民社会进行国际合作的产物。新多边主义治理要真正替代多边主义治理，建构起以全球公民社会为基础的全球治理新模式绝非易事。在相当长的一段时期内，多边主义治理的地位、作用都难以发生根本改变。但是，新多边主义治理在现实中地位、作用的不断提升也是有目共睹的事实，新多边主义对全球治理的重构正在通过世界无数社会团体的努力，缓慢和艰难地向前发展。可以确信二者之间力量关系的逐渐转变也仅是一个时间问题，多边主义治理逐渐被替代也是一种历史的必然。"完成重构全球治理的任务，尽管看起来还很遥远，但我们希望以日益增强的紧迫感去实现它。"①

---

① ［英］戴维·赫尔德：《重构全球治理》，《南京大学学报》（哲学社会科学版）2011 年第 2 期。

三　中国在全球治理变革中的选择

当前，全球治理处于关键的变革期，权力转移显著增强、国际制度长期滞后、跨国风险持续蔓延等因素的出现，致使全球治理体系有失均衡、治理机制缺乏弹性、治理效果有待彰显。国际社会对全球治理改革的呼声日渐强烈。中国正被加速推向国际事务前台，成为广大发展中国家所期待的未来全球治理改革的关键力量。中国不仅正在继续加入现存国际制度，深度参与全球治理，也在加大全球公共物品投入，积极改革现存全球治理体系。

（一）继续加入现存国际制度，深度参与全球治理

从 1971 年恢复联合国合法席位起，中国开始申请和参加国际组织，开始真正参与全球治理，但此时中国基本属于被忽视的一员。改革开放后至加入 WTO 期间，中国处于学习、吸收过程之中，被动接受全球治理的现实，是全球治理的边缘角色。加入 WTO 后，随着国际交往的频繁，中国经历了对全球治理现实重新认识和逐渐适应的过程，对于全球治理的价值、规制、结果及评判等发挥了一定作用。但是，在相当一段时期内，中国在全球治理中表现出能力不足、地位次要和行动被约束。2008 年金融危机之后，中国被推到了全球治理的前台，开启了从被动参与过渡到主动参与全球治理的进程。中国参加现存的国际制度和机构，成为这些制度和机构在 21世纪的包容性与合法性的主要来源之一。从形式上看，虽然中国似乎已经参加了所有的国际组织，但实质上中国尚未完全进入现存的全球治理体系。中国距离全面成为这类组织的成员，尤其是在这些机构中占据和发挥与中国国家地位相一致的作用还有较大距离。因此，中国需要继续申请加入现存国际制度，深度参与全球治理。

习近平总书记在 2013 年 3 月金砖国家领导人德班会晤中谈道："不管全球治理体系如何变革，我们都要积极参与。"中国已从改革

开放初期努力融入西方国际体系的"追随者",转变为如今迈向多极格局中重大国际议题的"引领者"。中国高速增长之所以可能,与其加入并"强化"现存的全球治理有关。维系而不是颠覆一个有效运作的全球治理体系是中国的利益所在。当前,中国积极参与全球治理进程中经验积累还不足,国际化人才相对匮乏,仍然需要借助现有机制并向其学习,既要跳跃式进步,又必须脚踏实地。在未来的全球治理进程中,中国要实现意识和行为的转变,突出强调全球公共利益在新的历史时期的重要地位,以全球利益推动国际社会的整合,在保持独特性的同时增加全球共性,促进可持续发展治理框架和机制的建立与完善。

(二)加大全球公共产品投入,改革现存全球治理体系

中国在全球治理改革中的表现和作为日益成为国际社会的重要关切。中国不是国际制度的免费搭车者,而是现存全球治理体系的改革者和创新者。中国正在提高全球公共产品的供给能力,加大全球公共产品的投入,主动参与全球多边组织改革,积极承担与本国经济实力和发展水平相适应的责任与义务,推进全球治理体系的有效运作和深度变革。

一是强调联合国的权威并积极参与改革。作为安理会常任理事国,中国始终高度重视联合国的地位和作用。2015 年 12 月,联合国大会通过了各国在 2016 年至 2018 年的会费分摊比例,中国的会费比例从之前的 5.148% 上调为 7.921%,成为仅次于美国(22%)和日本(9.68%)的会费缴纳大国。中国参与联合国维和行动的实践也反映了中国参与全球公共产品供给的状况。过去十年内,中国派出的参加国际维和行动的人员数量,已超过其他安理会常任理事国。中国强调联合国的权威,同时积极参与联合国改革。在政治领域,中国一方面赞成加强联合国和安理会在世界事务中的主导作用,另一方面在联合国安理会改革议题上持更加保守或审慎的态度;在安全治理领域,中国坚持强调与传统强国平等共存,拒绝任何未经明确协商的约束国家自主决策权的行为;在财政改革领域,中国支持有利于加强管理与监督的改革，积极参与到提高联合国内部财政效率和强化管理措施的管理改革进程中。

二是提升在布雷顿森林体系中的话语权。近年来，布雷顿森林机构的内部治理存在着严重缺陷。发达国家几乎完全控制了布雷顿森林机构的重大决策，发展中国家在其内部制定游戏规则时处于严重劣势。因此，发展中国家迫切要求布雷顿森林机构改善治理，实现真正的民主决策。改革布雷顿森林机构成为当前国际经济领域的热点。改革应当给予新兴国家更多的话语权，更公正地反映国际权力格局变化，聚集更多国际力量积极参与全球经济治理。中国的外汇储备在过去十年间以惊人的速度增长，使中国在国际货币基金组织（IMF）中的影响力日益提升，中国在最近的经济危机中一直迫切要求并试图在布雷顿森林体系中赢得更大的份额比重。中国应在推动落实已经确定的出资份额和治理改革方案的基础之上，积极利用世界银行重新审议投票权改革的机会，推动世界银行第三阶段投票权改革，进一步提升中国在上述机构中的话语权和影响力。

三是以新兴治理机构为抓手制定新规则。国际规则制定权关系到一国的国际影响力。如果说美国引领的是新开放规则的制定，那么中国引领的将是新发展合作规则的制定。习近平总书记提出"一带一路"战略构想，把"互联互通"和融资平台的搭建作为重要议程，相继发起和设立了"亚投行"和丝路基金，顺应了国际区域经济合作发展的潮流。通过为全球治理输出公共产品，体现了中国作为负责任大国的作用与地位，是中国积极参与21世纪全球治理和区域治理顶层设计的具体体现，是全球经济治理改革中的一项重大制度创新。未来几年，可以考虑以"一带一路""亚投行""金砖银行"等新兴治理机构为抓手，以双边、多边、区域治理机构为重点，与联合国等现有治理机制共同合作，加快形成有效的全球经济治理体系。从长远发展看，"亚投行"有可能成为全球经济治理的重要平台之一，其出现加强了中国作为全球治理主要改革者国家的地位，使中国扮演了勇立潮头的全球治理改革者的角色。

　　四是借助 G20 平台协调全球重要国家的合作。G20 是一个发达国家和发展中国家均得到平等代表的多边论坛。中国是 G20 的创始国，也是世界经济老牌大国和新兴大国的协调者。中国非常重视 G20 在未来全球经济治理中的作用和影响力，也愿意借助该平台加强与全球重要国家的合作，推动国际经济体系的逐步改变和长期变革，共同塑造一个稳定、强劲和可持续发展的世界经济前景。中国提出"共商、共享和共建"的治理理念符合全球治理的发展趋势。中国是 2016 年 G20 峰会的主席国，2016 年中国杭州 G20 峰会在该理念的引导下，推出了更为切实的行动方案，推动 G20 为全球经济治理提供更多的公共产品。由于全球治理的供给不足，中国需要发挥国际领导作用，担当 21 世纪的全球治理主要的设计者。作为重要经济体的中国有能力为世界经济发展做出切实贡献。

参考文献

[1] 俞可平主编：《全球化：全球治理》，社会科学文献出版社 2003 年版。

[2] 吴志成：《治理创新——欧洲治理的历史、理论与实践》，天津人民出版社 2003 年版。

[3] ［德］乌尔里希·贝克等：《全球政治和全球治理》，张世鹏等译，中国国际广播电视出版社 2004 年版。

[4] ［英］戴维·赫尔德：《全球大变革：全球化时代的政治、经济和文化》，社会科学文献出版社 2001 年版。

[5] ［英］约翰·鲁杰主编：《多边主义》，苏长和等译，浙江人民出版社 2003 年版。

[6] 秦亚青：《多边主义研究：理论与方法》，《世界经济与政治》2001 年第 10 期。

[7] 赵可金：《从旧多边主义到新多边主义——对国际制度变迁的一项理论思考》，《世界经济与政治》2006 年第 7 期。

[8] ［日］星野昭吉：《全球治理的结构与向度》，《南开大学学报》

2011 年第 3 期。

[9] 陶文昭：《全球公民社会的作用及其变革》，《文史哲》2005 年第 5 期。

[10] 曹广伟、张霞：《G20 机制的构建及其在后危机时代的角色定位》，《国际展望》2010 年第 6 期。

[11] 朱德米：《网络状公共治理：合作与共治》，《华中师范大学学报》（人文社会科学版）2004 年第 2 期。

[12] 赵隆：《试析议题设定对全球治理模式的影响》，《国际展望》2010 年第 3 期。

[13] ［英］戴维·赫尔德：《重构全球治理》，《南京大学学报》（哲学社会科学版）2011 年第 2 期。

[14] 俞可平：《全球治理引论》，《马克思主义与现实》2002 年第 1 期。

[15] 蔡拓：《全球治理的中国视角与实践》，《中国社会科学》2004 年第 1 期。

[16] 朱杰进：《非正式性与 G20 机制未来发展》，《现代国际关系》2011 年第 2 期。

[17] 钟龙彪：《浅析 20 国集团在全球治理中的角色嬗变》，《现代国际关系》2010 年第 4 期。

[18] 杨洁勉：《二十国集团的转型选择和发展前景》，《国际问题研究》2011 年第 6 期。

[19] 陈凤英：《对二十国集团合作机制新阶段的战略思考》，《当代世界》2013 年第 10 期。

[20] 哈迪·苏萨斯特洛：《东亚，G20 和全球经济治理》，《第一财经日报》，2009 年 3 月 30 日 A14 版。

[21] 杨文昌：《G20：多极合作的起点》，《环球时报》2009 年 4 月 8 日第 11 版。

[22] James N. Rosenau and Ernst – Otto Czempiel （eds.）, *Governance without Government*：*Order and Change in World Politics*, Cam-

bridge: Cambridge University Press, 1992.

[23] Robert W. Cox, *The New Realism: Perspectives on Multilateralism and World Order*, Basingstoke: MacMillan Press LTD, 1997.

[24] David Held and Anthony McGrew, *Globalization/Anti – Globalization: Beyond the Great Divide*, Cambridge: Polity Press, 2007.

[25] Mary Kaldor, *Global Civil Society: An Answer to War*, Polity Press, 2003.

[26] John J. Kirton, George M. von Furstenberg, *New Directions in Global Economic Governance: Managing Globalization in the Twenty – first Century*, Ashgate, 2001.

[27] Robert W. Cox, *The New Realism: Perspectives on Multilateralism and World Order*, Basingstoke: MacMillan Press LTD, 1997.

[28] Harold K. Jacobson, *Network of Interdependence: International Organizations and the Global Political System*, New York: Knopf, 1984.

[29] David Held, "Reframing Global Governance: Apocalypse Soon or Reform!", *New Political Economy*, Vol. 11, No. 2, 2006.

[30] Andrew Cooper, "The G20 as an Improvised Crisis Committee and/or a Contested 'Steering Committee' for the World", *International Affairs*, Vol. 86, No. 3, 2010.

[31] Osler Hampson and Paul Heinbercher, "The 'new' Multilateralism of the Twenty – first Century", *Global Governance*, Vol. 17, No. 3, 2011.

[32] Moises Naim, "Multilateralism: The Magic Number to Get Real International Action", *Foreign Policy*, No. 173, 2009.

[33] Reus – Smit, "International Crisis of legitimacy", *International Politics*, Vol. 44, No. 2 – 3, March – May, 2007.

[34] Robert W. Cox, "Social Forces, States and World Orders: Beyond International Relations Theory", *Millennium*, Vol. 10, No. 2, 1981.

后　记

　　随着中国的不断发展，中国越来越多地关注世界，中国研究国际问题的学者也因之迎来一个前所未有的学术研究良机。"良机"之说，一是指研究的环境，二是指财力的资助。

　　因为国家发展的需要，近些年来，国内各高校及研究机构培养了大量国际问题研究方向的学生，如西安交通大学马克思主义学院国际问题研究中心的青年学者赵斌、金新、朱旭和万翔、李秀珍，可谓本论文集的鼎力之撑。具体贡献如下：

　　丝绸之路与西方古代观念中的中国　　　　　　　万　翔

　　中国东北亚安全威胁评估　　　　　　　　　　　金　新

　　21 世纪初中国东亚海洋安全环境　　　　　　　 金　新

　　东盟区域安全治理：模式、历程与前景　　　　　金　新

　　自反性与气候政治：一种批判理论的诠释　　　　赵　斌

　　大国国际形象与气候政治参与：一项研究议程　　赵　斌

　　新兴大国气候政治群体化的形成机制

　　　　——集体身份理论视角　　　　　　　　　　赵　斌

　　新兴大国气候政治的变化机制

　　　　——以中国和印度为比较案例　　　　　　　赵　斌

　　"台湾主体意识"构建过程及对策研究　　　　　李秀珍

　　东北亚区域安全机制建构与中国策略　　　　　　金　新

　　中国东亚海洋安全战略刍议　　　　　　　　　　金　新

　　中国—东盟安全治理：模式、困境与出路　　　　金　新

　　群体化：新兴大国参与全球气候治理的路径选择　赵　斌

新多边主义视野下的全球治理与中国的战略选择　　　朱　旭

感谢西安交通大学马克思主义学院，没有学院出版基金的资助，本书也无缘面世。同时感谢中国社会科学出版社，尤其感谢本书的责任编辑侯苗苗，感谢他们在本书出版过程中的辛苦付出。

李秀珍

2017 年 3 月